KB074192

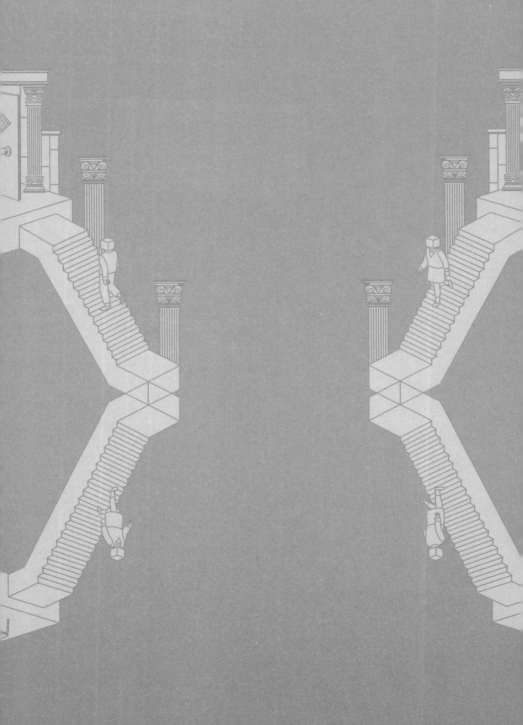

지금 이 순간을 올바르게 살기 위한 철학 입문

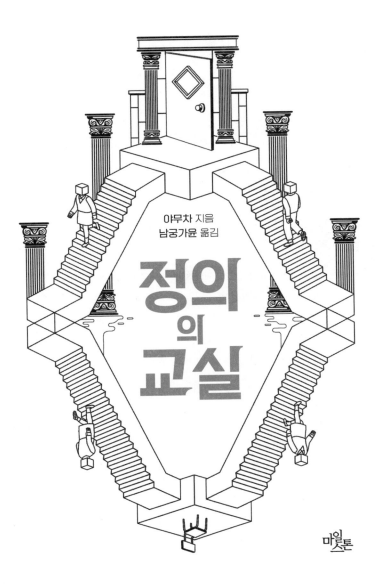

야무차 지음
남궁가윤 옮김

정의의 교실

마일스톤

등장인물 소개

야마시타 마사요시 山下正義

학생회장. 정의 회의론자

도내 명문고에 재학 중인 2학년생. 정의(正義)라는 이름의 영향으로 어릴 때부터 정의감이 강했다. 그래서 초등학교 때 소꿉친구인 지유키가 반 아이들로부터 따돌림당하자 정의를 부르짖으며 도와주려 애썼다. 그럴수록 아이들이 더 심하게 지유키를 못살게 굴면서 이때부터 정의에 대해 회의적이 되었으나, 고등학교에 진학한 뒤 '학교 폭력', '선배의 자살', '감시 카메라 설치' 등의 일련의 사건을 맞닥뜨리며 정의를 적극적으로 탐구하기 시작한다.

모가미 지유키 最上千幸

학생회 회계. 마사요시의 소꿉친구. 공리주의를 대표하는 인물

2학년생. 평소 신조가 '최대 다수의 최대 행복'이다. 모든 일을 '해피포인트'라고 하는 자신만의 행복 수치로 계산하여 수치가 높은 쪽을 정의라고 주장하는 습관이 있다. 쾌활하고 엉뚱한 말을 잘한다. 엄청난 곱슬머리인데 항상 땋은 갈래머리를 하고 다니며 안경을 쓴다. 초등학교 시절에는 지금과 달리 병약하고 여린 성격이어서 반 아이들에게 따돌림을 당했다. 마사요시가 예전처럼 정의감 넘치는 모습으로 돌아오기를 바란다.

도쿠가와 린리德川倫理

학생회 부회장. 전형적인 모범생. 직관주의를 대표하는 인물

　2학년생. 별명이 '학교의 양심'일 정도로 교과서에서 튀어나온 듯한 모범생이다. 앞머리를 가지런히 내린 단정한 헤어스타일을 하고 있다. "윤리적으로 문제가 있습니다!"라는 말을 입에 달고 다녀서 독선적이라는 평을 듣기도 한다. 어릴 적 겪은 화재 사건을 계기로 정의란 무엇인가 지속적으로 고민하고 탐구해왔다.

리버티 미유 프리덤Liberty 自由 Freedom

학생회 서무. 유학파. 자유주의를 대표하는 인물

　3학년생. 다른 학생회 멤버 세 명보다 한 학년 선배. '자유'가 강조되는 이름 그대로 자유분방한 성격이다. 자유는 인간에게 주어진 권리로, 자유를 지키는 것이 정의고 자유를 제한하는 것이 악이라고 생각한다. 따라서 옷차림부터 말투, 연애 등 뭐든지 마음대로 하며 자유와 반하는 발언을 철저하게 공격한다. 명문가에서 태어나 아버지로부터 엄하게 교육받으며 자라다 14세 때 이에 반항해 해외 유학을 떠난 과거가 있다.

가자마쓰리 후고風祭封悟

윤리 교사

　삭발에 가까운 짧은 머리에 렌즈에 붉은색이 도는 안경을 쓴 개성적인 외모의 교사. 학생회 멤버 네 명을 비롯해 학생들에게 정의에 대해 가르친다. 지난 2,500년 동안의 철학 흐름 속에서 정의를 다양한 시각에서 바라볼 수 있도록 이끈다. 미유의 아버지와는 아는 사이였으며 미유와 미묘한 관계에 있다.

일러두기

—

본문 내 각주는 옮긴이 주입니다.

차례

$$\boxed{\text{프롤로그}}$$

한 남자의 선택

앞길을 가로막는 검붉은 불꽃.

살아 있는 것처럼 흔들거리는 그 불꽃은 연료로 삼을 다음 사냥감을 찾아서 좁고 긴 복도의 벽을 따라 천천히 기어갔다. 불길이 다다른 새하얀 벽에는 어린아이들이 도화지에 그린 알록달록한 그림이 일정한 간격을 두고 붙어 있다. 불길은 그림을 움켜쥐듯 차례로 집어삼키면서 느리지만 차근차근 벽 전면으로 번져갔다.

그 풍경 속에 한 가지 선택을 강요받는 남자가 있었다.

'오른쪽인가… 왼쪽인가…. 옳은 길은 어느 쪽인가….'

이 불길을 헤치고 똑바로 달려 나가 복도 막다른 곳에 다다랐을 때 과연 오른쪽으로 꺾어야 할 것인가, 아니면 왼쪽으로 꺾어야 할 것인가. 그것은 T

10

자형 복도의 모퉁이에서 어느 쪽으로 향할지에 대한 선택이었다.

'어느 쪽이 옳은 길인가….'

남자는 망설였다.

그는 화재 현장인 불길에 휩싸인 복도에서 벗어나기 위해 어느 쪽으로 달아날지 고민하는 게 아니었다. 오히려 달아나기 위한 선택이라면 간단했을 것이다. 불길이 적은 방향, 즉 지금 왔던 길을 그대로 되돌아가면 그만이었다.

그러나 남자의 머릿속에 달아난다는 선택지는 없었다. 애당초 남자는 불이 없는 안전한 장소에서 왔다. 주위의 제지를 뿌리치고 본인의 의지로 일부러 불 속에 뛰어들었다.

남자가 여기에 온 이유 중 한 가지는 그가 소방관이라는 것이었다.

사실 소방관이라고 해도 남자는 오늘 비번이었다. 화재 현장에 있었던 것도 우연이었기에, 방화복 같은 충분한 장비도 없었다.

그렇다고 해서 소방관의 책무를 무시할 수는 없다고 남자는 생각했다. 이 화재 현장에서는 본인이 제일 전문가였다. 소방관으로서 이 자리에 최선을 다할 의무가 있었다. 물론 그 이유만으로 제대로 된 장비도 없이 불 속으로 뛰어드는 무모한 결단까지 한 것은 아니다.

남자가 불 속으로 뛰어든 또 하나의 이유는 불 속에 자기 딸이 있어서였다. 소방관이 아니더라도 부모라면 자식을 구조하러 가는 데 무슨 이유가 필요할까.

남자는 항상 주머니에 넣고 다니는 큼직한 비닐봉지를 꺼냈다. 투명한 비닐봉지를 탁 하고 세게 펼치며 바깥 공기를 감싸서 부풀렸다. 그 봉지에 머리를 넣으면 화재 현장에서도 연기를 들이마시지 않고 한동안 움직일 수 있다는 계산이었다.

이 최소한의 장비만 갖추고 남자가 뛰어든 장소는 한산한 주택가에 위치한, 조금 규모가 있는 어린이집이었다. 다섯 살 난 딸이 다니고 있어서 여러 번 아이를 데려다주고 데리러 온 곳이라 남자에게는 익숙한 건물이었다. 남자는 망설일 필요조차 없었다. 어디를 어떻게 가면 되는지 실내 구조에 훤했고 T자형 복도 모퉁이에서 오른쪽으로 꺾으면 놀이실이 있다는 사실도 알고 있었다.

놀이실은 남자가 언제나 딸을 데리러 가는 곳이다. 이 어린이집에서 가장 큰 방으로 서른 명쯤 되는 아이들이 평소에 노래도 부르고 춤도 추고 장난감을 가지고 놀기도 하는 장소다.

하원 시간에 맞추어 남자가 놀이실 앞에서 딸을 부르면 딸은 늘 한걸음에 달려와 "아빠, 나 정리하고 올 테니까 기다려!" 하고 말한 뒤 제자리로 돌아가곤 했다. 딸은 가지고 놀던 장난감을 상자에 넣고 친구와 선생님에게 작별 인사를 제대로 한 다음에 다시 아빠에게 왔다. 집에서는 못 말리는 어리광쟁이에 떼도 잘 쓰는 딸이건만 어린이집에서는 야무지게 행동하려고 애썼다. 그 모습이 어찌나 사랑스럽고 또 보고 싶은지 남자는 일부러 아내 대신 때때로 아이를 어린이집에 데려다주고 데리러 왔다.

놀이실로 가려면 오른쪽으로 꺾으면 된다. 그러나 남자는 딸이 놀이실에 없다는 것을 알고 있었다. 여기 오기 직전에 어린이집에서 전화로 딸이 갑자기 열이 난다는 소식을 전해준 터였다.

이 어린이집에서는 아이가 열이 나면 다른 아이에게 병을 옮기지 않도록 보건실로 데려간 뒤에 부모에게 연락해 데려가도록 하는 것이 평소 절차다.

마침 비번이라 어린이집 하원 시간에 맞춰 온 남자는 '딸이 놀이실이 아니라 보건실에 있다'는 사실을 알고 있었다.

보건실은 T자형 복도 모퉁이에서 놀이실의 반대쪽인 왼쪽으로 꺾으면 있다. 그러니 딸을 구하러 가려면 왼쪽으로 꺾어야 한다.

'그러나…' 하고 남자는 생각했다.

놀이실에는 아이들이 많이 있다. 그 아이들을 구하지 않고 딸 한 사람만 우선 구하는 것이 옳은 일일까?

'소방관은 가족을 최후에 구하는 법이다.'

그것이 소방관의 규칙이거나 기본 원칙은 아니지만, 이념으로서 옳다는 것을 남자도 충분히 알고 있었다.

예컨대 지진과 같은 대재해가 일어난 곳에서 소방관이나 의사가 자기 가족이 걱정된다는 이유로 직무를 팽개치고 눈앞에서 고통받는 수많은 사람 앞에서 자취를 감추는 것은 절대 안 될 일이다.

하지만 오늘은 비번이니 직무상 여기 있는 것이 아니다. 게다가 제대로 된 장비조차 없는 상태에서 혼자 놀이실로 간다고 해도 과연 아이들을 구조할 수 있을까. 어차피 몇 명밖에 구하지 못한다면 이 상황에서 딸을 우선 구하지 않는 것은 부모로서, 사람으로서 잘못하는 게 아닐까….

여러 가지 이유가 남자의 머릿속을 맴돌았다. 그러나 생각하면 생각할수록 무엇이 옳은지 알 수 없었다.

'오른쪽인가… 왼쪽인가…. 옳은 길은 어느 쪽인가….'

이럴 때에, 아니 이럴 때기에 더더욱 어린 시절 추억이 주마등처럼 스쳐 갔다.

그렇다, 남자는 정의의 편이 되고 싶었다.

많은 사람이 위기에 처했을 때 용감하게 등장해 사람들의 목숨을 구하는 정의의 히어로가. 결국 남자는 정의로운 존재를 동경하여 소방관이 되었다.

그런 소방관, 정의의 히어로는 이 상황에서 어떤 행동을 선택할까. 아마, 아니 틀림없이 사적인 감정을 뒤로하고 많은 아이를 구하는 행동을 선택할 것이다!

남자는 오른쪽으로 꺾기로 결의를 다졌다. 자신의 감정에 집착하기보다 놀이실로 가서 많은 아이의 생명을 구하는 편이 절대적으로 옳은 일이라고 생각했다.

바로 그때….

"아빠…."

딸의 목소리가 희미하게 들렸다. 어쩌면 뇌가 자신에게 유리하게 만들어낸 환청이었을지도 모른다.

실제로 그 목소리는 불꽃이 토해내는 굉음에 금방 지워져서 그 후 두 번 다시 들리지 않았다. 그러나 명백히 왼쪽 보건실 방향에서 들렸다. 분명 그런 것처럼 느껴졌다.

남자는 곧바로 달리기 시작해서 불길에 휩싸인 복도를 빠져나가 막다른 곳까지 왔다. 그리고 모퉁이에서 왼쪽 보건실 방향으로 꺾었다. 그것은 물론, '딸을 구한다'는 행동을 선택했음을 의미했다.

조금 전까지 모른 척 외면하려 했던 딸에 대한 마음이 살아났다. 태어나서 지금에 이르기까지 얼마나 시간과 애정을 쏟아서 키웠던가. 환청일지도 모르는 그 목소리는 아주 작았지만 부모의 본능을 일깨우기에 충분했다.

이미 흘러넘친 마음은 멈출 수 없었다. 남자는 딸을 찾으러 정신없이 왼쪽 방향으로 달리기 시작했다. 이때 남자에게 부모로서 자기 자식을 지키는 일은 절대적으로 옳았다.

그러나… 남자는 이어서 들려온 목소리에 멈추어 섰다.

남자의 뒤쪽…, 즉 모퉁이의 오른쪽…, 이번에는 환청인지 아닌지 의심할 여지도 없이 확실하게 놀이실에서 모르는 아이들의 비명이 들렸다. 아니, 비명이 아니다.

절규.

그것도 지금껏 들어보지 못한 절규.

자기 자식이 있고, 사람들이 아이를 데리고 모이는 장소에 자주 드나드는 남자에게 아이의 절규는 귀에 익숙한 소리였다.

아이가 넘어져서 무릎이 까졌을 때의 절규. 장난감 매장에서 부모가 아이 손을 잡고 억지로 데리고 나올 때의 절규.

어른에게서는 들을 수 없는, 주위의 눈을 전혀 신경 쓰지 않고 온 힘을 다해 울부짖는 절규였다.

그러나 지금 남자의 귀에 들린 소리는 그것과 비교도 되지 않았다. 한 생명이 죽을 정도의 고통을 견디지 못하고 몸부림칠 때 내는 소리, 그야말로 절규였다. 옷에 불이 옮겨붙어서 상상하기 어려울 정도의 아픔에 몸부림치며 죽어가는 아이들의 모습이 남자의 뇌리를 스쳤다.

남자는 멈춘 뒤 뒤돌아보았다.

과연 이 목소리에 등 돌리고 딸을 구하러 가는 것은 정말 옳은 일일까.

오른쪽인가… 왼쪽인가…. 옳은 길은 어느 쪽인가….

이제 망설일 시간이 없었다. 남자는 한쪽 길을 선택했다.

                                    ＊ ＊ ＊

　며칠 후. 평온한 일상 속의 나른한 낮 시간에 방송되는 뉴스는 죄다 얼마 전에 일어난 어린이집 화재 소식으로 도배되고 있었다. 화제의 중심은 아직 어린 피해자들, 그리고 화재 현장에서 소방관이 한 선택이 옳은지 그른지의 여부였다.

　그 소용돌이 속 화제의 인물인 소방관 남자가 텔레비전 화면에 비쳤다.

　지난 며칠간 제대로 못 잤는지 얼굴은 초췌하고 눈동자는 흐릿했다. 남자는 수많은 마이크가 자신을 창처럼 겨눈 가운데, 보도진 앞에서 떠올리고 싶지 않은 화재 현장 상황을 몇 번이고 거듭하여 설명했다. 힘없이 더듬거리면서도 담담하게 대답하는 남자의 모습에 보도진은 점점 더 조바심이 났다. 물론 남자의 말에 거짓은 없었다. 자신이 보고 느낀 것을 모두 있는 그대로 이야기했고 어디에도 모순은 없었다.

　하지만 그것만으로는 안 된다. 남자가 지금까지 말한 내용은 뉴스에서 반복하여 보도할 만한 반향을 일으킬 상업적 소재로서 부족했다.

　기자들이 원하는 것은 이 불쌍한 당사자의 감정의 고조, 통곡, 오열이었다. 단 10초라도 좋았다.

　하지만 무턱대고 남자의 감정을 건드릴 수는 없었다. 어쨌든 누리꾼을 포함한 많은 이가 주목하는 사건이다. 우연히 화재 현장에 있다가 불 속으로 뛰어든 비번 소방관. 그에게 희생자가 나온 책임을 지우는 듯 추궁하면 보도하는 쪽의 윤리를 물을 테고 치명적인 댓글 전쟁으로 이어질 우려도 있다.

　그래서 보도진들은 논점을 바꿔 “네”라고도 “아니요”라고도 대답하기 어려운 질문을 하기로 했다.

"자신이 한 행동은 옳은 일이었다고 생각하시나요?"

"…."

남자는 처음으로 말문이 막혔다.

보도진은 남자의 변화를 민감하게 알아채고, 상대의 감정을 뒤흔드는 좋은 질문이라고 생각했는지 비슷한 질문을 잇달아 던졌다.

"자신이 선택한 행동은 '정의'였다고 생각하십니까?"

남자는 말문이 막힌 채 그대로 굳었다.

기자들은 몸을 앞으로 더욱 기울이며 마이크를 남자에게 더 바싹 가져다 대고 말없이 다음 말을 기다렸다.

"아뇨…. 정의가… 아닙니다…."

남자는 스러질 듯한 목소리로 간신히 그렇게 대답하더니 갑자기 벌벌 떨면서 손으로 입가를 눌렀다. 그 모습을 본 기자들은 바로 지금이라는 듯 남자의 얼굴을 향해 플래시 세례를 퍼부었다. 다음 순간, 큰 신음 소리를 낸 남자의 뺨이 불룩해졌다. 그리고 위 속에 든 것을 그대로 보도진에게 토해냈다.

1장

정의로운 세 여자

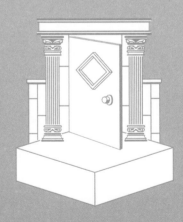

'정의란 무엇일까?'

졸음이 쏟아지는 와중에 나는 묻는다.

'정의란 도대체 무엇일까?'

이 질문에 의미는 없다. 아득한 고대부터 인류가 끊임없이 탐구해온 역사적인 난문인 데다 내가 생각해봤자 아무런 답도 나오지 않을 것이 빤하기 때문이다.

사실 말은 그렇게 해도 어렸을 때는 이 질문에 대답할 수 있었다. 아마도 나만 그런 게 아닐 것이다. 어린 시절에는 누구나 이 궁극적인 질문에 자신 있게 대답하지 않았을까.

그렇지 않은가.

'평화를 지키는 히어로'와 '세계 정복을 노리는 어둠의 조직'.

'경찰'과 '도둑'.

'따돌림당하는 아이'와 '따돌리는 아이'.

어느 쪽이 정의고 어느 쪽이 악인지 생각할 것도 없이 단번에 알 수 있다. 그렇다. 어린 시절에 정의란 누구에게나 분명하고 단순명쾌한 것이었다.

그래서 어렸을 때 나는 나만의 정의를 믿고 당당하게 이런 말까지 할 수 있었다.

"하지 마! 친구를 따돌리는 건 나쁜 짓이야!"

하지만… 나이를 한 살 두 살 먹을수록 그 정의는 점점 통하지 않았다.

"뭐? 얘 지금 뭐라는 거야?"

"짜증 나게 구네."

집단 괴롭힘 말리기. 곤경에 처한 사람 돕기. 청소 당번 제대로 지키기. 그런 일은 원래 누구에게나 옳고 누구에게나 당연한 정의였을 것이다. 그런데 어느새 그 당연한 정의는 모든 사람에게 당연하지 않게 되었다. 오히려 정의를 주장하는 사람이 분위기 파악도 못 하는 사람 취급을 받는다.

어째서일까? 어린 시절에는 다들 정의의 히어로를 그토록 좋아했는데, 텔레비전에 나오는 히어로가 진짜 존재한다고 믿었던 시기도 있었을 텐데, 왜 정의를 주장하는 사람을 짜증스러워하게 되었을까?

그건 아마도 정의가 표면상의 원칙에 지나지 않는다는 사실을 어느 순간 깨달았기 때문일 것이다.

어느 순간이란, "착한 아이한테만 산타 할아버지가 선물을 주신대"라는 이야기가 부모의 사정에 맞추어 지어낸 거짓말이었음을 알아차렸을 때일지 모른다. 아니…, 어쩌면 정의의 히어로가 텔레비전 속에만 존재하는 가짜라는 것을 알게 된 때일지도.

아무튼 어릴 적에 옳다고 믿던 것이 어느 날 그저 꾸며낸 이야기에 불과하고 진짜 현실은 그렇지 않다는 사실을 안 순간, 나는 전설과 다를 바 없는 정의라는 환상도 동시에 믿지 못하게 된 것 같다.

그러니 나이를 먹을 만큼 먹고도 "나쁜 짓 하면 안 돼! 선생님한테 이른다!" 하는 식으로 정의를 내세우는 녀석은 아직도 산타를 믿는 유치한 놈이거나 시야가 좁아서 주위를 보지 못하는 이상한 놈일 테고, 그런 사람이 주변 사람들에게 미움받는 건 당연하다.

'정의란 무엇일까?'

어린 시절에는 명확했던 정의가 무엇인지 지금의 나는 더 이상 잘 모르겠다.

하지만 나는 그 사실에 내심 안도한다. 이제 와 생각해보면 나는 '정의 따위 표면상의 원칙에 불과하다'고 깨달은 시기가 다른 또래보다 조금 늦었다 최근에야 겨우 다른 아이들과 같아졌다. 정의를 믿지 않는 인간이 된 것이다….

앞에서는 "집단 괴롭힘은 나쁜 일이에요" 하고 말하면서 뒤에서는 나보다 약자인 친구가 실수를 하면 여럿이서 함께 비웃고 태연히 상처를 준다. 겨우 평범한 인간이 된 것이다. 그 사실을 확인하기 위해 나는 때때로 스스로에게 묻는다.

'정의란 도대체 무엇일까?'

응, 괜찮아, 역시 모르겠다. 이제는 정의가 무엇인지 전혀 모르겠다.

"마사….""

결국 정의는 어린이 프로그램에 나오는 히어로처럼 단지 지어낸 것일 뿐, 처음부터 이 세상 어디에도 존재하지 않았던 것이었다.

"마사요…?"

그러니 나는 더 이상 정의 따위 -

"마사요시?!"

* * *

"헉!"

반쯤 졸며 생각에 빠져 있던 나는 갑자기 내 코앞까지 얼굴을 들이댄 여자
아이가 부르는 소리에 정신이 들었다. 나는 허둥지둥 상황을 파악했다.

여기는 학교. 지금은 방과 후. 그래, 나는 학생회실에서 한창 정기 회의를
하던 중이었다.

"마사요시, 듣고 있었어?"

차가운 시선으로 노려보는 눈앞의 여학생. 그 아이의 이름은 도쿠가와 린
리. 학생회 부회장이다. 나는 순간적으로 적당히 얼버무릴까 했지만 곧 생각
을 바꿔서 솔직하게 이야기했다.

"미안, 한 번 더 얘기해줄래?"

"안 듣고 있었지?"

"아, 그래, 미안…."

"왜 그런 거지? 학생회장이라는 자각이 없기 때문이야?"

"아니, 그런 건 아니지만….""

"그럼 왜 회의에 집중해서 남의 이야기에 귀 기울여 듣는 그 당연한 행동
을 못 하지?"

"그건 그러니까…."

"그러니까, 왜냐고?"

…엄청 성가시다. 역시 얼버무릴 걸 그랬다.

부회장 린리는 언제나 이런 식이다. 학생회장인 내가 뭐 하나 실수할 때마다 끈질기게 몰아붙인다. 지금까지 나눈 대화에서 벌써 두 번이나 "미안"이라고 사과했는데. 점점 화가 난다.

솔직히 말하면 나는 린리를 상대하기가 껄끄럽다.

도쿠가와 린리는 1학년 때 나와 같은 반이었다. 그때는 내가 학급회장이고 린리가 부회장이었다. 2학년에 올라가며 서로 다른 반으로 갈라졌지만 이번에 내가 학생회장, 린리가 부회장이 되어 학생회에서 다시 만났다. 질긴 인연이다. 일단 알고 지낸 시간이 길어서 서로 성이 아닌 이름으로 부르지만, 솔직히 친한 사이는 아니다.*

왜 회의에 집중하지 못하느냐고 물으신다면 '의욕' 문제라고 대답하겠다.

나는 학생회장을 맡고 있기는 하지만 결코 우등생이 아니다. 아니, 학급회장도 학생회장도, 맡고 싶지 않았다. 하지만 저쪽에 있는 갈래머리, 내가 부회장에게 꼼짝 못 하는 모습을 보고 실실거리는 '저 바보 소꿉친구'에게 억지로 추천받아서 발목이 잡혔을 뿐이다.

반면 린리는 그 이름대로 윤리적이고 모범적인, 그야말로 우등생이다. 심지어 '학교의 양심'이라는 별명까지 있다. 물론 린리는 자기가 원해서 이 자리에 있다.

---

* 일본에서는 상대를 호칭할 때, 일반적으로 서로 성으로 부르며 가까운 사이에서만 이름으로 부른다.

그러니 학생회 일에 나와 린리가 보이는 의욕에는 온도 차가 있는 게 당연하다. 의욕 없는 나는 의욕이 넘치는 린리에게 당연히 부채 의식과 울렁증을 느꼈고 린리는 린리대로 나를 보며 '대체 왜 이런 애가 학생회장이지?' 하고 쓸쓸해했다.

아무튼 나 같은 학생회장을 두고도 학생회가 차질 없이 운영되고 있는 것은 그야말로 린리가 유능한 덕분이다. 그러니 부회장님의 심기를 건드리면 몹시 곤란하다. 지금은 눈물을 머금고 속으로 치켜들었던 분노의 주먹을 거둔 뒤에 미안하다는 말과 함께 자리를 모면하기 위한 실없는 웃음을 짓는 게….

"됐어."

린리가 절묘한 타이밍으로 등을 돌렸다. 윽…, 조신하게 두 손을 모은 자세로 온 힘을 다해 비위를 맞추려 웃음을 지었으나 완전히 무시당하면서 마음에 조금 타격을 입었다. '바보 소꿉친구'가 웃음을 참느라 부들거리고 있었다. 아, 열 받아! 나중에 반드시 응징해주겠다! 저 바보 쪽을.

야키소바 빵을 둘러싼 학생회 끝장토론

돌아선 린리는 그대로 칠판 앞으로 다시 돌아갔다. 정기 회의에서는 그곳이 린리의 정해진 자리다. 물론 원래는 학생회장인 내 자리여야 하지만…, 죄송합니다, 의장을 할 만한 능력이 없어서 해임되었습니다.

"그럼 의제로 돌아가겠습니다. 매점에 쏟아지는 불만에 대한 건인데요."

린리는 잘 들리는 맑은 목소리로 회의 재개를 선언했다.

나는 린리를 바라보며 '그렇긴 하지만' 하고 생각했다. 허리까지 내려오는 윤기 있는 뒷머리에 눈썹 위치에서 가지런히 자른 앞머리. 전통 인형을 닮은 머리 모양에 단정한 용모까지, 린리는 '청초한 요조숙녀'라는 표현이 어울리는 완벽한 미소녀였다.

'성격만 좀 부드러우면 더 인기 있을 텐데.'

속으로 쓸데없는 참견을 하며 린리의 단정한 얼굴을 멍하니 보다가 문득 린리와 시선이 마주쳤다. 심장이 덜컥했다. 동시에 못마땅한 표정으로 나를 노려보는 '바보 소꿉친구'의 얼굴도 시야 한구석에 보였지만 왜 그러는지 몰라서 그냥 무시했다.

"회장은 야키소바빵을 알아?"

"엥?"

예상치 못한 린리의 질문에 나는 그만 바보 같은 대답을 했다.

"야키소바빵이라니 그 야키소바*를 끼운 빵 말이야?"

"그래. 탄수화물에 탄수화물을 끼운 요상한 음식이지."

이때 우리 둘 사이의 대화에 뛰어든 사람이 있었다.

"잠깐! 야키소바빵의 어디가 요상한데?!"

아까부터 내 시야 끝에 흘깃흘깃 비치던 바보 소꿉친구, 아니 학생회 회계인 모가미 지유키다.

분명히 말하지만 이 녀석이야말로 모든 일의 원흉, 모든 악의 근원이다.

---

* 삶은 국수에 채소, 고기를 넣고 볶은 일본 음식.

내가 바라지도 않던 자리에 매여서 바라지도 않던 회의에 참석하고 있는 것은 전부 이 녀석 탓이다. 대체 이건 무슨 종류의 괴롭힘인지 모르겠지만, 지유키는 사사건건 나를 학급회장이니 학생회장 자리에 추천하고 반 아이들을 부추겨서 강제적으로 내가 그런 중요한 자리에 앉도록 밀어붙였다. 분명 내가 난처해하는 얼굴을 보는 게 취미겠지. 어렸을 때 내가 그토록 잘 챙겨주었는데 왜 이런 녀석이 되었을까.

지유키는 부스스한 곱슬머리를 억지로 땋아 올린 갈래머리를 흔들며 린리에게 덤벼들었다. 평소에도 야키소바빵을 그렇게 좋아하지도 않았으면서. 대체 왜 열을 내는 거냐?

학생회라는 딱딱한 자리에 서로 잘 아는 소꿉친구가 있으면 원래는 든든한 법이지만, 사실상 지유키는 사고뭉치에 가깝다. 부회장 린리하고는 상상을 초월할 만큼 사이가 나빴다. 무슨 경쟁의식이라도 있는지 사사건건 지유키는 린리에게 달려든다.

"야키소바빵을 차별하는 발언은 용서 못 해. 철회하라고!"

지유키가 씩씩거렸다. 린리는 차가운 눈초리로 묵묵히 듣고 있었다.

서로 노려보는 두 사람 사이의 공기가 일그러진다.

"그래그래, 야키소바빵 맛있지."

날카로운 분위기를 싹 무시하고 느긋한 말투로 야키소바빵에 대한 감상을 꺼낸 사람은 서무인 미유 선배다. 학생회에서 유일한 3학년이다.

치렁치렁한 복장에 축 늘어진 자세로 앉은 미유 선배의 본명은 '리버티 미유 프리덤'. 이름으로 알 수 있듯 혼혈이다. 밝은 색깔 곱슬머리를 어깨까지 늘어뜨린 미인인데 윗옷 단추를 무방비하게 풀어 놓아서 살짝 야하다. 어떤 의미로는 린리와 극과 극이지만 일단 연상이라 그런지 린리도 미유 선배한테는 그리 시끄럽게 굴지 않는다.

그러니 미유 선배가 두 사람 사이에서 쓸데없는 말다툼을 말려주면 좋으련만 그런 기대는 진작 접었다.

이 선배는 지유키와 린리의 말다툼을 오히려 즐기는 구석이 있다. 실제로 선배가 남을 신경 쓰지 않는 어조로 용의주도하게 불에 기름을 붓는 모습은 본 적이 있어도 물을 뿌리는 것은 본 적이 없다. 솔직히 학생회의 진짜 최종 보스는 이 사람이 아닌가 싶을 만큼 그 느긋하고 온화한 웃는 얼굴에 검은 그림자가 보일 때가 있다.

이렇게 린리, 지유키, 미유 선배, 그리고 나까지 네 명이 학생회 멤버다. 다른 친구들은 내 주위에 여학생뿐이라며 부러워하지만 정작 나는 걱정이 끊이지 않는다. 하아…, 후딱 끝내고 얼른 집에 가고 싶다.

"회의 자리에서 음식 기호에 대해 토론하는 것은 시간 낭비니 일단 그 부분은 제쳐두죠. 어쨌든 야키소바빵을 매일 사재기하는 사람이 있습니다."

와, 지유키가 있는 대로 항의하는 모습을 보고서도 린리는 아무 반응 없이 일방적으로 회의를 이어갔다. 린리의 냉정한 대응에 지유키는 기막혀했다. 이제 틀림없이 지유키가 몇 초 뒤에 "음식에 대한 호불호를 먼저 꺼낸 건 너잖아!" 하고 외칠 것이 불 보듯 훤했다. 나는 미유 선배와 달리 저 인간들의 난장판을 보며 즐기는 취미가 없다. 회의는 얼른 끝내고 어서 편하게 방과 후 시간을 누리고 싶다.

나는 지유키가 반응하기 전에 끼어들어 빠른 말투로 이야기를 진행시켰다.

"어! 야키소바빵이 그렇게나 인기가 있었네! 그럼 사재기 탓에 다른 사람이 사지 못하는 게 불만이라는 건가?!"

"아니, 불만은 그게 아니라 되팔기야."

"되팔기?"

린리는 상황을 설명하기 위해 칠판에 몇 자 적기 시작했다. 지유키는 화제가 바뀌고 린리가 등을 돌리는 바람에 말할 타이밍을 놓치자 "흥" 하고 불만스러운 듯 콧방귀를 뀌면서도 잠자코 자리에 앉았다.

잠시 후 린리는 손의 분필 가루를 털고 설명을 다시 시작했다.

"먼저 매점에서 가장 가까운 교실의 학생이 지리적 우위를 살려서 야키소바빵을 몽땅 삽니다. 그 후에 매점 바로 옆에서 아까 사재기한 빵에 50엔을 더 붙여서 다른 학생에게 되팔고 있어요."

"그게 팔리는구나."

"그래, 날마다 매진되는 것 같아. 난 이해가 안 되지만."

린리는 한마디를 덧붙이면서 설명을 마치고 멤버들 얼굴을 둘러본 뒤 양손으로 교탁을 탁 짚으며 자신의 결론을 말했다.

"이 '야키소바빵 되팔기'라는, 정의에 어긋나는 행위를 저는 학생회 멤버로서 단호히 단속할 것을 제안합니다!"

의제라는 게 그거였나…. 어떻게 되든 우리랑 아무 상관도 없잖아. 내 솔직한 감상이었다.

"으음, 빵 되팔기라."

사실은 전혀 관심이 없지만 일단 생각하는 척은 하자. '학생 사이의 금전 거래는 규율을 흐트러뜨린다'라는 식으로 그럴듯하게 말하고, 되파는 사람에게 주의를 주자는 의견 정도를 내놓을까.

그럼 얼른 결론을 내고 해산하자, 해산!

"잠깐만! 되팔기가 어딜 봐서 정의에 어긋나는 행위라는 거야?!"

이런, 한발 늦었다. 내가 의견을 내기도 전에 지유키가 끼어들었다.

지유키는 이야기를 계속했다.

"정의라는 건 전체의 행복도를 증가시키는 행위 아니야? 즉 모든 사람을 행복하게 하는 행위가 정의라는 거지! 사재기는 진짜 원하는 사람에게 물건을 공급하는 시스템이잖아! 그렇게 생각하면."

지유키는 린리를 밀어내고 칠판 앞에 서서 '매점 주인', '되팔기하는 사람', '사는 사람'의 웃는 얼굴을 그리고 주위에 '참 잘했어요' 표시를 하듯 동그라미를 쳤다.

"이거 봐! 매점 주인은 야키소바빵이 전부 팔려서 해피! 되팔기하는 사람은 돈을 벌어서 해피! 돈을 더 내더라도 먹고 싶은 사람은 먹을 수 있어서 해피! 야키소바빵은 자신을 진심으로 원하는 사람에게 가서 해피! 어떻게 봐도 전체의 행복도, 즉 해피포인트의 합계치는 올라갔다고 생각해야지!"

지유키, 마지막의 해피 그것만 좀 다른 듯한데.

"이상으로 야키소바빵 되팔기가 정의라는 것을 완벽하게 증명했습니다!"

지유키가 뽐내듯 가슴을 내밀었다. 지유키는 왠지 예전부터 '해피포인트'라는 의문의 지표치를 사용해왔고, 이번에도 그걸로 전원의 행복도를 계산해서 그 합계치가 커지는 것이 정의라고 주장했다. 대체 어디에서 영향을 받은 걸까?

"참고로 내가 대충 계산해보니 이 되팔기로 해피포인트가 250이나 올라간다고."

"흠, 250이나…."

대체 어떻게 한 계산이냐고 따지고 싶었지만, 물어보면 이야기가 길어질 것 같아서 대충 맞장구치며 넘어갔다.

"해피 뭐라고 하는 이야기는 그렇다 치고 나도 지유키 말에 찬성이야."

미유 선배가 손들고 의견을 말했다. 근거가 되는 해피포인트 이야기를 흘려버리자 지유키가 조금 놀란 표정을 지었지만, 선배는 전혀 아랑곳하지 않고 평소처럼 남을 신경 쓰지 않는 어조로 이야기하기 시작했다.

"자기 돈으로 뭘 얼마만큼 사든, 산 물건을 어떻게 하든 그 사람 자유 아닐까? 도대체 단속이라니 구체적으로 어떻게 하려고? 새 교칙이라도 만드나? '야키소바빵을 사재기하면 안 됩니다', '야키소바빵을 되팔면 안 됩니다' 이렇게? 세세한 것까지 교칙으로 하나하나 정하자면 한이 없지."

하긴 그야 그렇다. 아, 그렇다면….

"그럼 '야키소바빵은 한 사람당 한 개까지'라고 써 붙이면 어떨까요?"

나는 사소한 아이디어를 하나 내놓았다. 교칙으로까지 정하기는 너무 나간 것 같으니 안내문 한 장으로 간단히 해결할 수 있지 않을까 해서 말을 꺼냈지만 이 제안을 들은 선배의 표정을 보고 나는 금세 후회했다.

"그게 제일 바보 같은 생각인데…."

아뿔싸. 선배가 가장 민감해하는 부분을 건드리고 말았다.

"그럼 사재기하는 사람이 친구를 잔뜩 데려와서 다들 한 개씩 다 사면 어떡하지? '친구끼리 연속으로 사면 안 됩니다'라고 새로 써 붙이려고? 그럼 친구끼리라는 것의 정의는? 증명 방법은?"

선배의 신조는 '자유'다. 자유롭게 살아가는 것, 그것이 인간에게 주어진 가장 기본적인 인권이라고 생각한다. 선배는 평소에 느긋한 성격이지만 자유를 침해하는 의견이 나왔을 때만은 항상 무섭게 따지고 든다.

"마사요시, 그런 임시방편적인 교칙을 추가해봤자 결국 악순환이 일어날 뿐이야. 개정을 거듭하며 점점 교칙이 늘어나겠지! 학생의 자유를 지켜야 할 학생회가 자유를 제한하는 교칙을 늘리면 어쩌자는 거야! 교칙은 필요한 것만 최소한으로 두고 학생의 자유를 최대한 보장한다! 그게 우리 학생회의 사명이자 정의라고!"

평소에는 까다롭지 않은 사람인 만큼 이렇게 나오면 무섭다.

"아, 아무튼 그럼 지유키랑 선배 모두 되팔기는 용인한다는 거죠?"

"잠깐만요!"

쩌렁쩌렁한 목소리가 울렸다.

"작은 마을에 병원이 딱 하나 있었어요."

그때까지 잠자코 듣던 린리가 갑자기 대화 흐름과 상관없는 말을 꺼냈다. 다들 어리둥절해하는데도 린리는 아랑곳하지 않고 이야기를 계속했다.

"그 병원은 수술을 하루에 세 번밖에 못 하는 작은 병원인데, 그 옆에 사는 사람이 아침마다 수술을 예약하고 그 권리를 100만 엔에 팔았어요. 여러분, 이 행위는 정의일까요?"

"그건 그러니까, 정의…가 아니겠지."

"수술이 필요 없는 사람이 예약하는 거니까 역시 그러면 안 되지 않을까?"

린리의 질문에 지유키와 선배가 각각 답을 말했다.

"그래요, 정의가 아닙니다! 하지만 이것과 야키소바빵 이야기, 어디가 다르죠?! 비싼 금액을 지불하고서라도 수술을 먼저 받고 싶다는 사람의 행복을 만들어내니까 이 행위는 정의인가요? 수술 예약도, 그 권리를 파는 것도 자유니까 좋을 대로 하게 놔두는 것이 정의인가요? 아닙니다! 타인의 사정을 이용하여 돈을 벌 목적으로'만' 경제활동을 하는 이 모습을 보고 우리는 정의롭지 못하다고 느낍니다. 이런 마음이야말로 우리가 자연스럽게 가지고 있는 윤리이자 도덕이자 정의가 아닐까요?!"

린리는 그렇게 말하며 양손으로 있는 힘껏 책상을 내리쳤다. 지나치게 열을 내는 린리의 표정에 지유키도 선배도 반론하는 것을 완전히 잊고 잠시 멍하니 있었다.

"회장은 어떻게 생각해?"

"엥?"

그때 갑자기 창끝이 나를 향했다. 나는 무심코 또 바보 같은 소리를 내고 말았다.

"매점에서 수술 권리를 되팔기하는 행위를 어떻게 생각하지?!"

"뭐? 아니, 그러니까…."

이야기가 어딘지 어긋났다고! 지금까지 나온 의제와 전혀 다르잖아. 지금 우리가 토론해야 할 것은 야키소바빵의 –

"그래, 마사요시는 어떻게 생각하는데?! 수술 권리를 되팔아서 행복해지는 사람이 늘어난다면 그건 정의 아냐?"

"정보 취약 계층*이 희생된다고 해도 그건 자기 책임 아냐? 마사요시, 안 그래?"

---

* 디지털 환경에서 정보 취득이 늦은 사람.

겨우 정신을 차린 지유키와 선배가 엄청난 기세로 반론을 제기하며 내게 동의를 구했다.

아니, 아니! 지금 물고 늘어질 대상이 틀렸다고!

그러나 내 마음속 항의는 전해지지 않은 채, 세 여학생은 '매점에서 수술 권리를 팔았을 때 되팔기에 대한 옳고 그름'에 대해 각자의 지론을 멋대로 떠들었다. 그러다 급기야 내 쪽으로 돌아서더니 입을 모아 외쳤다.

"넌 누구 생각이 옳다고 생각해?!"

어린 시절에는 정의란 누구에게나 분명하고 단순명쾌한 것이었다. 그래서 어렸을 때 나는 정의가 무엇인지 분명하게 말할 수 있었다. 그러나 나이를 먹을수록 사정은 달라졌다.

아무튼 지금 내가 확실하게 알고 있는 사실은 오늘도 또 하교가 늦어진다는 것….

"정의란 무엇일까, 인가…."

그렇게 중얼거린 나는 세 사람이 각자의 정의를 둘러싸고 다투는 가운데, 어제의 윤리 수업을 떠올렸다.

2장

정의의 판단 기준
'평등·자유·종교'

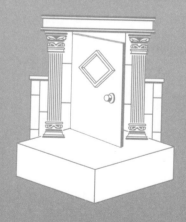

"정의란 무엇일까?"

가자마쓰리 후고 선생님은 윤리 수업을 시작하자마자 학생들을 둘러보고 그렇게 물었다.

물론 이 질문에 대답하는 사람은 없었다. 아니, 제대로 수업을 듣고 있는 학생이 몇 명 안 된다고 하는 것이 정확하다.

우리 학교 학생들은 특별 수업으로 '국사, 세계사, 지리, 윤리' 중에서 한 과목을 선택할 수 있는데 그 가운데 윤리는 가장 인기가 없어서 교실은 한산했다.

왜 윤리 수업이 인기가 없는지는 어렴풋이 알 것 같다. 국사나 세계사, 지리는 무엇을 공부하는지 확실하지만 윤리는 무엇을 공부하는 과목인지 잘 와닿지 않으니까.

"자, 오늘부터 너희는 윤리 수업을 들을 텐데 이 수업은 무엇을 배우는 수업일까?"

선생님은 학생들이 대답하지 않아도 신경 쓰지 않고 수업을 진행했다. 삭발한 머리에 터틀넥 니트, 그리고 렌즈에 살짝 붉은 기가 도는 색안경. 개성적인 풍모의 선생님은 학교에서도 특이한 사람으로 유명하다.

"먼저 사전적인 의미로 윤리란 '사람으로서 지켜야 할 길', '도덕', '정의'를 말한다. 따라서 윤리 수업이란 이른바 '정의의 수업'이라고 할 수 있지. 즉 이 수업은 정의가 어떤 것인지 배우는 수업이라고 생각해주었으면 한다."

이 이야기를 듣고 나는 조금 맥이 풀렸다. 뭐야, 윤리가 정의에 대해 배우는 수업이었어? 그런 줄 알았으면 선택하지 않았을 텐데. 그런 것에는 답이 있을 리 없으니까.

"야마시타 마사요시, 네가 학생회 회장이었지?"

생각에 잠겨 있는데 선생님이 갑자기 말을 걸어서 순간 깜짝 놀랐다. 하지만 별로 이상한 일은 아니었다.

왜냐하면 나는 제일 앞자리인 선생님 바로 앞에 앉아 있었기 때문이다. 참고로 얼마 안 되는 다른 학생들은 대부분 뒷자리에 몰려 앉아 있다. 기본적으로 이 윤리 수업을 듣는 건 가위바위보에서 진 학생들이다. 즉, 다른 과목의 정원이 넘쳐서 하게 된 가위바위보에서 져서 어쩔 수 없이 윤리를 선택했다는 소리다. 당연히 이 과목에 대한 열의가 없는 그 학생들은 하나같이 한산한 교실 뒤쪽 자리에 앉아 각자 마음대로 다른 과목을 공부하고 있었다.

솔직히 말하면 나도 그러고 싶었다. 맨 뒷자리에서 느긋하게 있으면 좋을 텐데. 그러나 옆에 앉은 부회장 린리가 가만두지 않을 게 뻔하다.

'학생회 임원은 전교생의 모범이 되어야 한다.'

이 말을 좌우명으로 삼고 있는 부회장이 앞자리가 비어 있는데도 뒷자리에 앉아 수업 듣는 회장을 봐줄 리가 없다. 그래서 나는 맨 앞줄에서 왼쪽의 린리와 오른쪽의 지유키 사이에 끼여 앉아 있었다. 참고로 미유 선배는 맨 뒷자리에 평소처럼 편안하게 늘어진 자세로 앉아 있다.

선배는 일부러 다른 학생회 멤버에 맞추어 윤리 수업을 선택했다고 한다. 부회장의 압력에 굴하지 않고 자기 좋을 대로 뒤에 앉은 강한 정신력의 선배가 정말 부럽다.

어쨌든 결과적으로 학생회 멤버는 모두 이 수업을 듣고 있다.

"학생회장인 너에게 묻지. 정의란 무엇일까?"

"음, 정의란… 옳은 행위를 하는 것…일까요."

아무래도 정의 따위는 표면상의 원칙에 불과하다고 대답할 수는 없어서 순간적으로 다른 답을 꺼냈지만 내가 생각해도 치졸하기 짝이 없는 답이다. 두통이 무엇이냐는 질문에 "머리가 아픈 겁니다"라고 대답한 것 같아서 조금 창피하다. 뒷자리의 일반 학생들이야 그렇다 쳐도 옆자리의 학생회 멤버 얼굴을 보기가 두렵다.

"그렇군. 정의란 옳은 행위를 하는 것…. 단순한 답이지만… 아니, 오히려 정답이다. 솔직하고 아주 호감 가는 답이라서 좋다."

아무래도 선생님에게는 만족스러운 답변이었나 보다.

"마사요시 말처럼 확실히 정의란 '옳은 행위를 하는 것'이지. 그러나 어떻게 하면 그 옳은 행위를 할 수 있을까? 이건 간단한 문제가 아니야. 예를 들어 소수를 죽이면 다수를 구할 수 있는 상황을 생각해보자. 그런 상황에 놓였을 때 과연 너희는 옳은 행위, 즉 정의를 선택할 수 있을까?"

가만있자, 그것이 '트롤리 딜레마'였던가.

1. 폭주하는 트롤리 앞에 사람이 다섯 명 있다. 트롤리가 그대로 돌진하면 다섯 명 모두 죽는다.
2. 만일 당신이 선로전환기 레버를 당기면 노선이 변경되어 다섯 명의 생명을 구할 수 있다.
3. 하지만 그렇게 하면 이번에는 변경된 노선 앞에 있는 다른 한 사람이 트롤리에 치여서 원래 관계없던 사람이 한 명 희생된다.

이 같은 상황 설정에서 '자, 당신이라면 어떻게 할 것인가?'라고 화두를 던지고, 뒤이어 '그대로 다섯 명을 죽게 내버려두어야 할까? 아니면 한 명을 희생하여 다섯 명을 살려야 할까?' 하고 묻는 문제다. 얼마 전에 이 문제를 놓고 토론하는 해외 수업이 화제가 되어서 똑똑히 기억한다.

"다수의 인간을 살리기 위해서 소수의 생명을 빼앗아도 좋다는 건 아무리 생각해도 정의에 어긋난다는 생각이 들지. 하지만 거기에만 집착해 끔찍한 대참사 발생을 못 본 체하는 것도 잘못된 일 같고.

예컨대 극단적인 이야기지만 다수가 70억 명이고 소수가 한 명, 그것도 살인마인 사형수일 경우를 가정해보자. 그래도 너희는 70억 명이 죽는 대참사를 못 본 체해야 한다고 생각할까?"

아니, 그렇게 생각하지는 않겠지. 하지만… 반대로 그 한 명이 자기 애인이나 가족이나 정말 소중한 사람이라면 어떨까.

그 경우에는 다수가 100명이라도 1천 명이라도, 혹은 전 인류라 해도 소수인 한 명의 생명을 우선하려는 사람도 있지 않을까. 음, 그렇다면 이 문제의 답은….

"학생회장은 어떻게 생각하지?"

"예? 역시 사람마다 다르지 않을까요."

이크. 선생님이 별안간 질문하는 바람에 무심코 내 생각을 그대로 말해버렸다.

물론 이 답은 내 본심이다. 그러나 이런 종류의 문제에 "사람마다 다르지요"는 가장 해서는 안 될 말이다. 하물며 나는 학생회장이고 다양한 골칫거리를 해결하는 자리에 있으니, 본심이 어떻든 간에 생각하기를 포기했다는 인상을 주는 이런 답변을 하면 아주 곤란하다.

문득 걱정스러워서 목은 움직이지 않고 시선만 슬쩍 돌려 왼쪽 옆을 보자, 부회장 린리가 고개를 숙이고 손가락으로 입가를 누르며 부르르 떨고 있었다. 이런, 화를 참고 있다. 역시 이 답변은 린리에게는 완전히 실격이었나 보다.

"사람마다 다르다. 그래, 아주 솔직한 답이구나."

선생님, 좋은 분이시군요…. 선생님은 분위기 파악을 못 하는 내 발언에도 전혀 불쾌해하지 않고 그대로 수업을 이어갔다. 평소에는 별것 아닌 발언까지 필요 이상으로 지적받는 처지에서는 정말이지 고맙다.

"마사요시 말처럼 얼핏 보면 이 문제는 사람마다 답이 다르다고 생각할 수 있고 실제로도 그렇다. 그럼 이 문제에 대해 정의를 묻는 것은 애초에 난센스일까? 아니, 그렇지 않아. 확실히 명확한 답은 존재하지 않을지 모르지만, 사람이 이런 상황에 처했을 때 어떻게 정의를 판정하는지 그 판단 기준을 분석하고 타당성을 논의할 수는 있어."

인간에게 정의의 판단 기준은 오직 세 가지

선생님은 뒤돌아서 칠판에 뭔가 쓰기 시작했다.

"그렇다면 사람이 무언가를 정의라고 판단할 때는 어떤 기준에 따라서 하는 걸까? 사실 그 판단 기준은 크게 나누면 세 가지뿐이다."

어? 그런 말은 처음 듣는다. 무엇이 정의인지는 그야말로 사람마다 생각이 다른 법. 정답이 있을 리 없다. 지금껏 그렇게 생각했기 때문에 정의에 대해 토론해도 의미가 없다고 여겼다.

하지만 사람마다 생각이 다르기 마련이라고 하면서도 선생님이 "그 판단 기준은 세 가지뿐이다"라고 이야기하는 것을 들으니 나도 모르게 조금 흥미가 생겼다.

선생님은 칠판에 단어를 세 개 쓰고 나서 돌아섰다.

"인간이 가진 '정의의 판단 기준' 세 가지는 '평등, 자유, 종교'다."

의외로 간단한 답이었다. 정말일까?

"정말 이 세 가지뿐이라고? 여기에 의문을 느끼는 사람도 있겠지만, 세계 차원으로 조금 시야를 넓혀보자. 실제로 세계를 둘러보면 평등을 존중하는 나라, 자유를 존중하는 나라, 종교를 존중하는 나라, 이렇게 세 부류가 있고 제각기 자국의 정의를 부르짖으며 대립하고 있다는 걸 알 수 있지."

선생님 말을 듣고 보니 확실히 맞다.

"예를 들어 공산주의나 사회주의처럼 평등을 절대적으로 옳다고 주장하는 나라가 있지.

반면에 그런 나라를 억압적이라고 비판하며 자유가 절대적으로 옳다고 보는 나라가 있고.

마지막으로는 어떤 종교, 즉 자국의 전통적인 가치관이 절대적으로 옳다고 내세우는 나라가 있다."

지금까지 한 번도 생각해보지 않았지만, 세계 차원에서 자국의 정의를 주장하는 나라를 크게 나누면 분명히 세 가지 색깔로 나눌 수 있다.

"그럼 그 세 가지 기준인 평등, 자유, 종교, 이 판단 기준에 따라서 하는 행위를 왜 정의라고 할 수 있을까? 각 기준의 반대를 떠올려보면 쉽게 이해될 거다. 예컨대 평등의 반대인 불평등. 이건 보통 나쁜 일이라고 할 수 있지."

그야 그렇다. 모두 똑같은 일을 하고 보수로 한 사람당 사과를 한 개씩 받을 때 아무런 이유도 없이, 또는 폭력이나 출생의 차이에 따라 어떤 사람만 사과를 열 개 받는다고 치자. 이건 어떻게 생각해도 이상한 일이고, 좋다 나쁘다로 말하면 틀림없이 나쁜 일이다.

"만약 너희가 '특정한 누군가가 특권에 따른 이익을 얻고 있다', 혹은 '차별을 받아서 손해 보고 있다', 이런 불평등한 상황을 나쁜 일로 본다면… 그걸 개선하려는 행위, 즉 평등을 목표로 하는 행위는 당연히 정의가 되겠지."

아, 그런 뜻인가. 정의의 반대는 악이니 어떤 행위가 정의인지 아닌지를 확인하고 싶으면 그 반대 행위가 악인지 아닌지 물어보면 된다. 그 이치에 따르면 실제로 우리는 불평등이나 차별을 나쁘다고 여기므로 그 반대인 평등은 우리에게 정의라는 건가.

"마찬가지로 자유의 반대인 부자유에 대해서도 생각해보자. 부자유란 강제나 구속이나 지배로 인해 자유롭게 살아갈 권리를 빼앗긴 상태를 가리키는데, '어떤 이를 부자유하게 만든다', 즉 '사람의 자유를 빼앗는다'는 건 그야말로 전형적인 나쁜 행위라고 할 수 있어."

그 말에는 완전히 동의했다. 히어로물에 나오는 악의 조직이 나쁜 이유는 바로 그들이 세계를 정복하거나 유치원 버스를 탈취하는 짓이 사람들의 자유를 빼앗는 것으로 이어지기 때문이다.

결국 악의 조직은 그 한 가지만으로 악이라고 평가받는다. 만일 그들이 무인도에서 같은 짓을 했다면 아무도 그들을 악이라고 부르지는 않을 것이다.

시험 삼아 "으하하하, 무인도를 우리가 지배했다! 아무도 타지 않는 뗏목을 빼앗았어!" 하고 떠드는 조직을 상상해보았지만…, 음, 전혀 악이 아니다. 역시 악의 조직은 사람들의 자유를 빼앗기 때문에 악이고, 정의의 히어로는 그 악을 저지하기 때문에 정의다.

"마지막으로 종교의 반대인 반종교가 있는데… 이건 종교에 익숙하지 않은 사람은 이해하기 좀 어려울지도 모르겠구나. 그러니 사회의 전통적 가치관에 어긋나는 행위를 떠올려보렴. 묘지를 함부로 훼손한다거나 노인을 홀대하는 행위 말이다. 그 밖에 이성 여러 명과 다정하게 지내는 행위도 거기에 들어갈까? 이런 행위에 대해서도 아마 너희는 부정의라는 느낌을 받겠지."

선생님은 그렇게 말하면서 내 얼굴을 똑바로 쳐다보았다.

네? 아뇨, 아뇨, 제 양옆에는 분명히 여자아이들이 있지만 전혀 그런 사이가 아닌데요!

선생님은 당황해서 허둥거리는 나를 무시하고 "잠깐 정리해볼까" 하고 다음 내용을 칠판에 쓰기 시작했다.

불평등: 정당한 이유 없이 인간을 차별하고 평등하게 취급하지 않는 행위 → 악

부자유: 인간이 자유롭게 살아갈 권리를 빼앗는 행위 → 악

반종교: 종교나 전통적인 가치관을 파괴하는 행위 → 악

"이처럼 우리가 악이라고 부르는 것은 대략 이 세 종류로 나눌 수 있고, 반대로 이런 악을 저지르지 않고 개선하려는 행위를 정의라 한다. 즉 평등, 자유, 종교를 밀고 나아가는 행위가 정의라고 정의할 수 있지. 그렇다면 정의를 구체적으로 실현하기 위해서는 어떤 사상과 사고방식이 필요할까? 이 세 종류의 정의를 추구하려 할 때 인간의 사고는 다음과 같은 주의主義에 이르게 된다."

1. '평등의 정의'를 실현하려면 → 공리주의(행복을 중시하라!)

2. '자유의 정의'를 실현하려면 → 자유주의(자유를 중시하라!)

3. '종교의 정의'를 실현하려면 → 직관주의(도덕을 중시하라!)

"각각 간단히 설명하겠다. 먼저 평등이라는 정의의 기준을 실현시킨 사상 공리주의부터. 공리주의의 내용은 '최대 다수의 최대 행복'이라는 말로 설명할 때가 많은데, 이건 '전원의 행복도를 계산하여 그 합계치가 가장 커지는 행동을 하라! 그것이 정의다!'라는 사고방식이다."

어, 그건 완전히 지유키잖아.

사사건건 해피포인트의 합계치가 이러니저러니 하며 열을 올리는 바보 소꿉친구 얼굴이 맨 먼저 떠올랐다. 실제로 오른쪽 옆을 보자 아니나 다를까 눈을 반짝이며 엄청난 기세로 고개를 끄덕이는 바보가 있었다.

"다음은 자유주의. 이건 그 이름처럼 사람의 자유를 가장 중요하게 생각하는 사상인데 요컨대 '개인의 자유를 지키는 행동을 하라! 그것이야말로 정의다!'라는 사고방식이야. 단순하게 '모든 사람의 자유를 지키자'는 말이라서 누구나 공감할 수 있고 가장 친숙하게 느껴지는 정의지. 단, 이 주의는 거꾸로 하면 '타인의 자유를 빼앗지 않는 한 무엇을 해도 좋다'는 말도 되기 때문에 세 가지 정의 중에서도 가장 개방적인 정의라 할 수 있다."

이것은 자유를 사랑하는 미유 선배다.

실제로 나는 "아무한테도 폐를 끼치지 않으니까 괜찮잖아"라는 선배의 말을 수없이 들었다. 선배가 뒤에 앉아 있어 확인할 수는 없지만, 분명 편안한 자세로 고개를 크게 끄덕이고 있겠지.

"마지막은 직관주의. 이건 추상적이라서 설명하기 조금 어려운 사상인데, 말하자면 '양심에 따라 도덕적인 행동을 하라! 그것이야말로 정의다!'라는 사고방식이야. 또한 직관주의에서는 정의나 도덕은 직관, 즉 양심으로 직접 간파해 아는 것이지 이론이나 계산으로 아는 것이 아니라는 입장을 취하고 있어. 따라서 직관주의자는 종종 이론을 거부하고 '양심을 발동하면 이것이 옳다는 사실은 명백하다. 그러니 이 옳은 일을 하라'는 식으로 강요하는 경향이 있지."

이것은 틀림없이 평소의 린리, 그 자체다.

그렇다면 린리는 직관주의자였나. 린리의 경우에는 한 걸음 더 나아가서 "왜 이 옳은 일을 못 하는 거지?"라는 추궁까지 덤으로 하지만….

왼쪽 옆을 보니 린리는 등을 쭉 편 자세로 똑바로 앞을 보고 있었다. 아무래도 직관주의자의 결점이 자신에게 해당된다고는 손톱만큼도 생각하지 않는 듯하다. 가능하면 지금 선생님의 이야기를 듣고 "이거 내 얘기구나. 마사요시, 언제나 독선적으로 내가 옳다고 생각한 걸 강요해서 미안해"라고 사과했으면 하는 게 솔직한 심정이다.

그런 상상을 하며 린리의 옆얼굴을 훔쳐보는데 갑자기 반대쪽 옆에서 팔꿈치 킥이 날아와서 옆구리 급소를 찔렀다.

"…으!"

소리도 제대로 안 나오는 비명을 지르고 오른쪽을 보자, 팔꿈치 킥을 날린 장본인인 지유키가 부루퉁한 얼굴로 노려보고 있었다.

응? 뭐지, 수업에 집중하라는 건가? 수업 중에 팔꿈치 킥을 날리는 건 절대로 정의가 아니고, 내 행복도까지 확실하게 떨어졌다고!

"자, 지금까지 정의에는 세 가지 판단 기준이 있고 각각을 실현하는 세 가지 사상이 있다고 설명했다. 만일 너희 주위에 어떤 정의나 옳음에 대해 이야기하는 사람이 있다면 이 세 가지 기준을 적용해보렴. 분명 셋 중 하나로 분류될 테니."

선생님의 그 말을 듣고 나는 깨달았다.

학생회 멤버 세 사람의 토론이 왜 결론을 내지 못하고 언제나 평행선을 달리는지. 그 이유를 완전히 이해했다.

나는 노트에 필기한 정의의 판단 기준에 곧바로 주위 인물의 이름을 적용해보았다. 역시 이런 구도였구나. 세 사람이 정의에 대해 토론하면 반드시 대립하기 마련이니 의견이 하나로 모아질 리 없다. 세 사람 모두 전혀 다른 기준으로 정의를 판단하고 있으니까.

＊ ＊ ＊

어제 윤리 수업은 대충 이랬는데….

나는 이미 해가 져서 어둑어둑해진 학생회실 창문을 보며 지친 얼굴로 한숨을 쉬었다. 역시 오늘도 마찬가지였다. 지금 눈앞에는 변함없이 논쟁을 계속하는 세 사람이 있었다.

'야키소바빵 되팔기'를 둘러싼 논쟁은 어느새 '수술 권리 되팔기'에 대한 논쟁으로 바뀌었고, 지금은 '정의란 도대체 무엇일까?'라는 추상적 논쟁으로까지 발전했다. 아니, 정의 운운하기 전에 다들 하교 시간은 제대로 지키라고.

전혀 끝날 기색이 없는 그들의 토론.

나는 토론을 적당히 흘려들으면서 어제 윤리 수업에서 필기한 노트를 슬쩍 꺼내서 내용을 다시 확인했다.

'평등, 자유, 종교'라는 서로 다른 정의의 판단 기준. 눈앞의 세 사람은 이 판단 기준, 즉 '무엇이 옳은지의 기준'이 각자 다른 것이다. 그러니 아무리 시간을 들여서 토론해도 세 사람의 이야기가 결론 나지 않는 것은 당연하다. 절대로 서로 합의할 수 있는 결론에 도달할 리가 없다.

'결국 모든 사람이 납득하는 옳음이란 존재하지 않는다는 이야기겠지…. 그렇다면 정의에 대해 토론하는 것 자체가 완전히 시간 낭비라는 건데.'

다른 세 사람과 달리 '정의 따위 표면상의 원칙일 뿐'이라는 주의를 갖고 있는 나로서는 아무래도 노골적이고 냉담한 생각이 든다.

다만 한편으로는 선생님이 수업 마지막에 한 말이 마음 깊은 곳에서 조금 걸렸다.

"그런데 아까 말했듯이 정의란 옳은 행위를 하는 거다. 그러나 무엇이 옳은지는 때와 상황에 따라 다르고, 더 나아가서 옳음의 기준도 세 가지로 분류할 수 있다고는 해도 역시 사람마다 다르니까 절대적으로 옳은 것은 없다는 인상을 받는 사람도 많을지 모르겠다. 확실히 그 말이 맞아.

하지만… 정의나 옳음에 대해 묻는 것이 쓸모없다는 말은 아니다. 오히려 우리는 그래도 '정의란 무엇일까', '옳다는 것은 무엇일까'라고 질문해야 해.

왜냐하면 우리는 모두 옳음을 추구하는 존재고 어떠한 옳음을 기준으로 삼지 않으면 생각할 수도 살아갈 수도 없는 존재기 때문이지.

만일 '절대적으로 옳은 것 따위는 없다'고 주장하는 사람이 있다고 하자. 얼핏 그 사람은 어떤 옳음도 믿지 않는 것처럼 보일 거야. 그러나 사실 그 사람은 '옳음 따위는 없다는 것'을 옳다고 믿어. 이처럼 우리가 뭔가 주장하거나 생각할 때는 만일 옳음을 의심하는 내용이라 해도 거기에는 반드시 '그것을 옳다고 생각하는 자신'이 존재한다.

즉 옳음의 존재 자체를 아무리 의심해도 '그 의심을 옳다고 생각하는 자신의 존재'만은 결코 의심할 수 없어. 이 말은 곧 우리가 옳다는 개념에서 결코 도망칠 수 없다는 의미다. 그런 이상, 우리는 옳음에 무자각해서는 안 돼. 자신이 무엇을 옳다고 생각하는 인간인지… 무엇을 정의라고 생각하는 인간인지… 자기 사고방식의 기반이 되는 옳음의 기준을 우리는 더더욱 잘 알아야 할 필요가 있지.

그렇기 때문에 우리는 질문해야 하는 거다.

정의란 무엇일까?

정의란 도대체 무엇일까?

너희가 오늘부터 받는 윤리 수업은 이 물음에 대해 인류가 철학적으로 어떻게 생각해왔는지 지난 2,500년 동안의 역사를 배우는 수업이다. 이 질문을 진지하게 생각해보는 것은 앞으로 다가올 너희 인생에 분명 도움이 될 거야. 왜냐하면 앞서 말했듯이 너희는 옳음이라는 개념에서 도망칠 수 없는 존재고, 만일 자각이 없다 해도 반드시 옳은 것을 추구하며 살아가는 존재니까."

선생님의 마지막 말에 솔직히 좀 치사하다는 생각도 들었다.

선생님이 한 말은 이렇게 정리된다. 만일 내가 "아뇨, 저는 옳은 걸 추구하며 살아가지 않는데요."라고 말했다 치자. 그럼 선생님은 이렇게 되받아친다. "하지만 너는 그런 자신의 의견을 옳다고 생각하는 거야." 여기에 대해 내가 이의를 제기하려고 "아닙니다, 전 자신을 옳다고 생각하지 않아요"라고 해도 소용없다. 선생님은 다시 "그러니까 넌 그걸 옳다고 생각하는 거야"라고 똑같은 식으로 되받아칠 것이다.

결국 무슨 말을 해도 "그러니까 너는 그걸 옳다고 생각하는 거야"라는 말을 계속 듣게 되는, 그야말로 무적의 논법이다.

아무래도 억지스럽고, 절대 수긍할 수 있는 이야기가 아니다.

하지만… '듣고 보니 어쩌면 그 말이 맞을지도 모르겠다' 싶기도 하다.

확실히 나는 '정의 따위는 어디까지나 표면상의 원칙일 뿐 실은 존재하지 않는다'고 생각하고는 있지만, 구태여 그렇게 생각한다는 것은 내가 그 생각을 명백히 '옳다'고 여긴다는 이야기다.

그렇다면 그 옳음의 근거는 어디서 왔을까….

나도 사실은 어떠한 옳음, 정의를 믿고 있다는 것일까? 아니, 그렇지는 않다고 보는데.

아… 그래, 옳음의 근거라고 하면….

나는 문득 생각이 나서 우리를 지켜보는 '그 아이'를 돌아보았다. 학생회실에 있는 사람은 나, 린리, 미유 선배, 지유키, 이 네 명이지만 실은 또 한 사람, 학생회실 구석에 앉아서 이쪽을 가만히 보고 있는 교복 차림의 그 아이가 있다. 그러고 보니 이 아이의 존재에 대해서도 옳은지 옳지 않은지, 정해진 날짜까지 결론을 내야 했다. 그날을 생각하면 조금 우울해진다.

어쩌면 윤리 수업을 듣고 이 문제에 답을 찾아낼 수가….

아니, 기대는 접자.

학생회 멤버끼리 그 정도로 이야기 나누고도 답이 나오지 않았으니….

나는 다시 앞을 보았다. 바깥은 완전히 깜깜해졌는데 여전히 성과 없는 논의를 되풀이하는 광경이 펼쳐져 있었다.

결국 정의나 옳음 같은 거에 얽매이니까 사람은 고민하거나 괴로워하거나 싸우는 것이다. 그렇다면 정의는 표면상의 원칙으로 받아들이고 나머지는 그럴싸한 타협안으로 적당히 만족하면 된다.

이것이야말로 진정한 평화라는 생각이 떠올랐지만, 다음 순간, "그렇구나, 그게 너의 옳음이로군" 하는 윤리 선생님의 목소리가 머릿속에 울렸다. 나는 고개를 흔들어 생각을 떨친 다음, 마음을 비우고 이 시간이 지나가게 내버려 두기로 했다.

3장

최대 다수의 최대 행복
― 공리주의

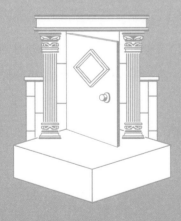

아직 쌀쌀한 아침, 학교 복도. 학생들이 목을 움츠리고 서둘러 오가는 복도를 나는 몽롱한 상태로 반쯤 졸며 걷고 있었다.

　어쨌든 학생회장이라 결코 수업 중에 졸 수 없는 불쌍한 신분인 나에게는 반쯤 졸면서 걷는 것이 중요한 일과 중 하나다. 수업 중에 졸 확률을 조금이라도 줄이기 위해 미리 자두려는 속셈이다. 고심 끝에 옆에서 보면 생각 중인 듯 보이는 자세를 취했다. 나는 부회장에게 혼나지 않기 위해서, 아니 학생회장의 위엄을 지키기 위해서 오늘도 부족한 잠을 보충하며 복도를 천천히 걷고 있었다.

　그때 별안간 누가 내 교복 소매를 세게 잡아당겼다.

　"야, 얼른 일어나! 빨리 윤리 수업 들어가야지!"

　나의 꼼수를 간단히 꿰뚫어 보고 이른 아침답지 않게 들뜬 상태로 일과를 방해한 사람은 학생회 회계 지유키. 바보 소꿉친구이자 모든 악의 근원이다.

"뭐야, 바보 소꿉친구냐."

"뭐, 바보?"

아… 실수했다. 평소에 마음속으로만 부르던 별명이 무심코 나와버렸다. 이건 좀 위험하다고 할까, 심했다. 허둥지둥 잠기운을 떨치고 재치 있게 만회해보려고 열심히 머리를 굴렸다.

"아, 바보라고 부른 건 그쪽 바보가 아니라."

"머리카락이란 말을 생략하지 말라고! '바보 머리카락 소꿉친구'라고 제대로 말해!"

과연 초등학교 때부터 알고 지낸 사이다. 설명하지 않아도 정확하게 내 의도를 알아차렸다. 그런데 넌 바보 머리카락 소꿉친구라고 불리는 건 괜찮냐.

바보 머리카락이란 만화책이나 애니메이션 등장인물에 많이 보이는, 더듬이처럼 튀어나온 머리카락을 말한다. 원래는 일본 미용업계 용어였지만 귀여운 캐릭터에 많이 그려지면서 대중적으로 널리 쓰이게 되었다. 그런데 만화에서와 달리 현실에서 바보 머리카락은 귀엽기는커녕 보기 안 좋다.

"아침에 잘 폈는데"라며 지유키는 손으로 자기 머리카락을 몇 번이고 쓰다듬었지만, 그때마다 바보 머리카락은 다시 꼿꼿하게 서서 자기 존재를 주장했다. 지유키는 그런 무의미한 작업을 다섯 번쯤 더 반복한 뒤 "됐다!" 하고 나를 향해 웃었다. 내가 보기에는 전혀 달라진 게 없었지만.

"알았어. 바보 머리 소꿉친구라고 할게."

"왜 자꾸 뒤쪽을 생략하는 거야."

우리는 시시한 이야기를 나누며 나란히 걷기 시작했다. 곱슬곱슬한 머리카락을 힘주어 땋은 지유키의 갈래머리가 스프링이라도 장치된 것처럼 불규칙하게 흔들렸다. 그러고 보니 지유키의 신조가 '평등의 정의'였던 것이 떠올랐다. 평등이나 공평의 이미지라고 하면 물론 천칭인데 혹시 저 갈래머리는 자기 신조를 상징적으로 표현한 것일까?

그런 생각을 하며 흔들리는 머리꼬리 두 개를 눈으로 좇고 있는데, 지유키가 내 시선을 눈치챘는지 갑자기 왼손과 오른손으로 각각 머리꼬리를 잡았다. 그리고 양손을 앞으로 내밀어서 갈래머리를 보란 듯이 내보이는 동작을 했다.

"너, 갈래머리 좋아하지?"

아무래도 일부러 보여주는 모양새다. 아니 잠깐만, 내가 언제 갈래머리를 좋아한다고 했던가? 초등학생 때부터 지금까지를 재빨리 떠올렸지만 전혀 그런 기억이 없다.

…아, 그러고 보니 어린 시절에 자주 본 히어로물에 갈래머리 캐릭터가 있어서 그 머리 모양을 좋아한다고 말한 적이 있었던 것 같다. 그 캐릭터는 히어로의 파트너인 여자아이인데 갈래머리 기관총이라는 필살기가 엄청 멋있어서…. 그래, 당시에 엄청 좋아했지. …어라? 잠깐만. 그렇다면 지유키는 내가 좋아하는 캐릭터의 머리 모양을 일부러 한다는 말이 된다. 그건 즉…, 아니지, 아니지, 진정하자.

내가 "이런 머리 모양을 좋아해"라고 했더니 매일 그 머리 모양으로 등교하는 동갑내기 여자아이가 있다는 상황은 솔직히 말해서 기분 좋다.

"헤헤."

지유키는 조금 쑥스러워하며 머리꼬리 두 개를 꽉 쥐고 웃음 지었다. 이상하다. 어제까지 전혀 관심 없던 갈래머리가 갑자기 귀엽게 보인다. 나는 황급히 화제를 바꾸기로 했다.

"그런데 너 아침부터 엄청 기분 좋아 보이는데?"

"응? 당연히 윤리 수업이 기대되니까 그렇지."

뭐? 수업이 기대된다고? 이 소꿉친구는 언제부터 모범생이 된 걸까.

"정의에 대해 배우니까 학생회 멤버로서 엄청 공부가 되잖아. 반대로 넌 왜 기운이 없냐?"

"정의에 답 같은 게 있을 리 없으니까…."

"뭐?"

의식한 것은 아니지만 나는 졸다가 방해받았을 때보다 더 낮고 언짢은 목소리로 대답했다.

"그러니 윤리 수업 같은 건 들어봤자 의미 없어."

당연히 지유키가 "아니야!" 하고 강하게 대꾸하겠지…. 이렇게 예상했는데 돌아온 것은 기운이 하나도 없이 풀 죽은 목소리였다.

"왜 그렇게 된 거야. 너 옛날에는 안 그랬잖아. 그래서 난…."

마침 지유키의 말을 가로막듯 예비종이 울렸다. 우리는 대화를 멈추고 교실로 들어갔다. 그리고 어쩐지 서먹서먹하게 말없이 맨 앞자리에 앉았다.

부회장 린리는 벌써 자리에 앉아 있었다. 린리가 왼쪽, 지유키가 오른쪽, 이번에도 지난번과 자리가 똑같았다. 아니, 전과 달리 지유키의 몸이 조금 가까워진 것 같다.

교실은 여전히 한산했다.

그때 윤리 선생님이 들어와서 수업을 시작했다.

"지난번 수업에서 정의에는 평등, 자유, 종교 이렇게 세 가지 판단 기준이 있다는 얘기를 했지. 오늘은 그중에서 평등에 대해 더 자세히 설명하려고 한다.

평등은 정의다. 이 말을 듣고 너희는 어떻게 생각할까? 반드시 모든 걸 평등하게 할 필요는 없다고 생각하는 사람도 많겠지만 어쨌든 특별한 이유가 없는 한 '불평등보다는 평등이 낫다', 이렇게 생각해도 좋지 않을까?

예를 들어 대다수 인간이 굶주림으로 고통받으며 가난하게 생활하고 있는데, 일부 인간이 특권을 내세워 일하지 않고 남을 착취하여 얻은 부로 넉넉한 생활을 하는 상황을 떠올려보자. 이 상황에 대해 너희는 당연히 '불평등이고 선하지 않은 일이다'라고 생각할 테고 가능하면 개선해야 한다고 여기겠지.

즉 지금 말한 것처럼 특권, 착취, 차별 등 인간을 부당히 불평등하게 취급하는 행위를 우리는 기본적으로 나쁜 일이라고 생각한다.

그러나 불평등보다 평등이 낫다고 하면서도 '무엇을 평등이라고 보는가'라는 어려운 문제가 있어. 예컨대 모두가 짐을 나를 때 사고로 부상당한 사람이나 병자에게 같은 무게의 짐을 똑같이 들도록 하는 건 결코 평등하지도 옳지도 않을 거다. 혹은 열심히 일하는 사람과 느릿느릿 답답하게 굴며 아무 일도 하지 않는 사람, 이 양쪽에게 같은 보수를 지급해야 한다고는 너희도 생각하지 않겠지. 이처럼 단순하게 일을 균등하게 나누는 것이 결코 평등은 아니야. 사람들 각각의 차이, 개인의 노력이나 재능을 무시하고 모든 것을 완전히 똑같이 하려고 하는 행위는 '악평등惡平等'이라고 불리며 일반적으로도 나쁜 것으로 여겨진다.

그럼 어떻게 하면 개개인의 차이를 고려하여 진짜 평등을 이룰 수 있을까? 학생회장!"

"아, 네."

"너는 이 학교에서 되도록 평등하게 무언가를 결정하고 싶을 때 어떻게 하지?"

"그러니까… 다수결 같은 방법일까요."

갑작스러운 질문이라 깊이 생각하지 못하고 순간 떠오른 걸 무심코 대답했다. 그런데 나는 앞으로도 계속 이런 식으로 수업 중에 질문을 받는 건가? 이제 맨 앞자리에는 그만 앉고 싶은데….

그때 옆에서 "흥" 하고 명백히 바보 취급하는 듯한 콧소리가 들렸다. 물론 지유키다. 살짝 거슬려서 반사적으로 얼굴을 오른쪽으로 돌렸더니, 예상보다 지유키 얼굴이 너무 가까웠다. 나는 허둥지둥 다시 앞을 보았다.

"옆자리 학생은 조금 전 대답에 불만이 있는 것 같구나."

"네! 다수결은 전혀 평등한 결정 방법이 아니라고 생각해요!"

"흠, 어째서 그렇지?"

계속 답변하라는 선생님의 재촉에 지유키가 일어섰다.

"다수결은 모든 사람의 의견을 존중하여 평등하게 일을 결정하는 방법처럼 보이지만, 실제로는 소수파에 대한 다수파의 부당한 폭력을 정당화한 불평등한 방법이에요. 예를 들어 우리 학교에서 우연히 남자가 과반수여서 다수결을 했더니 '소수파인 여자들을 노예로 취급한다'는 결과가 나왔다고 해요. 물론 그건 옳은 일이라고 할 수 없지만 다수결에서는 옳은 일이 되죠. 결론적으로 다수결이라는 건 다수파의 이익을 위해 소수파를 부당하게 소홀히 할 수 있는 불완전한 선택 시스템이라고 할 수 있어요. 그렇죠?"

마지막의 "그렇죠?"는 내 쪽으로 얼굴을 돌리고 한 말이었다. 무슨 말을 하고 싶은지는 알겠다. 실제로 그렇구나 싶기도 했다. 지유키에게 논파당하다니 엄청 분하기는 했지만.

아니, 잠깐만. 곰곰이 생각해보니 내가 하고 싶지도 않던 학급위원이 된 것은 지유키가 부추긴 부당한 다수결 탓이었다. 그것이야말로 다수파의 폭력이다. 그 중심에 있던 네가 다수결의 문제점을 말하다니 그야말로 무의식 중에 스스로 실토한 꼴이로군!.

그런 식으로 빈정거려줄까 했지만, "그럼 학생회장도 하고 싶지 않은데 된 거였어?" 하고 왼쪽 옆자리의 린리가 뭐라고 할 듯해서 그만두었다.

"지금 한 말은 기본적으로 옳다. 다수파의 의견을 채택하는 것이 반드시 정의라고는 할 수 없어. 아무리 잔혹하고 부당하고 어리석은 일이라도 다수파가 선택할 수 있지. 다수결의 문제는 분명 그 점에 있다고 볼 수 있다.

그럼 어떻게 하면 좋을까? 어떻게 하면 일을 정말 평등하게 결정할 수 있을까? 단순히 균등하게 나누는 건 소용없어. 다수결도 안 되고. 그래서 인류는 '공리주의'라는 새로운 사고방식을 생각해냈다."

기다렸다는 듯 지유키가 웃음을 띠었다. 그리고 만족했는지 그대로 자리에 앉았다.

"공리주의란 '그 일이 옳은지를 공리로 결정하자'는 사고방식인데, 공리가 일상적으로 사용하는 말이 아니라서 잘 와닿지 않을지도 모르겠다. 원래 공리라는 건 효능이나 유용이라는 뜻을 가진 말이지만 좀 더 일상적인 단어인 '행복'으로 바꿔보면 쉽게 이해될 거다.

즉 공리주의란 행복주의…, 단적으로 말하면 '그 일이 옳은지를 행복의 양으로 결정하자'는 사고방식이라고 생각하면 돼.

단, 이 설명에서 특히 유념해야 할 것은 행복의 '양'이야. 이건 아주 중요해서 이 양이라는 개념을 무시하고 단순히 행복해지는 사람 수로만 옳은지를 결정해버리면 다수결과 다름없어지지."

하긴 그렇다. 어떤 법률을 정하는데 그 법률이 1천 명을 행복하게 하는 반면에 100명을 불행하게 하는 것일 경우, 행복해지는 사람 수가 많다고 해서 그 법률을 채택한다면 다수결이나 마찬가지다.

"그래서 공리주의에서는 행복해지는 사람 수가 아니라 어디까지나 행복의 양을 문제 삼는다."

"아, 네, 네! 즉 해피포인트를 계산해서 그 합계치가 커지는 선택을 하는 것이 정의라는 거죠?"

갑자기 지유키가 손을 들고 선생님 설명에 끼어들었다. 야, 갑자기 해피포인트 같은 네가 만든 용어가 선생님한테 통할 리가 없잖아.

"해피포인트…? 그건 행복도의 지표치라는 의미일까? 그렇구나, 그쪽이 이해하기 쉬운 명칭일 수도 있겠구나."

앗, 통했고 받아들여졌다….

"공리주의의 이념을 나타내는 '최대 다수의 최대 행복'이라는 유명한 말이 있지. 이건 글자 그대로 되도록 많은 인간에게 그 행복도의 총량이 최대가 되는 행동을 해야 한다는 의미인데, 공리주의자는 이 이념에 따라 전원의 행복도 총량, 즉 해피포인트의 합계치가 더 커지는 선택을 하는 것이 정의라고 생각해.

이런 상황을 한번 상상해보자. A, B, C, 세 사람 앞에 주먹밥이 딱 한 개 있다. 여기서 A는 사고 등의 불운이 닥쳐서 아무것도 먹지 못하고 굶주려서 지금이라도 죽을 것 같은 상태였어. 한편 B와 C는 거의 배가 꽉 찼고. 이 상황에서 주먹밥을 어떻게 나누는 것이 평등하다고 할 수 있을까?

먼저 단순히 균등하게 나눈다는 사고방식도 있다. 하지만 그게 진짜 평등이 아니라는 건 명백하지. 그럼 의논하거나 다수결로 결정하는 게 정답일까? 아니야, 이 경우에는 B와 C가 필요 이상으로 욕심을 부린다면 어디까지나 주먹밥을 균등하게 분배하기를 원할 거야. 이건 우리 모두에게 주어진 주먹밥이니까 우리도 우리 몫인 3분의 1을 달라는 식으로. 어차피 B도 C도 배가 부른 상태라서 한 입 먹고 나면 나머지 주먹밥은 쓰레기통에 버릴 테지만.

자, 이 상황에서 옳다고 생각할 수 있는 해답은 물론 '굶주린 A에게 더 많이 주먹밥을 나눠준다'지만⋯, 어떤 사고방식으로 생각해야 그 옳은 답을 이끌어낼 수 있을까? 마사요시."

"세 사람의 해피포인트⋯가 아니고 행복도의 총량이 최대가 되도록 주먹밥을 나누면 되나요?"

"그래, 맞다."

"그래, 맞아."

내 대답에 선생님이 고개를 끄덕이는 것은 당연하다 쳐도 옆자리의 지유키까지 끄덕여서 솔직히 짜증스러웠다. 하지만 수업 중이니 어른스럽게 대응하기로 하고 무시하자.

그보다 평소에 계속 지유키가 하는 말을 들은 탓인지 나도 모르게 해피포인트라고 한 것이 부끄럽다.

"그럼 실제로 사례별 행복도의 총량을 계산해보자. 먼저 주먹밥을 균등하게 나누었을 때⋯, 행복도의 총량은 예를 들어 이렇게 된다고 하자."

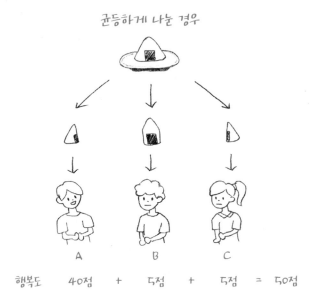

균등하게 나눈 경우

행복도   40점   +   5점   +   5점   =   50점

선생님은 칠판에 분필로 뭔가 그리고 썼다.

"보다시피 합계는 50점이다. A는 굶주렸으니까 행복도가 아주 높지만 B와 C는 배가 부르기 때문에 그렇지 않아. 그러니까 이런 식으로 수치가 불규칙하게 분포하지.

그럼 다음은 A에게 주먹밥을 더 많이 나눠주자. 그러면 행복도의 총량은 분명 이렇게 변하겠지. A는 굶주린 상태에서 주먹밥을 많이 받을 수 있으니 행복도는 균등하게 나눴을 때보다 훨씬 증가해. 반면에 B, C는 원래 받을 수 있었던 몫을 받지 못하니까 기분이 좀 상할 테고. 따라서 B, C의 행복도는 균등하게 나눴을 때보다 내려갈 거야.

그렇더라도 B와 C는 원래 필요 없던 것을 잃었을 뿐이니 행복도는 조금

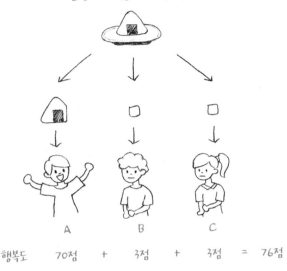

균등하지 않게 나눈 경우

	A	B	C	
행복도	70점	+ 3점	+ 3점	= 76점

밖에 감소하지 않아. 이처럼 결과적으로 전체의 행복도의 총량은 전자보다 올라가서… 합계점은 76점이 되지.

즉 균등하게 나눌 때보다 개인의 차이를 고려하여 균등하지 않게 나눈 쪽이 행복도의 총량은 커지는데, 공리주의에서는 후자를 옳게 나누는 법으로 보고 그것이야말로 '진짜 평등'이라고 생각한다.

또 한 가지 예를 살펴보자. 이번에는 의료 현장에서 실제로 사용하는 트리아지triage 이야기다."

트리아지? 어디서 들어본 것 같은데 뭐였더라.

"이 이야기는 너희가 의사라고 가정하고 상상해보면 이해하기 쉬울 거야. 어느 날 갑자기 대지진이 일어나서 너희 앞에 부상자가 대량으로 실려 왔다고 하자. 부상자는 상태가 다양해서 찰과상 정도인 사람부터 출혈 과다로 심폐 기능이 정지된 사람까지 있어.

자, 여기서 문제가 되는 건 어느 부상자부터 순서대로 치료해야 할까 하는 점이다. 너희라면 어떻게 하겠니? 찰과상 정도만 입은 사람이라면 한동안 놔뒤도 문제없으니 뒤로 미루는 건 당연하겠고 중상자는 어떻게 하면 좋을까? 물론 곧바로 처치하지 않으면 죽는 사람은 다른 사람보다 우선해서 살려야겠지.

그러나 치료를 해도 살아날 가망이 없는 중상자나 살리려면 많은 의사와 의료품을 필요로 하는 중상자가 실려 왔을 때는 어떻게 해야 할까?

의료 현장에서는 그런 사람의 우선순위는 내려서 치료하지 않거나 나중으로 미루고 다른 사람을 먼저 치료하는 선택을 하지."

이해가 간다. 그런 상황이라면 부상자 수에 비해 의사 수, 수혈 가능한 혈액량, 붕대 개수도 절대적으로 부족할 테다. 자원을 생존 가망이 희박한 부상자 한 사람에게 낭비하기보다는 더 많은 사람을 살리는 데 사용하는 것이 당연한 판단으로 보인다.

"이처럼 부상자의 위중한 정도에 맞춰서 치료 우선순위를 정하는 것을 트리아지라고 하며 실제 의료 현장에서도 이를 시행하고 있어. 참고로 트리아지는 프랑스어로 '선별'을 의미하는 말인데 이름 그대로 재해 시에 전원을 치료하는 것이 물리적으로 곤란할 때, 살릴 사람에게 우선순위를 매겨서 선별한다는 거지. 나쁘게 말하면 살리지 못할 사람을 골라 내버려두는 것으로 볼 수도 있는 행위지만, 그럼 이 트리아지는 과연 인간으로서 옳은 행위일까?

적어도 공리주의적으로 생각하면 완벽히 옳은 일이 된다. 왜냐하면 전원을 균등하게 치료하는 것보다, 또는 단순히 중상자부터 순서대로 치료하는 것보다 선별하여 치료하는 편이 행복도의 총량은 확실히 커지기 때문이야. 마사요시는 이 재해 현장의 공리주의 사고방식을 어떻게 생각하나?"

"음… 옳다고 할까요, 타당한 사고방식이라고 생각합니다. 균등하게 살리려다가 결과적으로는 살 수 있는 사람이 죽고 희생자가 늘어난다면 그건 앞뒤가 바뀌었다고 할까, 본전도 못 찾는 것이라 해야겠죠…."

"그 말은 공리주의가 옳다는 거네."

내 발언에 지유키가 불쑥 끼어들었다.

"…아, 그렇게 되나."

지유키에게 억지로 떠밀려 수긍하는 것처럼 보여서 약간 거슬리지만 그렇다고 이 건에 대해 반론은 없다. 만일 더 좋은 방법이 있었다면 의료 현장에 이미 도입되었을 테니 역시 트리아지라는 선별이 현시점에서는 제일 좋은 방법이리라.

지유키는 내가 반론하지 않자 기분이 좋아졌는지 만족스러운 얼굴로 미소 지었다. 그리고 한층 우리 둘의 거리가 가까워진 듯한 느낌이 들었다.

그때 선생님이 못마땅한 시선으로 지유키를 바라보는 것 같았다. 비록 지유키는 들떠서 알아차리지 못했지만.

그런데 지유키에 대한 이의가 다른 곳에서 제기되었다. 내 왼쪽 옆자리다.

"저는 공리주의가 옳다고 생각하지 않습니다. 애초에 행복도의 양을 늘리는 행위가 정의라고 단언할 수 있는 근거가 무엇인가요? 게다가 옳음과 정의는 그런 식으로 계산해서 정할 수 있는 것이 아니라고 봅니다."

"뭐?"

린리가 이의를 제기하며 일어서자 지유키가 학생회 소속답지 않게 짜증 섞인 말투로 대꾸해서, 교실에는 단숨에 긴장된 분위기가 감돌았다. 야, 학생 회실에서 하던 험악한 토론을 여기에서도 할 셈이냐.

"음, 그렇지. 확실히 공리주의는 그 이론만 들으면 아주 타당한 사고방식처럼 보인다. 그러나 행복도를 계산하기만 하면 정말 정의가 실현될까? 실은 지금 네가 말한 그런 의문은 옛날부터 제기됐다. 그걸 다루기 전에 공리주의를 좀 더 상세히 알아보자. 우선 이 주의의 창시자가 어떤 사람이었는지 살펴볼까."

공리주의의 창시자, 제러미 벤담

선생님은 뒤로 돌아서 칠판에 어떤 사람의 이름을 쓰기 시작했다. 화제가 바뀌자 린리는 아무 일도 없었다는 듯이 그대로 자리에 앉았다. 그래요, 선생님, 그게 정답입니다. 저도 그 방법으로 수없이 위기를 벗어났지요.

"공리주의를 창시한 사람의 이름은 제러미 벤담Jeremy Bentham(1748~1832). 18세기 후반부터 19세기 전반에 활약한 영국 철학자다. 벤담은 법률가기도 했는데, 당시의 영국 법률은 상당히 모호했고 벤담은 그 점을 도저히 용납할 수가 없었어. 아니 법률이라는 건 영국뿐 아니라 어느 나라에서든 원래 애매한 것이라 해야 할지 모르겠구나. 예컨대 일본에서 법률은 육법전서로 분명하게 명문화되어 있지만 그래도 변호사에 따라 판단이 달라지기도 하니까."

아, 무슨 말인지 잘 알겠다. 어린 시절에 나는 법률이란 사람들이 각자 해석할 여지가 없을 만큼 모든 것이 자세히 정해져 있다고 생각했다. 그러나 어느 날, 법률을 소재로 한 방송 프로그램을 보고 그 믿음은 산산이 부서졌다.

변호사 여러 명이 출연해 어떤 사건을 놓고 합법인지 위법인지 판단하는 프로그램이었는데 그 답변이 각양각색이었다. 법률이 사람마다 제각기 해석할 수 있는 애매한 면이 있다는 점에 당시 엄청 충격을 받았다.

"법률가 벤담에게 그 시대의 관습이나 개인의 감성에 따라 법의 해석이 달라지는 영국 법조계의 당시 상황은 도저히 받아들이기 힘든 것이었어. 그래서 벤담은 법의 근거를 찾았지. 즉 법이 법으로 성립하는 것은 어떤 조건에 따른 것인가? 달리 말하면 법이란 어떨 때 옳다고 말할 수 있는가? 벤담은 그런 질문을 던지고 탐구했다.

이 물음은 아주 비범하고 훌륭하다. 왜냐하면 우리는 대개 법이란 옳고 지키는 게 마땅하다는 전제하에 생각하는 경향이 있으니까.

그러나 벤담은 법률가면서, 아니, 오히려 법률가기에 세상의 관습이나 상식을 따라가지 않고 그 법이 옳은 근거를 찾아내려고 했어. 그러던 어느 날, 벤담은 책도 빌려주는 작은 찻집에서 책을 한 권 빌리지. 그 책에는 아까 설명한 공리주의로 이어지는 이 한 문장이 쓰여 있었어.

'어떠한 국가든지 그 구성원 다수의 이익과 행복이 국가에 관한 모든 사항을 결정할 때의 기준이 되어야 한다.'

이 짧은 한 문장과의 만남이 벤담의 인생을 바꿨어.

벤담의 회고록을 보면, 그는 이 문장을 만난 순간에 감동한 나머지 '유레카!', 즉 '발견했다!'라고 크게 외쳤다고 한다. 아르키메데스Archimedes(B.C. 287?~B.C. 212)처럼 알몸으로 뛰쳐나가지는 않았지만."

그러더니 선생님은 입을 손으로 가리고 킥킥댔다. 아무래도 자신이 한 말이 웃겼던 모양이다.

"어쨌든 벤담은 아까 그 한 문장, 즉 '최대 다수의 최대 행복'의 개념을 알기에 이르렀고 이를 법이 옳은지 재는 기준으로 삼으면 된다고 여겼어. 실제로 이 공리주의의 개념에 비춰보면 어떤 법이라도 그 정당성을 밝힐 수 있지.

예컨대 한 남자가 살인을 저지르고 체포되어 법에 따라 종신형을 선고받았다고 하자. 이때 우리는 통상 그 남자가 나쁜 짓을 했으니 그 죄를 갚기 위해 교도소에 들어갔다고 생각하지만, 공리주의에 따르면 이유가 전혀 달라. 남자가 교도소에 들어가는 이유는 그 사람을 제멋대로 하게 내버려둠으로써 발생하는 불행의 양보다 남자가 구속되어 발생하는 불행의 양이 적다고 예상해서야. 또 누가 살해되거나 이웃 주민이 불안해서 발생하는 불행의 양 말이다.

즉 남자를 교도소에 넣는 편이 사회 전체의 행복도가 높아진다고 판단했기 때문이라는 거다. 법이 한 인간을 구속하는 근거는 여기에 있어. 애당초 법이란 사회 전체의 행복의 양을 늘리거나, 혹은 불행의 양을 줄이기 위해 존재하고 이를 달성할 수 있는 법이어야만 법으로 옳다고 할 수 있지. 공리주의 사고방식을 이용하면 이처럼 법의 근거를 하나하나 밝힐 수 있고. 이런, 마사요시는 지금 이야기가 잘 와닿지 않나?"

"아!"

조금 신경 쓰이는 점이 있어서 잠시 생각하고 있었을 뿐인데 선생님은 민감하게 알아채고 내게 물었다. 대단하다. 넋 놓고 있으면 안 되겠어.

"아뇨, 지금 이야기는 이해했고 그렇겠다고 생각했습니다. 다만 다른 점이 마음에 걸린다고 해야 하나…, 공리주의도, 최대 다수의 최대 행복도 어떤 이야기인지는 알겠는데 그게 평등의 정의와 어떻게 연결되나 해서요."

"어? 이해가 안 돼? 더 이상 평등할 수 없을 정도잖아."

이번에도 지유키가 끼어들었다.

"아니야, 좋은 질문이다. 마사요시가 말하고 싶은 건 이런 거겠지. 최대 다수의 최대 행복으로 그것이 옳은지를 결정한다는 건 대략 '불쌍한 사람에게 많이 주자'는 말이고 어떤 의미로는 약자를 선택해서 우대하는 시스템처럼 보이기도 하지. 따라서 그 점을 강조하면 점점 평등이라는 개념과 멀어지는 게 아닌가 하는."

역시 선생님은 다르시군요. 어떻게 설명해야 할지 몰라서 말을 못 하고 있었는데 정확히 딱 들어맞는 설명이라 나는 고개를 끄덕일 수밖에 없었다.

"애초에 공리주의는 평등의 정의를 가장 잘 체현하는 공평한 사고방식이라고 하는데 그건 왜일까? 공리주의에 관한 벤담의 다음 말을 인용하면 쉽게 이해될 거다.

'누구든 한 사람 이상으로는 세지 않는다.'

어떤 것 같아? 공리주의의 정신은 인간의 행복이나 불행의 양을 측정하여 그 합계치를 높이는 것인데, 그때 가장 중요한 포인트가 이거야.

왕이든 귀족이든 평민이든 노예든 인간 한 사람으로 세고 그 행복이나 불행의 양을 똑같이 취급한다는 것. '왕의 팔뼈가 부러지는 불행은 노예 100명의 팔뼈가 부러지는 불행의 양과 같다' 이런 식으로 불평등하게 환산하지 않아.

그러니까 만일 왕의 팔을 부러트릴지 노예 두 명의 팔을 부러트릴지 하는 선택지밖에 없다면 공리주의자는 기쁘게 왕의 팔을 부러트리는 쪽을 선택하겠지. 왕이든 노예든 인간을 절대 한 사람 이상으로는 세지 않으니까. 벤담이 태어난 1700년대, 18세기라는 시대를 고려하면 이것은 믿기 어려울 만큼 평등하고 혁신적인 사고방식이지."

18세기라면 서양에서는 노예 무역을 당연하게 여긴 시대였다. 동양은 전제군주제專制君主制가 존재하는 계급 사회였고. 그런 시대에 양반도, 중인도, 상민도, 천민도 똑같은 한 사람으로 행복의 양을 재고 아무도 특별 취급하지 않는다니 불가능에 가까울 정도로 선진적인 사상이 아니었을까? 그렇게 생각하면 벤담은 엄청 대단한 사람이었구나. 과연 그런 의미에서 공리주의는 확실히 더 이상 평등할 수 없다고 할 만한 사고방식이다.

"하지만 그 반면에 우리는 벤담의 광기…, 공리주의에 치우친 인간의 광기를 잊어서는 안 돼."

광기? 꽤나 불온한 단어가 나왔다.

"우선 공리주의는 애초에 벤담의 발명품이 아니야. 아까 얘기했듯이 대부분의 아이디어는 다른 사람의 책에 쓰여 있었고, 유명한 '최대 다수의 최대 행복'이라는 말도 실은 이탈리아의 체사레 베카리아Cesare Beccaria(1738~1794)라는 형법학자가 쓴 책에서 가져온 것에 불과하다."

어, 그랬구나. 아무 생각 없이 벤담이 공리주의의 고안자라고 여겼는데 실은 남의 아이디어였다니.

"그러나 실제로는 공리주의의 시조라고 하면 반드시 벤담의 이름이 거론되지. 왜 그럴까? 그건 벤담이 광기에 사로잡혔다고 할 만큼 공리주의를 관철한 인간이었기 때문이야. 너희도 기억해두기 바란다. 역사에 이름을 남긴 위대한 철학자, 사상가라는 건 단순히 처음 그 말을 꺼낸 사람이 아니야. 인류의 역사는 길기에 어떤 획기적인 사상이든지 먼저 떠올린 사람이 있는 법이다. 그러나 역사에 이름을 남기느냐 아니냐는 그 사람이 그 사상에 얼마만큼 몰두했는지, 얼마만큼 인생을 바쳤는지에 달렸다고 할 수 있어."

나는 시선만 힐끔 돌려서 지유키의 얼굴을 보았다. 지유키는 평소부터 해피포인트의 합계치가 높아지는 행동이 정의라고 주장했고 공리주의에 치우친 사고방식을 갖고 있다. 딱히 지유키를 위인이라고 생각하지는 않지만, 벤담도 평소에 행복도의 양이 어쩌니 하며 주위에 알리고 다녔을까?

"대체로 철학자 중에는 특이한 사람이 많은데 벤담 역시 상당히 특이한 사람이었어. 벤담은 넓은 뜰이 딸린 자기 집에 틀어박혀서 사람을 거의 만나지 않고 죄수 같은 생활을 했어. 공리주의… 최대 다수의 최대 행복의 제창자인 만큼 많은 사람을 행복하게 하려고 적극적으로 사람들을 만났던 활동가가 아니었을까 싶지만, 아무래도 실제로는 그런 사람이 아니었던 모양이다. 참고로 평생 독신이었던 벤담은 혼자서 공리주의의 개념에 대해 묵묵히 생각하다가 아이디어가 떠오를 때마다 그 메모를 방의 커튼에 차례차례 붙이는 습관이 있었다고 한다."

와, 뭔가 중얼거리면서 벽면 한가득 아이돌 사진을 붙이고 혼자 기뻐하는 은둔형 외톨이가 떠올랐다. 조금 전까지 벤담에 대해 가지고 있던 위인의 이미지가 엉망이 되었다.

"그런데 여기서 너희에게 한 가지 묻고 싶구나. 행복의 양이 많아지는 것이 정의라고 공리주의는 주장하지만 그 양은 어떻게 계산하지? 아니 그런 계산이 애초에 가능할까?"

그 점은 나도 마음에 걸렸다. 역사상 위인이 말했다고 하니 별생각 없이 지나쳤지만 행복도를 간단히 계산할 수 있을까?

"사실상 가능하지 않다. 아니, 가능할 리가 없다고 해도 되겠지. 행복이란 개념 자체도 애매하고 사람마다 제각각 다르게 여기니까. 보통 사람이라면 '그런 것이 측정 가능할 리 없고 더군다나 객관적인 수치로 바꾸기란 불가능하다'라고 생각하겠지. 그러나 벤담은 달랐어.

벤담은 행복도 계산이 가능하다고 생각했다. 더군다나 행복도 측정에 이상하리만큼 관심을 나타내며 그 방법을 추구하는 데 말 그대로 인생 전부를 바쳤다.

우선 벤담은 '행복이란 쾌락이다'라고 독특한 정의를 내리지. 즉 행복이란 쾌락이 증가하는 것이고, 불행이란 쾌락이 감소하는 것이라고 정의한 거야. 참고로 '쾌락'은 그 반대인 '고통'으로 말을 바꿔도 의미가 성립한다. 그 경우에 행복은 고통이 감소하는 것이고, 불행은 고통이 증가하는 것이라고 할 수 있겠지."

이어서 선생님은 칠판에 벤담식 행복의 정의를 쓰기 시작했다.

행복 → 쾌락이 증가 또는 고통이 감소
불행 → 쾌락이 감소 또는 고통이 증가

"자, 벤담은 왜 이렇게 생각했을까? 그것은 벤담의 인간관과 크게 관련되어 있어. 그는 저서 《도덕과 입법의 원리 입문*An Introduction to the Principles of Morals and Legislation*》에서 다음과 같이 말했어.

'인간을 지배하는 것이 두 가지 있다. 그것은 쾌락과 고통이다. 우리 행동

을 결정짓는 것은 실은 이 두 가지뿐이다.'

어떠냐. 상당히 극단적인 의견 같지만 단적으로 진리를 좇는 주장이 아닐까?

철학자라고 하면 어려운 내용을 어려운 용어로 중얼거리는 모습이 연상될지 모르지만 실제로는 그 반대야. 정말 뛰어난 철학자는 극단적일 만큼 사물을 단순하게 파악하고 거기에서 본질을 꿰뚫는 이론을 과감하게 추려내는 작업을 잘해내는 사람이다."

그렇군. 바꿔 말하면 벤담의 말은 한마디로 '인간은 어차피 쾌락을 좇고 고통에서 도망치기 위해 살아갈 뿐이다'라고 비아냥대는 것 같다. 확실히 극단적이긴 해도 '행복이란 무엇인가'에 대해 명확하게 말한 듯해서 속 시원하기도 하다.

"벤담은 행복이라는 애매한 것을 쾌락이라는 구체적인 것으로 바꿔놓았지. 그럼으로써 행복을 객관적인 사상事象으로 다루기 쉽게 만들었는데, 그후 벤담은 쾌락의 양을 계산하는 식을 세우기 위해 쾌락의 종류와 성질을 철저하게 분석했지. 여기에서는 자세한 내용을 생략하겠지만, 벤담은 저서에서 '쾌락은 열네 종류로 분류할 수 있고 그 쾌락을 계산하기 위해서는 쾌락에 포함된 일곱 가지 구성 요소를 고려해야 한다'는 주장까지 펼쳤어. 아무래도 벤담은 정말로 쾌락 계산을 실현할 수 있다고 여겼던 것 같다. 참고로 일화에 따르면 벤담은 '쾌락 측정기'라는 기계 발명까지 염두에 두었다고 해."

쾌락 측정기…?! 요즘 같으면 뇌에 전극이라도 꽂아서 조사할 수 있을 텐데, 벤담은 정말 거기까지 생각한 것일까? 물론 보고 싶지 않은 비인도적인 모습이지만.

그렇긴 해도 쾌락 계산 이야기에서 벤담의 엄청난 집념이 느껴진다. 애초에 공리주의는 단순하게 말하면 모든 사람이 행복해지는 선택을 하자는 거니 기본적으로는 누구나 찬성할 수 있는 사고방식이다. 그러나 한편으로는 논의가 이렇게 끝나버릴 수 있다. '행복이란 사람에 따라 다르고 행복도의 총량은 측정이 어렵다'고 말이다.

그러나 벤담은 사고를 멈추지 않고 과감하게 '행복은 쾌락이다'라고 주장하고 그 쾌락의 양을 수치화해 계산하는 방법을 연구해 공리주의를 실현하려고 했다. 그렇게 극단적인 생각으로 평범한 사람이 포기하는 대목을 끝까지 관철하려고 한 그 집념과 정열에는 고개가 숙여지지만, 인간의 행복을 단순히 쾌락이라는 육체적인 반응으로 치환한 건 조금 무섭다.

"저기…."

원래 수업 중에 질문하는 편은 아니지만 공리주의에 대해 생각하다가 아무래도 마음에 걸려서 손을 들었다. 선생님이 어서 말해보라는 손짓을 해서, 나는 자리에서 일어나 조금 전에 떠올린 질문을 했다.

"그러니까… 선생님, 벤담이 말하는 쾌락이란 결국 육체적으로 기분이 좋은 것이죠?"

"그래. 벤담은 쾌락의 종류로 심리적인 것도 들었지만 현대인의 관점에서는 그것도 결국은 신체적인 뇌의 쾌락으로 환원할 수 있으니 단순히 네 말처럼 해석해도 되겠지."

"그렇다면… 육체적으로 기분 좋은 것이 행복이라면 예를 들어 마약으로 쾌락을 얻는 것도 행복이라는 말이 되나요?"

"오호, 아주 좋은 질문이구나."

선생님은 머리카락이 하나도 없는 머리를 양손으로 쓸어 올리며 감개무량한 표정을 지었다.

"먼저 전제해둘 것은 벤담이 남긴 쾌락 계산의 법칙에 따르면 소위 마약 복용은 행복이 되지 않아. 마약으로 얻는 쾌락은 어디까지나 일시적일 뿐 계속되지 않지. 또 그 뒤에 중독이나 부작용 등 큰 고통이 반드시 수반되기 마련이고. 즉 마약으로 얻을 수 있는 쾌락이 플러스 100이라고 해도 부작용으로 발생하는 고통이 마이너스 200이니까 차감하면 결과적으로 행복도는 마이너스지. 행복은커녕 불행이라는 결론에 도달해. 그래서 마약은 분명히 일시적으로 쾌락을 만들어내지만 공리주의 입장에서 보면 오히려 불행을 만들어내는 것, 사용해서는 안 되는 나쁜 것이라고 할 수 있다."

"…하지만 그 말은 혹시 마약에 부작용이 없다면…."

"오, 그건 더 좋은 질문이야. 그 경우에는 쾌락만 증가하고 고통이 전혀 발생하지 않으니 공리주의적으로는 전혀 문제가 없지. 아니, 오히려 적극적으로 그 부작용 없는 마약을 개발해서 모든 사람에게 나눠주는 것이 정의라 할 수도 있고. 벤담에게 같은 질문을 해도 분명히 그렇게 대답하지 않았을까? 그 증거로 벤담도 비슷하게 생각했는지 부작용 없는 마약, 들이마시면 다행감이나 도취감을 얻을 수 있는 웃음가스란 걸 연구했어."

"…."

"응? 마사요시, 왜 그러지?"

"아무리 그래도 마약 개발까지 하는 건 지나치지 않나 싶어서요."

"왜 그렇게 생각하지?"

"하지만 마약은 나쁜 거고…."

"그건 현재의 부작용 있는 마약 얘기지. 지금 논의하는 건 어디까지나 부작용 없는 마약이야. 혹시 마약이 나쁜 것이라는 인상을 도저히 떨치지 못하겠다면 완전히 다른 이름으로 해도 상관없다. 그렇지, 해피드러그라고 하면 어떨까?"

아니, 드러그라는 말이 붙은 시점에서 충분히 아웃이라는 느낌이 드는데요, 선생님.

"하지만 해피드러그가 있어서 그걸로 기분 좋아지는 것만이 삶의 보람이랄까 인생의 목적이 되면 위험할 것 같아요."

"어디가 위험한데?"

"아….."

"아니, 짓궂은 투로 물어봐서 미안하구나. 넌 해피드러그를 얻는 것이 인생의 전부가 되어버리면 건강에 해롭지 않으냐는 문제를 제기했지만 사실 해피드러그 같은 건 우리가 미처 깨닫지 못했을 뿐 일상에 넘치고 있어. 술, 담배, 커피 등등. 이외에도 음악, 게임, 영화, 여행, 드라이브, 쇼핑. 전부 그야말로 해피드러그가 아닐까?"

그런가. 어른이 술을 마시는 건 분명 부작용에 비해 기분 좋아지는 효과가 커서일 것이다. 그런 의미에서 술은 틀림없이 해피드러그라 할 수 있다. 그리고 게임이나 영화나 여행 같은 오락… 인간이 일해서 돈을 모아 무엇에 쓰는가 하면 결국은 이런 오락, 즉 쾌락을 얻기 위해서 쓴다.

"너희가 살아가기 위해 필요한 시간 – 잠이나 공부나 노동 등의 시간 – 을 뺀 자유 시간이 바로 개인적으로 사용할 수 있는 인생의 시간이라 할 수 있는데, 너희는 이 시간을 실제 무엇에 소비하고 있지? 또는 무엇에 소비하고 싶지? 결국은 오락이라는 이름의 해피드러그로 쾌락을 얻는 데 쓰고, 또 쓰고 싶지 않니? 그럼 해피드러그를 바라는 것이 과연 건강하지 못한 행동이라고 할 수 있을까. 마사요시, 어떻게 생각하지?"

"저도 게임을 자주 해서 아는데 그렇지 않다고 생각합니다. 그래도 약으로 무리하게 쾌락을 얻는 것에는 조금 거부감이 느껴지는데요."

"그 기분은 이해한다. 하지만 그 거부감은 어디까지나 사회적 혹은 문화적인 것이고 시대가 변하면 희미해지는 유의 것일지 몰라. 자, 지하철을 타면 모두 스마트폰을 들여다보고 있지. 예전에 처음 스마트폰이 나왔을 때는 지하철 안에서 스마트폰을 보는 사람이 늘어나는 광경에 대해 '기분 안 좋다', '볼썽사납다'는 의견들이 많았다. 그러나 지금은 당연한 풍경이 되었어. 아무도 혐오감을 느끼지 않지."

선생님은 "결국 대다수 사람이 하게 되면 심리적 저항 같은 건 금방 희미해지는 법이야"라고 조금 화난 말투로 중얼거렸다.

심리적 저항… 확실히 맞다. 번화가에 가면 술을 마시고 잔뜩 취한 사람들이 스쳐 지나가지만 딱히 아무 생각도 들지 않고 이상한 일 같지도 않다. 모두가 일상적으로 술을 마시기 때문이다.

하지만 만일 내가 술을 전혀 마시지 않는 나라에 태어나서 어른이 되었는데 어느 날 갑자기 전국에 술집이 생기고 젊은이들이 거기에서 술을 마시게 된다면 마치 아편굴이 전국에 생긴 듯한 혐오감을 느낄 수도 있다. 그렇다면 지금 일상에서 심리적 저항을 느낀다고 해서 금세 나쁜 일이라고 결정하는 것은 좋지 않겠지…. 그렇기에 공리주의처럼 행복도의 증감을 이용해서 객관적인 선악을 판단해야 한다는 것일까.

하지만… 그래도….

과학이 지금보다 진보하여 생활에 필요하지만 귀찮은 일은 AI(인공 지능)나 기계가 전부 해주고, 인간은 뇌의 쾌락을 만들어내기 위해 부작용 없는 약을 계속 먹기만 하는… 이런 인생은 역시 이상하다는 생각이 들고 오싹해진다.

하지만 오싹하다면 우리가 평소에 하는 행동, 게임이나 만화책이나 텔레비전 같은 오락에 대부분의 시간을 사용하는 우리의 평범한 인생에 대해서도 공포감을 느껴야 하지 않을까?

"마지막으로 벤담에 대해 흥미진진한 일화를 하나 더 소개하겠다. 벤담은 의학 발달을 위해 시체 해부를 장려하는 활동을 했어. 시체 해부가 지금 시대에는 가능하지만 당시는 달랐어. 시체 해부는 당시에 개인을 가장 능욕하는 행위였지.

왜냐하면 당시 사람들이 믿었던 종교에서는, 아, 기독교 말인데 '최후의 심판'이라는 사상이 있어서 세상의 종말이 닥쳤을 때는 죽음을 맞이한 모습 그대로 육체가 부활한다고 믿었거든. 그래서 사후에 자기 시체에 칼을 댄다는 건 당치 않았지. 실제로 시체 해부는 교수형보다도 더 무거운, 사형수를 대상으로 한 형벌 중 하나였어.

그런 시대 배경 속에서 벤담은 느닷없이 시민 전원에게 죽으면 의학 발전을 위해 자기 시체를 제공하라는 주장을 펼치지. 당시로서는 엄청나게 충격적인 일이었어. 물론 너희 중에도 지금 이야기를 듣고 얼굴을 찌푸린 사람도 있을 거다. 누구든 자기 가족이나 친구가 죽은 뒤에 아무리 의학 발전을 위해서라고 해도 의대생의 수술 연습 대상이 되면 기분이 좋지 않을 거야.

그러나 벤담은 사람들의 심리적 저항, 나아가서는 당시의 상식을 전부 무시하고 공리주의 사고방식을 도입했어. 공리주의, 즉 벤담의 쾌락 계산에 따르면 시체 해부는 전혀 문제없는 일이지. 어차피 죽으면 뇌가 정지한 상태가 되어 쾌락도 고통도 느끼지 않아. 그렇다면 시체에 뭘 하든 행복도는 늘지도 줄지도 않지. 물론 시체에 칼을 대면 유족은 정신적인 고통을 느낄지 모르지만. 그 점에서 해피포인트는 마이너스가 되고.

하지만 해부를 통해 의학이 발전한다면 지금 살아 있는 인간의 고통을 없애는 데 공헌할 수 있으니 해피포인트는 대폭 플러스가 되지. 요컨대 유족의 정신적 고통을 차감해도 해피포인트의 합계치는 플러스···. 결론적으로 시체 해부는 많은 행복을 만들어내는 행위이자 정의라는 말이 된다."

이론은 알겠다. 하지만 그것을 정의라고 하는 데에는 조금 위화감이 든다.

그 이야기를 뒤집으면 시체를 제공하지 않는 유족은 모든 사람의 괴로움보다 개인의 작은 쾌락을 우선한 악인이다. 역시 이상하다.

물론 한편으로 나 자신이나 우리 가족이 지금 당장 장기이식을 하지 않으면 죽는 상황이고 장기를 제공할 수 있는 거의 흠 없는 새 시체가 있다면··· "제발 그 시체를 사용하게 해줘! 이미 죽었으니까 상관없잖아!"라는 심경이 될 것 같지만.

그런 일을 정의라는 이름으로 타인에게 강제하는 것은 역시 안 된다 싶기도 하고, 아, 이제 뭐가 뭔지 잘 모르겠다.

"참고로 시체 해부 이야기 말인데, 벤담은 스스로 실천해서 사후에 자기 시체를 제공하고 학생들에게 공개적으로 해부하도록 했어."

정말인가. 학설을 제창하기만 한 게 아니라 자신의 발언을 스스로 책임지고 실천하다니 역시 벤담은 보통이 아니다. 공리주의의 창시자라고 하면 벤담의 이름이 나오는 것도 자연스럽게 이해된다.

"그리고 이 이야기에는 후일담이 있어. 제공된 벤담의 시체는 그 후 미라로 처리되어 지금도 남아 있다."

뭐?!

"벤담은 어떻게 하면 자기 시체를 가장 유용하게 활용할 수 있을지 생각했어. 공리주의적으로 말하면 자기 시체를 어떻게 사용하면 모든 이의 행복도를 높일 수 있을지 내내 고민했지. 그 결과, 벤담은 자기 시체를 누구나 볼 수 있는 장소에 두고 공리주의의 상징으로 삼는다는 아이디어를 떠올렸어. 실제로 만년의 벤담은 어디에선가 시체를 입수해서 자기 집에서 시체의 수분을 제거하여 미라로 만드는 실험에 매달렸다고 해. 결국 집념 어린 벤담의 소원은 유언장에 남았고, 사후에 벤담의 시체를 공개 해부한 뒤 정말 미라로 만드는 실험이 진행되었어.

현재 런던대학교에는 이 벤담의 미라가 평범하게, 그것도 누구나 볼 수 있는 장소에 전시되어 있다고 해. 혹시 흥미가 있다면 런던대학교까지 갈 필요도 없다. '벤담 시체'라는 키워드를 포털 사이트에서 검색하면 돼. 의자에 앉아 있는 벤담의 미라를 볼 수 있을 거다. 애초에 목은 떼어버렸기 때문에 얼굴은 모조품이지만. 진짜 머리는 현재 엄중하게 보관되어 있는데 얼마 전까지는 마치 효수된 목처럼 아무렇게나 발치에 놓여 있었다고 하지. 그 사진은 꽤나 그로테스크하니까 호기심에 보려거든 주의해야 한다. 참고로 런던대학교에서는 뭔가 중요한 사안을 결정하는 회의인 평의회를 열 때마다 벤담의 시체를 운반해 와서 그 회의에 출석시킨다고 하는구나. 의사록에도 벤담이 출석한 것이 정확히 기록되어 있고.

아무튼 벤담은 공리주의의 원리를 철저하게 지켰고 자기 시체까지도 그렇게 다뤘는데… 마사요시는 이 이야기를 듣고 어떻게 생각했지?"

"아, 그러니까… 솔직히 말해서 움찔했어요. 공리주의를 처음에는 타당한 사고방식이라고 생각했지만 이렇게까지 철저하게 밀고 나가다니 살짝 광기가 느껴진다고 할까요. 혹시 벤담이 과학이 발달한 현대에 되살아난다면 분명 말도 안 되는 주장을 하지 않을까 하는 걱정이…."

"하지만 공리주의 사고방식은 틀리지 않잖아! 이보다 옳은 사고방식은 아무 데도 없다고!"

내 부정적인 감상에 지유키가 일어서더니 흥분한 기색으로 반론했다.

"그야 벤담의 행동은 일반 상식으로 보면 도를 넘은 것처럼 보일지 모르지만 그렇더라도 저는 해피포인트의 최대화를 목표로 하고 행동하는 게 가장 틀림없는 정의라고 생각해요!"

"그럼 너도 공리주의를 철저히 해보는 게 어때?"

"네?"

"그토록 '공리주의가 대단하다', '공리주의가 정의다'라고 주장하려면 너도 말만 할 게 아니라 벤담처럼 실제로 실천해보면 좋겠지. 예컨대 네가 매일 먹는 과자나 주스를 전부 끊고 그 돈을 개발도상국에 보내면 굶주림으로 고통받고 죽어가는 인간을 얼마나 구할 수 있을까?"

"그건 좀…. 특히 땅콩버터만은 절대로 끊을 수가…."

"아무런 각오도 없으면서 마치 자신이 공리주의를 실천하는 사람인 척 말하는 건 그만두지 그래!"

"…!"

갑작스러운 선생님의 일갈에 지유키의 몸이 흠칫하고 떨렸다. 도대체 무슨 일이지? 지유키의 발언에 선생님 맘에 안 드는 데라도 있었나. 붉은색이 들어간 안경 너머로도 선생님의 눈이 화내고 있는 것이 똑똑히 느껴졌다.

"그러는 네게는 '장기 제비뽑기' 이야기를 해주지. 세상에는 불운하게도 병에 걸려서 당장이라도 장기를 이식하지 않으면 죽는 사람들이 많이 있어. 그 사람들을 살리기 위해 어느 공리주의자가 이런 방법을 생각했다고 하자. 제비뽑기로 국민 중에서 무작위로 누군가 선발하여 그 사람을 강제로 끌고 가. 그리고 그 사람의 신체를 부위별로 분리하여 심장, 폐, 간, 신장, 소장 등 신체 장기를 이식용으로 꺼내지. 그렇게 해서 여러 병자를 구하려는 법안이야. 자, 공리주의에 찬성하는 너에게 묻겠다. 이 법안은 정의일까?"

"그건… 물론 정의가 아니라 나쁜 일…."

"아니지, 아니지! 그 답은 이상하지! 어떻게 생각해도 이 법안을 채택하는 편이 해피포인트의 합계치가 커지잖아. 한 사람의 고통으로 다수의 고통이 없어지니까. 공리주의의 원리로 말하자면 이것이야말로 정의가 아니냐!"

"하지만 그 제비를 뽑은 사람은 원래 관계없는 사람이고…."

지유키는 급작스럽게 변한 선생님의 태도에 주뼛거리며 대답했다. 그러나 그 대답을 들은 선생님은 더욱 강한 어조로 계속 빠르게 말했다.

"관계없다고? 병자들도 마찬가지야. 그들은 전혀 관계없는데 우연히 병이라는 제비를 뽑은 데 불과하다. 그 사람들이라고 해서 그 제비를 뽑고 싶어서 뽑은 게 아니니까. 장기 제비를 우연히 뽑은 사람과 뭐가 다르지? 게다가 이 장기 제비뽑기라는 법안이 성립되면 자신의 뜻에 반하여 부조리하게 죽는 제비에 걸릴 확률을 오히려 줄일 수 있지.

즉 부조리하게 죽을 확률이 줄어드는 은혜를 인류 전원이 평등하게 누릴 수 있는 거다. 공리주의자라면 이 장기 제비뽑기에 반대할 이유가 없어. 오히려 솔선해서 이 법안을 성립시키기 위한 활동을 넌 당장 해야 하는 거야!

애당초 공리주의가 대단하다고 부르짖는 네게는 이러한 법안도 제비뽑기도 관계없겠지. 이 세상에는 장기 이식을 기다리며 고통받고 있는 사람이 많아. 그렇다면 법안을 성립시킬 것까지도, 제비를 뽑을 것까지도 없지. 해피 포인트를 증가시키기 위해 네가 그 발로 병원에 가서 자기 장기를 제공하면 돼!"

선생님은 이야기를 마친 뒤, 새파랗게 질려서 말없이 서 있는 지유키에게 손가락을 들이댔다. 그리고 그 손가락을 교실 문 쪽으로 향하며 시뻘건 얼굴로 고함치듯 외쳤다.

"자, 뭘 하고 있나?! 빨리 병원으로 가라!! 우물쭈물하지 말고!!"

4장

행복을 객관적으로 계산할 수 있을까?
― 공리주의의 문제점

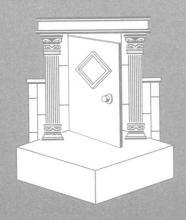

"아, 짜증 나! 뭐야, 저 문어대가리는!"

지유키는 엄청나게 화를 냈다. 물론 어제 수업에서 공개적으로 비난받은 일 때문이다.

지금 지유키는 학생회실 책상을 탕탕 두드리며 분노를 표출하고 있다. 그런 짓을 해봤자 손만 아프지 해피는 하나도 생기지 않는다고 생각하지만, 그래도 어제 일이 벌어진 직후여서 어쩔 수 없다. 공리주의를 걸고 지적하기는 불쌍하니까 입 밖에 내지는 말자. 그런데 선생님은 왜 그토록 지유키에게 공격적으로 이야기했을까? 그 뒤에 선생님은 바로 "내가 좀 지나치게 말한 것 같구나, 미안하다"라고 가볍게 사과하고 아무 일 없었다는 듯 수업을 이어갔지만, 지유키는 당연히 풀이 확 죽었다. 수업이 끝날 때까지 고개를 숙이고 있었다.

그로부터 하룻밤이 지난 오늘, 지유키는 기분이 진정되었어도 여전히 어제 일이 납득되지 않나 보다. 아침부터 줄곧 불만을 토했다.

"하지만 선생님 말도 알 것 같은데."

이때 미유 선배가 전혀 분위기를 신경 쓰지 않고 느긋한 투로 말을 꺼냈다. 저기, 선배, 그래도 일단 지유키가 상처를 받았으니 오늘은 건드리지 말죠. 그런 속내를 눈짓으로 전하려고 선배를 바라보았다.

"어라? 그럼 넌 선생님 의견에 반론할 수 있어?"

"예?"

예상외의 반응에 나는 당황했다. 아무래도 내가 선배를 뚫어져라 봐서 자신의 견해에 대해 이의가 있다고 오해한 것 같다. 아니, 이의가 있는 것도 아니고, 질문을 해도 사실 나는 대답을 못 한다고 할지 아무런 의견도 없다. 애초에 그 반론은 공리주의 찬동자인 지유키가 해야지, 나는 반론할 입장이 못된다. 그렇게 생각하고 지유키 쪽을 돌아봤지만, 당사자인 지유키는 오히려 매달리는 듯한 눈빛으로 나를 보았다.

이 상황에 선배는 입꼬리를 올리고 씩 웃었다. 아, 위험한데. 내가 타깃이 되고 말았다. 선배가 내 발언을 재촉하듯이 일부러 몸을 앞으로 기울인 자세로 말없이 싱글거리며 내 얼굴을 보았다. 마치 '자, 어서 해보시지. 상처 입은 여자아이를 구할 재치 있는 반론을 들려달라고' 하고 말하듯이.

그때였다. 등 뒤에서 짝짝 손뼉을 치는 소리가 들렸다. 화제를 바꿀 계기다, 구원의 신이여, 하는 심정으로 돌아보니 그것은 어느새 칠판 앞에 선 린리가 손에 묻은 분필 가루를 터는 소리였다. 린리는 우리 쪽으로 고개를 돌리고 말했다.

"공리주의의 문제점을 정리하죠."

과연 어떤 의도일까? 풀이 죽은 지유키를 위해서일까…, 또는 지유키의 상처에 소금을 뿌려서 마지막 일격을 가하려는 것일까…. 속뜻을 미처 헤아리지 못하고 있는데 린리는 설명을 계속했다.

"선생님은 이렇게 말했어요. 윤리 수업이란 정의에 대해 배우는 수업이라고. 우리 학생회는 선생님의 수업 내용에 의문이 들거나 이해가 가지 않는 점이 있으면 진지하게 논의할 필요가 있다고 봅니다. 왜냐하면 그 논의는 나아가서 저 문제의 답을 내는 것으로 이어질지도 모르니까요."

그런 뒤 린리는 학생회실 구석에 조용히 앉아 있는 그 아이에게로 눈길을 돌렸다. 다른 사람들도 이끌리듯 그 아이 쪽을 보았다.

전교생의 분노, 그리고 불안의 대상이 되어 있는 존재….

원래는 야키소바빵 되팔기에 대한 불만보다 우선해서 논의해야 할 안건이지만, 우리에게는 해결할 수단이 없다는 이유로 언제나 이 문제를 보류해왔다. 린리가 말하는 것은 그 일이다. 그 터부를 뛰어넘어 지금이야말로 논의하자는 것이다.

린리는 선생님이 수업 마지막에 이야기한 '공리주의의 문제점'을 이미 칠판에 항목별로 적어두었다. 이 문제점에 대해서 선생님은 수업 중에 설명하지 않았다. 대신 각자 조사해서 다음 수업까지 보고서 형태로 제출하라고 했다. 숙제다. 그렇다면 다 함께 이야기를 나누는 것은 숙제에도 도움이 되니 일석이조일지 모르겠다.

문제 1:
행복도를 객관적으로 계산할 수 있는가

"먼저 첫 번째 문제. 벤담은 '쾌락을 양으로 계산할 수 있다'는 전제로 이야기를 진행했지만 역시 실제로는 불가능하지 않을까 하는 문제예요."

"그렇겠지. 그 전제부터가 턱없는 소리지."

"일단 벤담에 대해 조사해봤는데 아무래도 벤담은 뭔가를 기준으로 한 상대적 가치로 쾌락을 수량화할 수 있다고 생각한 것 같아요. 예를 들면…."

린리는 내 얼굴을 가만히 본 뒤 주머니를 뒤져서 100엔짜리 동전을 꺼냈다. 그러더니 동전을 갑자기 바닥으로 던졌다. 쨍그랑 하는 예상했던 소리. 학생회실에서 별로 들을 일이 없는 소리네, 하고 생각하며 멍하니 있는데 린리가 나를 향해 "좀 주워줘"라고 했다.

"응?"

뭐가 뭔지 잘 모르겠지만 아무튼 린리의 말대로 동전을 주웠다. 우연인지 아니면 의도인지, 린리가 던진 100엔 동전은 바닥에 떨어질 때 데굴데굴 굴러서 책상 밑의 줍기 힘든 곳까지 굴러가버렸다. 그냥 쪼그리고 앉기만 해서는 손이 닿지 않아서 바닥에 넙죽 엎드리는 자세로 동전을 주워야 했다. 이런 식으로 눈앞의 상대가 내던진 동전을 줍는 것은 의외로, 아니 상당히 비참한 느낌이 드는데…, 대체 뭐 하자는 것일까?

"어때? 떨어진 100엔을 주워서 기뻐?"

"그래, 기쁜데."

의미를 알 수 없어서 반사적으로 대답했지만 그제야 깨달았다. 바닥에 엎드린 채 100엔 동전을 쥐고 상대를 올려다보는 건 상당히 굴욕적이다.

그러니까 대체 뭐 하자는 거냐고?

"이처럼 길을 걷다가 떨어져 있는 100엔을 우연히 줍고 '수지맞아서 재수 좋다는 기분', 이것을 '1해피포인트'라고 정의하죠. 그다음, 마사요시, 그 주운 100엔을 줄 테니 따귀를 한 번 세게 때리게 해줄래?"

"그래. …아니, 그건 싫은데."

"그렇겠지, 수지가 안 맞겠지. 그럼 100엔이 아니라 천 엔이라면 어때?"

"뭐? …싫지만 천 엔이라…"

어떤 맥락인지 여전히 의미를 모르겠지만 아무튼 내 따귀를 때리게 해주면 천 엔을 받을 수 있다는 점만은 이해했다. 물론 고작 천 엔에 남자의, 아니 인간의 존엄을 버릴 수는 없다. 일단 학생회장이기도 하고.

당연히 단호하게 거부하기로 했다.

"2천 엔이라면?"

"그럼 오케이."

즉시 승락했다. 솔직히 말해서 순간의 아픔을 참고 2천 엔이나 받을 수 있다면 완전히 대박이다. 마침 이번 달 용돈도 다 떨어져가고.

이 대답에 선배는 "와" 하는 경멸이 담긴 소리를 흘렸다. 저기, 미유 선배, 선배처럼 잘사는 집 아가씨는 모르는 빈곤이 이 세상에는 있답니다.

"마사요시에게 따귀 한 번은 2천 엔, 즉 100엔을 스무 번 줍는 것과 같구나. 그렇다는 건 따귀 한 번은 -20해피포인트로 환산할 수 있죠."

그 설명에 선배는 감탄한 듯이 고개를 끄덕였다.

"아, 그러네. 100엔을 줍는 행위를 1해피포인트라 하고 그 해피가 스무 번 계속되면 따귀 한 대라는 고통을 받아들인다는 뜻이니까 그런 등식이 성립하겠네. 우아, 너, 정말이니.”

선배, 느긋한 어조 속에 진심으로 경멸을 섞는 건 그만두세요.

“그래요. 이처럼 ‘100엔을 줍는다’는 행복, ‘따귀를 한 대 맞는다’는 불행…. 두 가지는 완전히 다른 사건이지만 서로 상쇄하는 관계기 때문에,

$$\text{‘100엔을 줍는다’} \times 20 + \text{‘따귀를 한 대 맞는다’} = 0$$

이런 수식을 세울 수 있고, 만일 ‘100엔을 줍는다’를 ‘1해피포인트’로 치환하면… 나머지는 단순하게 수식을 계산해서

$$\text{‘따귀를 한 대 맞는다’} = -20\text{해피포인트}$$

라는 답을 유도할 수 있죠. 어떤가요, 수량화할 수 있을 것 같지 않나요?”

그때 린리의 설명을 듣고 지유키가 부들부들 떨고 있다는 사실을 알아차렸다.

“이거… 벤담이 생각한 거지?”

“그런데.”

“굉장해! 나도 똑같은 걸 생각했는데!”

지유키는 그렇게 말하고 가방에서 노트를 꺼냈다. 그리고 우리에게 보여주듯 책상 위에 노트를 펼쳤다. 펼친 페이지는 손글씨로 빽빽이 메워져 있었다. 그중 한 줄을 보고 나는 그게 무슨 노트인지 곧바로 알아차렸다.

'라면을 상대방이 사준다' = 2허그

허그는 역시 그 허그겠지…. 어떻게 환산하면 그렇게 되느냐고 지적하고 싶긴 하지만, 어쨌든 아까 린리가 설명한 수량화하고 같은 이야기다. 이 줄 말고 다른 줄에도 마찬가지로 지유키가 떠올릴 수 있는 모든 사례, 예를 들면 '좋아하는 연예인과 딱 마주친다', '숙제를 면제받는다', 이런 것이 모두 '허그'라는 단위로 수량화되어 있고 아무래도 노트 한 권의 모든 페이지에 가득 써놓은 것 같았다.

"그래, 벤담이 말한 대로야! 행복도나 해피를 더하고 빼는 건 일반적으로 생각하면 수량화할 수 없지만 무언가를 기준으로 삼아서 그것의 몇 개분 하는 식으로 파악하면 수량화가 가능하다고! 벤담, 꽤 하는데! 설마 나랑 같은 결론에 도달할 줄이야."

아니, 반대겠지. 왜 벤담이 너보다 아래처럼 말하는데?

"그런데 허그라면 하는 상대에 따라 행복도가 달라질 것 같은데…. 대체 누구랑 하는 허그를 기준으로 삼은 걸까?"

선배는 싱글거리면서 나와 지유키 얼굴을 번갈아 쳐다보았다. 아니, 미유 선배, 확실히 제가 지유키와 가장 가까이 있는 이성일지는 모르지만 오히려 너무 가까워서 서로 그런 감정은 없다고요. 만일 그런 감정이 있다 치고 선배의 상상대로 이 의문의 단위가 내 허그라 해도…, 두 번 안아주고 라면 한 그릇분이라면 솔직히 밑지는데요.

"확실히 수량화할 수 있는 것처럼 보일지 모르지만 그 수량화의 정밀도에는 역시 한계가 있어요. 어떻게 해도 주관이 들어간다고 할까… 예를 들어 노트의 이 부분."

린리는 집게손가락으로 어느 한 곳을 가리켰다. 거기에 쓰인 등식을 보고 나는 흠칫하고 놀랐다.

'표고버섯을 먹는다' = -5만 허그

"아, 나 표고버섯은 진짜 못 먹겠어서."

이건 완전히 주관적이잖아. 이 노트가 아무런 도움도 되지 않는다는 사실을 잘 알 수 있는 예다. 또 한 가지 내가 말하고 싶은 것은….

"마사요시, 자기 허그 5만 번분이 표고버섯 하나와 같은 가치라고 낙심하지 말고!"

"무, 무슨 소리예요, 선배!"

나도 모르게 정곡을 찔린 듯한 진부한 반응을 보였다. 아니, 딱히 낙심하지 않았다고요….

"마사요시, 미안, 표고버섯은 진짜 못 먹거든."

야, 그렇게 대답하면 진짜로 내 허그가 단위 기준이라는 말이 되잖아. 너는 그래도 괜찮은 거냐.

다 떠나서 지유키의 노트는 자세히 보니 더 이상한 점이 많았다. 그중에서 '골절 = -3천 허그' 같은 것은 최고다. 골절보다 표고버섯이 싫다니 뭐 이런 애가 다 있는지. 개인적인 주관이 지나치게 들어갔다.

"지유키, 너 이 노트는 좀 그렇잖아."

"어, 그래? 언젠가 학생 수첩에 실릴 때를 대비해서 꾸준히 썼는데 역시 무리인가…, 수첩이 너무 두꺼워질 테니."

아니, 두께의 문제가 아니라고. 그리고 허그라는 단위가 진짜 내 허그를 기준으로 삼았다면 그걸 학생 수첩에 싣다니 무슨 생각이야.

"지유키, 이건 내 생각인데, 인간은 그날그날 느끼는 게 달라지는 법이잖아. 더구나 나의 1해피포인트가 지유키의 1해피포인트와 반드시 같다고 할 수도 없고. 애초에 1해피포인트의 양이 같지 않지, 즉 그날의 기분이나 사람에 따라 달라진다면…, 그건 단위가 달라지는 거잖아? 덧셈을 해봤자 의미 없다고 보는데."

"으…."

선배가 상당히 아픈 데를 정확하게 찔렀다.

"벤담도 그런 종류의 문제는 알고 있었던 것 같아요. 예를 들어 2천 엔에 인간의 존엄을 팔아넘기는 마사요시에게 100엔을 줍는 건 엄청나게 기쁜 일이겠지만, 그 행운이 100만 번 계속되어 1억 엔을 가진 사람이 본다면 100엔을 더 주워도 별로 기쁘지는 않겠죠."

"그렇겠지. 실제로 나라면 100엔을 떨어뜨려도 안 줍고."

"마사요시, 넌 만약 1억 엔을 가지고 있다면 2천 엔에 따귀 맞는 걸 받아들이겠어?"

"1만 엔을 준대도 절대 받아들이지 않아!"

따귀 2천 엔 건으로 내 가치가 지나치게 떨어진 듯해서 나는 분명하게 힘주어 말했다.

다만 가공의 예금 잔고에 배짱이 두둑해져서 갑자기 격분한 것 같아 보이지만.

"지금 마사요시의 반응처럼 사람은 자기가 처한 상황에 따라 쾌락을 받아들이는 법이 달라지죠. 이렇게 되면 더 이상 단순한 덧셈은 성립하지 않아요. 즉 1해피포인트를 100번 더해도 실은 100해피포인트가 되지 않죠."

"말하자면 첫 키스는 엄청 두근대고 행복한 느낌이 들지만 두 번째 이후에는 그렇지 않다. 키스 횟수가 그대로 행복의 양과 직결되는 것은 아니지…."

선배가 울적해 보이는 눈으로 말했다. 음, 이해하기 쉬우라고 해준 말이겠지만 아무래도 경험이 없어서 좀처럼 고개를 끄덕이기 어렵네요.

"아, 알아, 알아!"

"네, 이해되는군요."

아니, 너희도 분명히 이쪽이잖아.

"아무튼 요약하면 행복도 계산의 문제점은 두 가지예요.

첫 번째는 사람마다 감성이나 상황에 차이가 있기 때문에 모든 사람에게 공통 기준이 되는 쾌락의 단위를 만들 수 없다는 점.

두 번째는 쾌락의 성질상 1을 100번 더해도 100은 되지 않는다, 즉 더하기 계산식이 성립하지 않는다는 점. 결국 구체적인 계산을 하지 못하는 이상, 아무래도 주관의 영역을 벗어나지 못하니까 벤담의 쾌락 계산은 현실적으로는 쓸 수 없고 역시 무효라고 해야겠죠."

문제 2:
신체적인 쾌락이 정말 행복이라고 할 수 있는가

"공리주의의 두 번째 문제는 신체적인 쾌락을 그대로 행복이나 정의로 연결시키는 것이 정말로 옳은가 하는 거예요. 이 문제는 사실 벤담의 제자뻘 되는 존 스튜어트 밀John Stuart Mill(1806~1873)이라는 철학자가 실제로 이렇게 비판했어요. '벤담 선생님은 쾌락의 양을 증대시키라고 했지만 쾌락의 질이 더 중요하지 않을까요'라고."

"무슨 소리야? 밀이라는 그 제자 이야기는 하나도 와닿지 않는데. 쾌락의 질이 뭔데? 단순하게 더 많이 기분 좋으면 되는 거 아냐?"

"어머나, 지유키, 그렇지 않아. 신체적 쾌락이라는 건 말이지, 아무리 많이 얻었다고 해도 결국에는 허무해질 뿐이야…."

선배는 또다시 울적하게 말했다. 뭡니까, 이 세상의 쾌락을 모두 탐해본 듯한 그 말투는.

"지유키 너라면, 맞다, 연애로 바꿔보면 어떨까? 그럼 질문하겠는데, 육체적인 연애, 그러니까 몸이 기분 좋기만 한 연애가 취향이니? 아니면 정신적인 연애, 예컨대 상대를 진심으로 존경하고 있고 손이 닿거나 눈이 마주치기만 해도 가슴 저린 그런 연애가 취향이야?"

"무조건 후자죠!"

이때 린리도 한마디 했다.

"역시 알기 쉬운 예군요. 저도 후자예요."

여자들끼리는 서로 이해한 것 같았다.

린리는 나를 보더니 설명을 하기 시작했다.

"그럼 지금 이야기가 잘 와닿지 않을, 여자의 미묘한 마음을 모르는 마사요시를 위해 보충 설명을 하자면."

아니, 부회장, 나도 이해했다고. 혹시 학생회 안에서 연애에 어두운 캐릭터로 낙인이라도 찍힌 건가.

"예컨대 격렬한 음악을 들으며 술을 마시고 떠들어대는 쾌락은 물론 물리적으로 육체를 자극하니 당연히 강한 쾌락을 얻을 수 있지만, 그보다도 클래식 음악을 들으며 미술관에서 회화를 감상하는 쾌락 쪽이 건전하고 질이 높다고 여기죠. 그래서 후자 쪽이 가치가 있다는 이야기예요."

"흠, 그렇겠네. 뭘 말하고 싶은지 알겠어. 확실히 후자의 쾌락 쪽이 고급스럽다고 할지, 고상한 느낌은 들어."

일단 나는 이해했다는 의사 표시를 했다. 솔직히 말하면 후자를 적극적으로 하고 싶다는 생각은 안 들지만. 그래도 '야단법석' 대 '예술 감상'으로 생각하면 일반론으로 후자가 더 바람직하다는 것은 알겠다.

"그래요. 품위 없는 쾌락과 품위 있는 쾌락, 저속한 쾌락과 고상한 쾌락이라고 바꿔 말하면 이해하기 쉬울지도요. 즉 밀은 벤담에게 이렇게 단점을 지적했어요. '쾌락이라고 일률적으로 말하지만, 쾌락에는 저속한 쾌락과 고상한 쾌락이 있는데 그 차이를 고려하지 않고 동일시해서 측정하기 때문에 선생님의 방법은 틀렸습니다'라고."

나름 날카로운 비판을 하는 제자다.

"에이, 그럴까? 뭐가 저속하고 뭐가 고상한지 사람마다 다르니까 그런 건 정할 수 없지."

지유키치고는 제대로 된 지적이었다. 제자의 비판이라고는 하지만 벤담이 비판받는 것이 별로 마음에 들지 않았을지도 모르겠다. 아니면 의외로 자신을 벤담과 동일시해서 정말로 제자에게 비판받는 기분이 들었거나.

"그래, 지유키 말대로야. 정할 수 없을뿐더러 특히 고상한 쾌락은 어느 정도 되는 집안에서 태어나 어느 정도 교양을 갖추지 않으면 애초에 이해하기도 힘들지."

선배의 말투는 느긋했지만 잘 들어보니 완전히 상대를 깔보는 듯한 발언이었다.

"최소한 방에 피아노가 놓여 있는 집에서 태어나지 않으면 어려워."

선배는 한층 더 상대를 깔보는 듯한 말을 덧붙였다. 그 말을 듣고 지유키가 조금 힐끔거리면서 말했다.

"음, 우리 집에도 피아노가 있는데…."

야, 허세 부리지 말라고. 선배가 말한 피아노는 네 장난감 피아노가 아닐 테니.

"저는 선배의 그 상대를 얕잡아보는 발언은 좀 곤란하다고 생각하지만요."

역시 린리다. 선배에게도 할 말을 분명하게 한다.

"하지만 실은 밀도 똑같은 얘기를 했어요."

어, 그래?

"밀에 따르면 인간에게는 저급한 인간과 고급한 인간 두 종류가 있어요. 만일 저속한 쾌락과 고상한 쾌락 두 가지가 나란히 있다고 해봐요. 저급한 인간은 고상한 쾌락을 이해하지 못해서 저속한 쾌락밖에 선택하지 않지만, 고급한 인간은 두 가지 쾌락을 이해하고 나서 반드시 고상한 쾌락을 선택한다고 해요. 그러니까 고급한 인간을 많이 데려와서 어느 것이 뛰어난 쾌락인지 고르게 하면 저속한 쾌락과 고상한 쾌락은 반드시 구별된다고 밀은 그렇게 생각한 것 같아요."

와, 인간을 구별한 밀의 시선은 제법 거만하다.

"실제로 밀이 쓴 글을 읽어보죠."

린리는 노트를 꺼내서 "조금 읽기 편하게 고쳤지만 표현은 원문 그대로예요"라고 한 뒤 낭독하기 시작했다.

"저속한 쾌락과 고상한 쾌락, 그 어느 쪽이든 아는 인간이 고상한 쪽을 택할 것은 의심할 여지가 없는 사실이다. 예를 들어 짐승의 쾌락을 듬뿍 주겠다는 약속을 받았다고 해서 하등동물로 변하는 데 동의할 사람은 없을 것이다. 또 어리석은 사람이나 나쁜 사람이 자기 인생에 만족하고 있다는 사실을 알았다 해도 똑똑한 사람이 어리석은 자가 되려고 하지는 않을 것이고, 교양 있는 사람이 무학자가 되려고 하지는 않을 것이고, 친절하고 양심적인 사람이 비열하고 이기적인 자가 되려고 하지는 않을 것이다. 애당초 고급한 인간이 행복해지려면 열등한 사람보다 많은 것이 필요하고, 또 많은 점에서 쉽게 고뇌를 느끼는 처지에 있다. 그러나 이러한 부담에도 불구하고 고급한 인간이 보다 상스러운 존재로 스스로 전락할 생각은 결코 하지 않을 것이다."

아니, 밀… 말을 좀 가려서 하라고…. 뭐야, 이 무시무시한 엘리트 의식은.

바보는 저속한 쾌락에 만족할지 모르지만 우리 엘리트는 그런 바보하고 다르다는 터무니없는 우월감이 느껴졌다.

"밀, 제법 하는데…. 졌어."

선배, 뭐에 졌다는 거죠? 위에서 내려다보는 시선의 높이에?

"좀 더 정진해야겠어"라고 말하고 선배는 천장을 올려다보았다.

"밀 걔는 말이 좀 지나치지 않나? 본인은 실제로 어땠어? 정말 고급한 인간이었어?"

지유키는 이제 밀을 완전히 어린애 취급했다. 그게 뭐냐. 이름의 어감 때문에 착각하는 것 같은데 그 말을 했을 당시에도 나이 든 아저씨였을 거라고.

"정말 고급한 인간이었는지는 모르지만 적어도 부유층 엘리트라는 사실만은 분명해요. 참고로 밀은 학교에는 가지 않고 집에서 학자인 아버지에게 학문을 배웠다고 해요. 그야말로 영재 교육이었던 셈인데, 다만 아버지가 상당히 엄한 사람이었는지 밀은 이웃 아이들과 함께 노는 것도 금지당하고 공부에 치여 사는 날을 보냈다고 하죠. 세 살부터 그리스어를, 여덟 살부터 라틴어를 배웠고, 수학, 철학, 경제학도 철저하게 주입식으로 배워서 열여섯 살이 될 무렵에는 이미 정치 평론을 써서 잡지에 기고했어요."

"밀, 대단하네, 지나치게 대단해"라며 지유키는 대놓고 칭찬했다.

아니, 대단하긴 하지만 나라면 도망치고 싶어질 것 같은 환경이다. 밀은 정말 행복한 어린 시절을 보냈다고 가슴을 펴고 말할 수 있을까.

한편 선배는 좀 복잡해 보이는 표정을 지었다. 분명 부잣집 아이여도 나름대로 힘든 일이 있었을지 모르겠다.

"하지만 역시 밀보다 벤담이 단순해서 좋아. 고상한 쾌락은 엘리트만 알고 있다는 식의 말투는 솔직히 좀 짜증 나."

"그래. 실제로 밀의 독단적인 엘리트 의식에 대해 비판이 많이 있었대."

그거다. 엘리트나 유식한 사람이 모여서 정한 일이 상식에 비추어 이상했던 적은 현대에서도 자주 있었으니까. 엘리트가 언제나 옳은 것은 아니다.

"어쨌든 벤담에게 한 표. 밀의 주장은 아무래도 주관의 영역을 벗어나지 못했다고 봐."

표고버섯에 5만 허그를 매기는 네가 할 소리냐.

"확실히 벤담 쪽은 단순명쾌하죠. 실제로 벤담은 쾌락만 얻을 수 있으면 뭐든지 좋다고 생각해서 '쾌락의 양이 같다면 푸시핀 놀이*와 시작은 같은 가치가 있다'는 유명한 말을 남겼어요."

"아, 잠깐만, 지금 잘 이해되지 않는 말이 하나 있는데."

지유키가 손을 들었다. 그래, 나도 모르는 말이 딱 하나 있었다. 전혀 이해되지 않을 만큼.

"시작이 뭐야?"

앗, 그쪽이냐.

"아, 시작詩作은 시를 짓는 거야. 요컨대 시를 쓰는 거지."

"아, 그런 거구나. 나도 가끔 쓰는데 고상한 취미지."

아니, 그쪽은 됐고 더 물어볼 게 있잖아.

"지유키도 시를 쓰는구나. 나도 가끔 써. 그거랑 반대로 푸시핀 놀이는 확실히 저속하지. (웃음)"

조금 전까지 우울한 얼굴로 말없이 앉아 있던 선배가 대화로 돌아왔다. 아무래도 선배는 푸시핀 놀이가 뭔지 아는 듯하다. 역시 저속한 놀이인가 보다.

"응, 알아요!"

———

* 16~19세기 영국에서 아이들이 핀을 이용해서 했던 간단한 게임. 한 사람당 한 개의 핀을 테이블에 놓은 뒤 상대의 핀에 자기 핀을 밀어 넣는다.

"맞아요, 그렇죠."

어라? 잠깐만. 혹시 나 빼고는 다들 푸시핀 놀이가 뭔지 알아?

"게다가 거기서 그치지 않고 벤담은 '만일 푸시핀 놀이가 더 큰 쾌락을 준다면 시작보다도 가치가 있다'고 했어요."

"와, 진짜? (웃음)"

"그건 좀 그렇다. (웃음)"

엄청난 소외감. 아니 푸시핀 놀이가 진짜로 뭔데?

대체 어떤 저속한 놀이야?

"참고로 밀은 이렇게 말했어요. '만족한 돼지보다 불만족스러운 인간이 낫고, 만족한 바보보다 불만족스러운 소크라테스가 낫다'고."

"아, 어디서 들어본 말이네."

"네, 이 말을 줄인 '배부른 돼지보다 배고픈 소크라테스가 낫다'가 아마 명언으로 유명할 거예요."

"아, 그 말이라면 나도 알아!"

나는 그 말보다 푸시핀 놀이가 뭔지 더 알고 싶은데. 핀이니까 역시 뭘 찌르는 걸까. 그래서 우아 하는 소리가 나올 만큼 저속한 놀이라는 건가.

"여기서 말하는 소크라테스Socrates(B.C. 470?~B.C. 399)는 물론 고대 그리스의 철학자인데 그는 자신이 믿는 정의를 굽힐 바에야 독배를 마시는 것도 꺼리지 않았다고 해요. 즉 소크라테스는 단순히 쾌락의 증가를 추구하는 것만이 정의가 아님을 자기 몸으로 증명한 사람이라고 할 수 있는데…, 저는 정의를 논의하는 데 있어서 소크라테스의 삶의 방식은 아주 중요한 의미가 있다고 생각해요. 예를 들면, 마사요시!"

"응!"

이미 푸시핀 놀이 이야기로 돌아갈 수 있는 분위기가 아니었다. 조금 전까지의 잡담 분위기는 사라지고, 린리는 진지한 표정으로 나를 똑바로 보았다.

"마사요시가 도촬범이라고 해보죠."

"뭐?!"

"물론 예를 든 거야. 마사요시가 그런 사람이 아니라는 걸 나는 믿어."

린리에게 악의는 없다. 정말로 예를 들어 하는 이야기고 방금 한 위로도 본심일 것이다. 그러나 타고난 듯한 린리의 말투와 시선은 너무 차가워서 아무래도 의심받는 기분이 들고 주춤거리게 된다.

"마사요시가 도촬범이었다 치고, 어느 날 우연히 초능력인 투시 능력을 손에 넣었다고 해보죠. 그 능력을 사용하면 마사요시는 좋아하는 여자아이 알몸을 맘껏 들여다볼 수 있어요. 원하는 만큼 육체적 쾌락을 얻을 수 있지만 이건 초현실적인 힘이라서 남에게 들킬 염려는 없어요.

물론 엿보는 것 자체가 범죄죠. 그러나 적어도 이 사례에서는 상대방 쪽이 깨닫지 못해서 아무런 고통을 느끼지 않기 때문에 소위 피해자 없는 범죄 행위라고 할 수 있는데… 과연 이 행위는 정의라 할 수 있을까요?"

물론 나는 고개를 끄덕이지 않았다.

"그러나 벤담의 공리주의, 쾌락 계산을 이용해서 판단하면 마사요시는 쾌락을 얻지만 타인은 고통을 느끼지 않으므로 쾌락 계산의 결과는 플러스… 즉, 정의라는 결론이 나오죠. 하지만 이것이 정의가 아닌 것은 명백해요. 밀이 비판한 것처럼 '육체적인 쾌락이 많으면 좋다'는 벤담의 단순한 사고방식에는 치명적인 문제가 있습니다. 바로 지금 이야기한 것처럼 피해자 없는 범죄 행위를 물리칠 수 없다는 거죠.

그러니까 벤담의 공리주의는 저속한 쾌락을 탐하는 '살찐 돼지'는 평가할 수 있어도 자신에게 불이익이 있다고 해도 옳은 일을 행하려는 소크라테스 같은 '고결한 인간'에 대한 평가가 절대적으로 누락되어 있어요! 이것이 바로 공리주의가 정의의 판단 기준으로 기능하지 않는다는 것을 보여준다고 생각합니다!"

문제 3:
'강권적이 되기 쉬운' 공리주의의 퍼터널리즘

"그럼 마지막으로 퍼터널리즘 문제인데요."

"잠깐만! 두 번째 문제, 난 아직 이해가 안 돼!"

린리는 하고 싶은 말을 마구 쏟아낸 뒤 곧바로 다음 문제로 넘어가려고 했으나 지유키가 뒤늦게나마 황급히 토론 진행을 막았다.

"반론할 게 있어?"

린리는 진심으로 이상하게 생각하는 듯했다. 도중에 자기 말을 막았는데도 기분 상한 모습을 보이지 않았다. 이 반응과 태도로 봐서는 자신에게 불리한 반론이 듣고 싶지 않아서 맘대로 이야기를 진행한 것이 아니라 정말 순수하게 반론이 있을 리 없다고 여긴 것이다.

"이렇게 되면…."

지유키는 침통한 표정으로 중얼거렸다. 몇 초간 뜸을 들인 뒤 뭔가 결심하고 눈을 부릅뜨고 말했다.

"밀의…, 제자의 이론을 받아들이겠어!"

아니, 네 제자가 아니잖아.

"밀의 말대로 쾌락의 질만 고려하면 피해자 없는 범죄 행위 문제는 해결할 수 있다고!"

"확실히 그래. 도촬범 마사요시가 엿보기 행위에서 얼마만큼 강렬한 쾌락을 얻든지 그런 쾌락은 질적으로는 비열하고 저속해서 아무런 가치도 없다고 판정한다면…."

"그래, 마사요시의 엿보기 행위에서 해피포인트는 올라가지 않아, 아니, 오히려 마이너스가 된다고 해도 되겠지. 즉 공리주의의 이름으로 도촬범 마사요시를 악으로 처단할 수 있어!"

…만일 지금 복도에서 이 대화를 듣는 사람이 있다면 틀림없이 나를 오해할 것이다.

"그래, 벤담처럼 단순히 모든 쾌락을 플러스로 파악하지 않고, 밀처럼 쾌락에도 선악이 있고 좋은 쾌락은 플러스, 나쁜 쾌락은 마이너스로 환산해서 계산한다면 내 비판은 성립되지 않아."

"것 봐!"

지유키는 의기양양하게 팔짱을 끼었다.

"물론 지유키가 아까 스스로 말했듯이 밀의 이론에는 '쾌락의 질을 누가 어떻게 정하는가?'라는 의문점이 있지만 아무튼 지금은 넘어가도 될 것 같아. 그럼 계속 진행하겠습니다. 세 번째 문제는 퍼터널리즘에 관해서예요."

"퍼터널리즘이 뭐지?!"

푸시핀 놀이의 전철을 밟지 않으려고 이번에는 곧장 물었다.

"퍼터널리즘paternalism이란 부권주의父權主意라고 번역하는 용어예요. 여기에서 말하는 아버지는 음…, 독선적으로 이게 옳다고 상대방 의사와 관계없이 강요하는 사람을 상상하면 될 거예요."

"…"

눈앞의 사람을 완전 그대로 상상하고 말았다…. 옆을 보니 지유키도, 그리고 선배조차도 '그건 너잖아' 하는 미묘한 표정을 짓고 있다.

"독선적인 참견주의를 말하는 건가."

선배가 집게손가락을 턱에 대고 싱긋 웃으며 말했다.

"네, 그렇게 표현해도 좋을 것 같네요."

린리는 그렇네, 하는 표정을 지으며 고개를 끄덕였다. 아니, 그거 아마 너를 비꼬는 말이었을 텐데.

"아무튼 퍼터널리즘이란 강자가 약자를 위해서라며 본인 의사를 묻지 않고 간섭이나 지원을 하는 것을 말해요. 여기에서 강자와 약자는 의사와 환자의 관계를 떠올려보면 쉽게 이해가 될 거예요. 예를 들어 의사는 의학적 지식을 갖췄지만 환자에게는 그런 지식이 없죠. 그러니까 지식의 힘이라는 관점에서 보면 의사가 강자고 환자는 약자예요. 만일 환자가 자기 몸에 무심해서 건강에 나쁜 것만 먹고 있다고 해보죠. 그래서 의사가 환자의 식생활에 간섭하는 거예요. '이거 이거는 먹으면 안 된다'는 식으로. 퍼터널리즘, 독선적 참견주의란 의사의 이런 행위를 가리킵니다."

"엥, 그건 좋은 일 아냐? 나쁘게 말하면 참견일지 모르지만, 의사는 환자를 생각해서 말해주는 거잖아? 그럼 따르는 게 당연하잖아? 땅콩버터를 끊으라고 한 것도 아니고."

지유키는 마치 땅콩버터가 건강식품이라는 듯이 대꾸했다.

그렇구나, 이게 약자인가. 의사가 간섭하고 싶어지는 기분을 알 것도 같다.

"확실히 일률적으로 나쁜 거라고는 할 수 없지. 그래도 '본인의 의사를 묻지 않고'라는 점은 역시 문제가 돼. 예컨대 의사가 건강을 위해서라며 환자를 구속하거나 소유물을 빼앗는다면 그야말로 지나친 거지. 퍼터널리즘은 언뜻 선한 행위 같지만, 선을 넘으면 타인을 억압하는 행위로 이어지기 쉬워."

지유키는 팔짱을 끼고 납득했다는 듯이 고개를 끄덕였다.

"음, 그래. 잘되라고 생각해서 이렇게 해라 저렇게 해라 강요하는 게 점점 더 심해진다는 거지. 하지만 퍼터널리즘이 도를 넘으면 위험하다는 이야기가 공리주의랑 무슨 관계가 있는데?"

"무슨 관계는 고사하고 바로 그 자체야. 애당초 공리주의라는 건 본질적으로 퍼터널리즘, 참견주의고 퍼터널리즘 문제를 원래부터 내포하고 있어."

"왜?"

"벤담이든 밀이든 공리주의가 목표로 하는 건 최대 다수의 최대 행복, 즉 모든 사람의 행복이야. 그러나 그 행복을 실현하기 위해서는 아무래도 타인을 억압하는 강력한 권력을 행사할 필요가 있지. 예를 들면 수업 중에 나온 주먹밥 이야기 기억해?"

"그러니까…, 아, 기억난다. 세 사람 중 한 사람이 굶주렸을 때 주먹밥을 어떻게 나누는 게 좋을까 하는 문제? 그래서 굶주린 사람에게 많이 주는 것이 전체 행복도가 올라간다고 결론 났잖아."

"그래. 하지만 그 결론을 실현하기 위해서는 굶주리지 않은 두 사람에게서 주먹밥을 강제적으로 빼앗을 강한 권력이 필요해져.

예전에 있었던 소련이란 나라를 한번 떠올려봐. 소련 이외의 공산주의 국가도 그렇지만, 공산주의, 즉 평등의 정의를 제일로 보고 전체의 행복도를 최대로 하는 것을 목표로 하는 국가는 대체로 강권적이고 억압적인 정치 체제가 되는 경향이 있어. 이건 공산주의자가 나쁜 사람이기 때문이라는 간단한 이야기가 아니라 평등의 정의를 실현하려면 아무래도 강권과 억압이 필요해진다는 거야.

공산주의자들은 이렇게 주장해. 인간을 자유롭게 활동하게 하면 반드시 승자 그룹과 패자 그룹이 생기고 부유층과 빈곤층이 생겨서 한쪽이 다른 한쪽을 노예로 삼는 불평등한 상황이 생겨난다고. 그렇기 때문에 불평등을 개선하고 평등의 정의를 이루려면 승자 그룹이나 부유층의 자유와 소유권을 제한하는 강제력… 말하자면 강한 권력이 필요해져. 물론 공리주의자가 반드시 공산주의자라는 이야기는 아니야. 그러나 그 구조는 똑같아. 공리주의가 그 성질상, 즉 혜택받은 사람의 권리를 억압하여 최대 다수의 최대 행복을 달성한다는 목적을 가진 이상, 강한 권력을 가질 필요가 있고 공산주의 국가와 마찬가지로 퍼터널리즘 문제가 생기는 것은 피하기 어렵지."

"하지만!"

지유키가 반론의 목소리를 높였다.

"딱히 상관없잖아, 퍼터널리즘 문제가 생겨도! 그래서 모든 사람이 행복해지잖아! 오히려 개인이 마음대로 하도록 허용해서 모든 이의 행복이 줄어드는 게 문제라고 생각해. 게다가 옛날부터 자주 말하잖아. '모두를 위한 한 사람! 모두를 위한 모두!'라고."

아니, 자주 말하지 않아. 멋진 격언이 어느 골목대장의 대사와 섞여서 엉망이 됐다. 공리주의의 오만함을 나타내는 격언이 되고 말았다고.

지유키는 집게손가락을 하늘로 쳐들고 커다란 목소리로 선언했다.

"ONE FOR ALL! ALL OR DIE!"

이제 어디부터 지적해야 할지 모르겠다…. 아무튼 "전체를 위해 애써라! 전체냐, 죽음이냐!" 같은 뜻을 담은 걸까. 마치 어느 독재 국가의 주장같다.

"그건 이상하지."

이번에는 미유 선배가 반론의 목소리를 높였다. 그 목소리는 노기를 품어 조금 떨리고 있었다.

아, 큰일이다. 애초에 이 이야기로 흐를 때 살짝 걱정했었는데. 퍼터널리즘 문제는 선배가 가장 싫어하는, 자유를 제한하는 화제다.

"지유키, 모든 사람이 행복해질 수 있으니까 강권적으로 일을 결정해도 할 수 없다고 하는데 그렇게 해서 정말 행복해질 수 있을지 없을지 모르잖아."

"어, 그건 쾌락 계산을 하면 알…."

"그러니까 쾌락 계산 이야기는 첫 번째 문제점에서 '주관적 영역을 벗어나지 못하니까 무효'라고 진작 부정했어. 밀이 말한 질 이야기도 그래. '무엇이 질적으로 높은 쾌락인지는 정할 수 없다'고 했고 억지로 결정했다 해도 그건 결국 주관적 영역을 벗어나지 못해."

"…."

"주관적 영역을 벗어나지 못한다. 즉 객관성이 없는 이상, 쾌락 계산의 결과는 틀린 것이 될 가능성이 충분히 있어. 틀렸을지도 모르는 걸 절대적으로 옳다고 주장하고 누군가 권력을 이용하여 억지로 밀고 나간다면…, 그건 정의는커녕 악 그 자체 아닌가?"

선배는 마침내 결정적인 말을 했다. 공리주의, 평등의 정의는 정의가 아니라 악이라고 분명하게 단언한 것이다.

그 말에 지유키는 당연히 충격을 받았다. 윤리 선생님에게 공개적으로 비난받았을 때처럼 얼굴이 새파래져서 입을 다물었다.

"하지만….."

어색한 침묵이 흐른 뒤, 겨우 입을 연 지유키는 괴로운 듯한 목소리를 냈다.

"언젠가 과학이 더 발전하고 기술이 진보하면…, 인간의 뇌를 조사하는 기계 같은 게 생겨서 행복도의 수량화도 완벽하게 할 수 있을지 몰라요. 혹시 그런 기계가 생기면 객관적인 쾌락 계산이 가능해서 모든 사람의 행복도를 높이는 방법을 틀림없이 알 수 있을 거예요."

엄청나게 희망적인 관측에 기댄, 엄청나게 괴로운 변명처럼 들렸다. 그것은 벤담이 말한 쾌락 측정기 이야기겠지. 선배 쪽을 보니 물론 이해를 하지 못한 얼굴이었다.

"그런 기계가 생기면이라…. 언제 생기지? 100년 후? 200년 후? 그런 비현실적인 걸 생각해봤자 무슨 의미가 있어? '어디로든 문'*이 생긴다면, 같은 생각을 하는 것만큼 시간 낭비지."

"아뇨, 여기서는 사고 실험**적으로 생각해봐도 좋지 않을까 하는데요."

이때 린리가 옹호의 목소리를 냈다. 어, 솔직히 예상 밖이다.

---

* 만화 《도라에몽》에 나오는 비밀 도구로 그 문을 통과하면 가고 싶은 장소로 바로 갈 수 있다.
** 실행 가능성이나 입증 가능성에 구애되지 않고 사고상으로만 성립되는 실험.

"저는 공리주의에 있어서 가장 이상적인 상황을 가정하고 오히려 거기에 서부터 생각을 진행해봐야 하지 않을까 해요."

"그 말은 객관적으로 완벽한 쾌락 계산이 가능하다는 거야?"

지유키는 생각지 못한 도움의 손길에 기뻐하면서도 반신반의하는 복잡한 표정을 지었다. 당연했다. 다른 사람도 아닌 린리다. 특별한 이유도 없이, 하물며 동정심으로 지유키의 편을, 공리주의의 편을 들 리 없다. 그것은 지금까지 같이 지내오는 동안 지유키가 제일 잘 알고 있을 것이다.

"아니, 난 벤담의 쾌락 측정기의 실현화 같은 꿈같은 이야기는 있을 리 없다고 생각해. '어디까지나 그렇다면'이라는 가정하에 하는 이야기야. 나는 그게 가능해져도 역시 공리주의에는 문제가 있다고 말하고 싶은 거야."

우아, 그러니까 공리주의를 철저하게 때려눕히기 위해 굳이 지유키의 변명을 받아들인다는 이야기구나. 전혀 도움의 손길이 아니잖아. 역시 린리는 가차 없다.

"자…."

린리는 말을 꺼내며 헛기침을 했다. 그리고 숨을 좀 많이 들이마시고 설명을 시작했다.

"가령 현재보다 뇌과학이 발달해서 벤담이 바라던 쾌락 측정기가 실현되었다고 하죠. 그 장치에 의해 인류 전원을 대상으로 뇌의 물리적 특성이 모두 밝혀져서 누구에게 어떤 자극을 주면 어떤 쾌락을 어느 정도 느끼는지 전부 객관적으로 수치화할 수 있게 되었다고 합시다.

이걸로 수치화 문제는 해결됐어요. 그다음은 쾌락의 질 문제인데 이건 AI가 해결해요. 예를 들어 술을 마시고 떠들어대는 건 큰 쾌락을 만들어내지만 그런 일시적인 강한 쾌락만 주면 한층 더 쾌락을 요구하거나 사소한 쾌락으로는 만족하지 못하는 문제가 발생해서 장기적인 관점에서는 오히려 맛볼 수 있는 쾌락의 총량이 줄어들 가능성이 있죠.

또한 다른 사람을 함부로 하는 저속한 쾌락을 탐하면 인격이 망가지니 이것 역시 장기적으로는 맛볼 수 있는 쾌락이 줄어들거나 반대로 고통을 만들어낼 가능성이 있어요. 이처럼 장기적인 관점… 평생 얻을 수 있는 쾌락의 총량을 최대화하는 것을 고려했을 경우, 찰나적이고 퇴폐적인 쾌락보다 지속적이고 건강한 쾌락 쪽이 가치 있기 때문에 전자를 피하고 후자를 적극적으로 얻는 편이 좋다는 결론이 나오지만…, 그렇다면 어떤 쾌락을 추구해야 가장 좋은 결과인 '생애 쾌락 총량'을 최대화할 수 있을까요? 그에 대해서는 AI가 개인의 뇌를 시뮬레이션해서 어떠한 객관적인 판단을 해주는 것으로 하죠. AI가 그 사람에게 어떤 쾌락을 제공하면 장기적으로 좋은 결과를 초래할지 적절하게 판단해주는 거예요. 분명히 술을 마시고 떠들어대는 것보다 친한 친구와 즐겁게 달리기를 하는 편이 좋다는 판정을 AI가 해주겠지요."

린리는 단숨에 첫 번째와 두 번째 문제를 기술적으로 해결하는 설정을 이야기했다.

"그런 가정하에 묻고 싶은데요. 우리는 이 AI가 결정한 대로 살아가야 할까요?"

"그런 건 물을 필요도 없네. 전형적인 관리 사회, 디스토피아잖아."

미유 선배가 지긋지긋하다는 투로 말했다. 이 점은 나도 동의한다. 린리가 말한 것은 '일찍 자고 일찍 일어나라', '간식 먹지 마', '게임은 하루에 한 시간만 해라' 등 절대적으로 옳은 일을 남에게 지시받으며 살아간다는 이야기다. 확실히 그 편이 건강하고 오류 없이 살아가는 방법일지는 모르지만 이를 따를지 말지는 다른 문제다.

아, 그런가. 린리가 노리는 바를 알았다. 지유키의 적당한 변명을 전부 받아들인 것은 그 가정에서 나온 완벽하게 옳은 쾌락 계산에 '인간을 강제적으로 따르게 해야 하는가'라는 퍼터널리즘 문제를 연결시키려는 것이다.

"하지만! 그래도 그 AI를 따르면 모두 확실하게 행복해지는 거지? 난 거기 따라야 한다고 생각해!"

지유키로서는 여기에서 물러설 수 없다. 그렇게 대답할 수밖에 없을 것이다.

하지만 분명 린리가 의도한 대로였다.

"알았어. 그럼 인류 전원이 이 AI에 따라 살아가는 것이 법으로 정해지고, 공리주의자가 바라던 최대 다수의 최대 행복이 실현되는 세상이 됐다고 하자. 이 AI는 정확하고 평등하게 전원의 뇌가 최대한 쾌락을 얻을 수 있게 오류 없는 판정 결과를 사회에 계속 제시하겠지만…, 그렇게 되면 장기 제비뽑기에 대해서 AI는 '해야 한다'고 판정하겠지."

"뭐…?"

장기 제비뽑기…. 제비를 뽑아서 선택된 사람의 신체 장기를 꺼내서 여러 환자를 살리려는 제도. 여기에서 이 소재를 들이대다니. 역시 린리는 자비가 없다.

린리는 마치 외통수를 찾아낸 기사가 승부수를 던지듯이 단숨에 힘주어 말했다.

"그 경우에도 AI의 판정에 따르기로 하면 될까? 참고로 판정에 따르지 않고 이 시스템에 거역하는 인간이 있고 그 사람 때문에 더 많은 행복을 잃는다고 AI가 판정한다면 그 반대한 사람은 구속될 거라고 보는데. 그래도 우리는 AI에, 공리주의의 판정 결과에 따라야 할까?"

"그, 그만큼 AI가 현명하다면… 언젠가 장기 제비뽑기가 필요하지 않은 상황… 그래! 아무도 고통을 맛보지 않는, 사고도 병도 없는 세계도 만들 수 있을 거야! 그때까지의 짧은 기간이라면 장기 제비뽑기가 있어도 된다고 봐!"

지유키는 난처해진 나머지 그렇게 말했다. 실제로 난처해서라고 생각한다. 사실은 안 되지만 기간 한정으로 묵인하려는 대답. 그것은 뭐랄까 본질에서 벗어난 대답 같았다.

그러나 린리는 그 변명도 다시 받아들였다.

"알았어. 그럼 장기 제비뽑기가 필요하지 않도록, AI가 이렇게 판정한 걸로 하자. 인류 전원의 뇌를 꺼내서 수조 속에 넣고 전극에 연결해서 꿈을 꾸게 하는 장치를 사용하여 현실 세계를 인식시킨 뒤에 적절한 쾌락을 계속 제공하는 거지. 이거라면 어떨까? 틀림없이 아무도 고통을 맛보지 않고 완벽하게 안전한, 공리주의에서 가장 이상적인 상태라고 할 수 있어. 공리주의에 기초한 AI가 있다 치고 거기에 사회를 관리하도록 맡겼다면 반드시 이 상태가 최고라는 결론에 이를 거야. 자, 정말 이런 세계를 옳다고 해야 할까?"

그 말에는 지유키도 입을 다물어버렸다.

곧이어 린리는 내게 질문을 던졌다.

"마사요시는 어떻게 생각해?"

"어…?"

"쾌락이 모두 적절하게 관리되고 적절하게 계속 제공되는 세계. 그런 세계에서 살고 싶어?"

그 질문을 듣자 그로테스크한 풍경이 떠올랐다. 아무도 없는 깜깜한 방. 거기에 나란히 놓인 커다란 수조와 그 안에 둥실둥실 뜬 상태로 전극이 꽂힌 수많은 뇌. 누구 하나 말을 하지도 않고 그저 전원이 평등하게 '기분 좋아!' 하고 뇌 속에서만 일어나는 쾌락에 잠겨 있는 세계의 풍경.

"그건 싫은데. 살아가는 의미가 없어 보여."

그때 지유키의 눈에서 눈물이 한 줄기 흘러나왔다. 나는 깜짝 놀랐다. 지금까지 지유키가 몇 번이나 린리에게 꼼짝 못 하고 논파당하는 장면을 봤지만 눈물을 보인 적은 이번이 처음이었다.

어? 혹시 내가 공리주의자를 부정해서? 그러고 보니 지금까지의 일을 돌이켜보면 내가 공리주의에 대해 부정적인 말을 했을 때만 지유키가 언제나 강하게 반응한 것 같다. 아니, 지나친 생각인가. 분명 쌓일 대로 쌓인 감정이 지금 와서 한꺼번에 터졌겠지. 내가 계기라고 생각하는 것은 너무 자의식 과잉 같다.

"…"

지유키는 눈물을 닦지도 않고 말없이 계속 울었다. 나도 선배도 어떻해야 할지 몰라서 그저 묵묵히, 울고 있는 지유키를 바라볼 수밖에 없었다. 한편 당사자인 린리는 태연하게, 아니 그보다 나 몰라라 하며 이 문제를 깊이 생각하기 위해 사색에 잠긴 듯 보였다. 어쩌면 지유키가 눈에 들어오지 않는지도 모른다.

확실히 린리의 추궁은 훌륭했다. 결국 공리주의의 문제점은 그것이니까. 한 가지는 공리주의가 이끌어낸 결론이 우리의 감성하고는 전혀 다른 것이 될 가능성이 있다는 점. 또 한 가지는 그 감성에 맞지 않는 것이 정의라는 이름으로 강요될 가능성이 있다는 점. 이 두 가지가 공리주의의 본질적인 문제점이고, 이런 문제점이 있는 한, 앞으로 아무리 쾌락 계산을 제대로 할 수 있게 되더라도 우리가 공리주의에 두 손을 들어 찬성하기는 역시 어려울 것이다.

"아, 그리고…."

린리는 문득 생각난 듯이 갑자기 고개를 들고 말했다.

"모르는 것 같아서 알려줄게. 이 학교의 파놉티콘 시스템…, 그 이름을 붙이고 구조를 생각해낸 사람도 벤담이야."

"어…?"

충격이 퍼졌다. 지유키, 나, 선배 사이에서.

"정말…? 그렇다고…?"

지유키는 엄청난 충격을 받은 듯했다. 그야 그렇겠지. 자신이 믿는 정의의 창시자가 최종 보스 또는 사건의 배후 인물, 모든 악의 근원이라는 사실을 알게 된 셈이니까.

"그래, 우리가, 그리고 지유키 네가 가장 꺼리는 파놉티콘 시스템. 그걸 만들어낸 사람은 실은 벤담이었어. 잘 생각해보면 알 테지만 그 시스템은 공리주의적으로 말하면 전혀 반대할 수 없고 오히려 적극적으로 도입해야 할 물건이야. 왜냐하면."

"이제 됐어!"

지유키는 린리의 설명을 끝까지 듣지 않고 자리에서 뛰쳐나갔다. 그리고 그대로 학생회실에서 나가버렸다.

린리는 멍한 표정을 지었다. 몇 초 후, 문득 뭔가 깨달은 얼굴로 바뀌었다.

이제야 겨우 상황을 파악한 것 같았다.

"미안해…, 말이 너무 지나쳤어….'

린리는 미안한 듯한 눈으로 나를 보았다.

"마사요시, 부탁 좀 할게.'

그 말이 떨어지기도 전에 나는 이미 지유키를 쫓아가기 시작했다.

* * *

지유키는 금세 따라잡을 수 있었다.

언제나 말투가 아주 쾌활해서 남들은 쉽게 착각하지만 지유키는 그리 운동을 잘하는 편이 아니다. 좀 더 이야기하자면 초등학생 시절에는 오히려 병약했다. 그런 체질에서 오는 여린 성격과 둔한 면 때문에 반 아이들에게 자주따돌림을 당했다. 현재의 지유키를 보면 전혀 상상이 안 되지만.

"마사요시….'

딱히 어디라고 하기 힘든 복도 중간. 갈 데도 없고 체력도 없는 지유키는 어중간한 장소에서 멍하니 서 있었다. 창백한 얼굴에 울어서 붉게 부은 눈. 어쩐지 초등학생 때의 지유키가 생각나서 조금 짠했다.

"미안해.'

지유키는 고개를 숙이고 순순히 사과했다. 진정된 모습을 보자 마음이 놓였다.

"다들 걱정하고 있어. 아무튼 돌아가자.'

그런 무난한 말로 타이르니 지유키가 "응" 하고 고개를 끄덕여서 우리는 나란히 걷기 시작했다. 복도에서 창밖을 보았다. 아직 밤까지는 아니었으나 해는 이미 저물었고 하늘이 어두워지기 시작했다. 주위에는 우리 두 사람 말고는 아무도 없다.

"어쩐지 옛날 같다."

문득 지유키가 말했다. 옛날이란 애들이 괴롭혀서 울고 있는 지유키를 찾아내 함께 나란히 걸어서 집에 갔던 초등학생 시절이겠지.

"그런가."

나는 무심하게 대답했다. 지유키에게 즐거운 추억은 아닐 거라 여겼기 때문이다.

그러나 지유키는 그 화제를 이어나갔다.

"당시 넌 그야말로 정의로운 사람이란 느낌이었는데."

"뭘 잘못 말하는 거 아니냐?"

"아니야. 언제나 나를 도와줘서 정말 고맙게 생각했어."

소꿉친구가 어린 시절의 고마움을 전하는 상황. 원래는 기뻐해야겠지만 공교롭게도 나에게 그 시절의 일은 모두 잊고 싶은 과거였다.

아, 그런가. 옛일을 떠올리고 싶지 않은 사람은 지유키가 아니라 내 쪽이었나.

"그땐 내가 좀 이상했지. 원래 히어로가 나오는 프로그램을 좋아하기도 했지만, 역시 이름의 영향일까. 한자로 '正義(정의)'라고 쓰고 '마사요시'라고 읽는 이름을 갖고 있으니 이건 운명이자 사명이라며 어린 마음에 푹 빠져든 거라고."

"하지만 덕분에 나는 크게 도움을 받았는걸."

아니잖아. 진실은 다르다.

지유키의… 말투가 예전의 마음 여렸던 때로 돌아가 있다.

"아니야, 지유키 너한테는 민폐만 끼쳤어. 확실히 말하면 쓸데없는 참견이었지. 그토록 시끄럽게 떠들면서 정의의 편인 척 감싸지 않았다면 피해를 덜 입었을 텐데."

그렇다. 그때 나는 착한 일을 할 생각이었다. 하지만 꼭 최선이 가장 좋은 결과를 낳는 것은 아니다.

나는 따돌림당하는 지유키를 도와주려고 분투했다.

정의라는 이름으로.

그러나 현실에서는 내가 도우면 도울수록 지유키에 대한 괴롭힘은 점점 더 심해지기만 할 뿐이었다. 어째서 그런지 그 당시 나는 잘 몰랐다. 따돌림은 나쁜 짓이니 잘 이야기하면 다들 알아줄 거라 생각했다.

그러나 지금은 안다. 요즘 같은 시대에 정의 운운하며 타인의 행동에 이래라저래라 하는 녀석은 짜증 나고 귀찮다. 그런 녀석이 하는 말 따위라면 일부러라도 듣고 싶지 않겠지. 결국 정의의 편을 자처한 내 참견은 반 아이들의 반감을 쓸데없이 더 불렀고 그 짜증은 제일 약자인 지유키에게로 향했다.

그런 의미에서 지유키는 피해자다.

"그러니까 미안해. 정말 내가 잘못했지."

이제 와서 새삼스럽다고 해도 할 수 없다. 말하지 않을 수 없었다.

"네가 나쁜 게 아냐!"

그 목소리는 뒤쪽에서 들렸다.

오른쪽 옆을 보니 지유키의 모습은 보이지 않았다. 어느새 지유키는 가만히 서 있었다.

"난 정말 기뻤다고. 네가 감싸주기 전까지는 너무 외로워서 얼마나 힘들었는지 몰라. 날마다 어떻게 죽을까 생각할 만큼. 하지만 널 만나서 난 달라졌어. 이 세상에 이토록 바르고 순수하고 착한 사람이 있을 줄은 몰랐거든. 그런 네가 내 편이라고 생각하기만 해도 이런 나도 살아갈 의미가 있다고 느꼈어. 네 정의가 날 구해줬단 말이야."

"그렇게 말해주니 고맙지만⋯ 그래도 역시 결과적으로는 잘못한 거야."

아무도 행복해지지 않았으니까. 누가 뭐라고 하든 사실이다.

독선적인 믿음으로 옳은 것을 강요하기. 내 정의는 실제로 그런 것에 지나지 않았다. 그 사실을 뼈저리게 느낀 나는⋯, 최선이 가장 좋은 결과를 만들어내지는 않는다는 사실을 안 나는⋯, 두 번 다시 정의에 대해 이야기하지 않겠다고 결심했다.

"그렇⋯겠지. 결과적으로 잘못이었던 게 문제지. 넌 네가 믿는 정의를 실행하려고 했는데 그게 결과로 이어지지 않아서 정의의 편을 그만둔 거잖아."

"야, 지유키?"

"그럼 반드시 좋은 결과를 만들어내는 방법을 알면⋯, 확실하게 모든 사람을 행복하게 했다고 할 수 있는 객관적 기준을 알면⋯, 넌 다시 한번 정의의 편으로 돌아갈 수 있는 거지?"

⋯의미를 모르겠다. 아니, 그게 아니다. 사실은 알고 있다. 다만 보지 않으려 했을 뿐이다. 지금 내 뇌리에는 어느 히어로물의 캐릭터가 떠올랐다. 정의의 편인 히어로의 파트너. 지유키와 꼭 닮은, 지기 싫어하고 쾌활한 갈래머리 여자아이.

아니, 그 반대다. 지유키가 그 캐릭터를 꼭 닮은 여자아이다. 난 왜 이런 분명한 사실에 지금까지 눈 돌리고 나하고는 관계없다고 믿었을까. 다리가 휘청거릴 것 같았다.

모가미 지유키. 우리 집 가까이 살고 초등학교 때부터 친하게 지낸 소꿉친구. 내가 아는 그 지유키는 원래 언제나 공손한 말투로 소곤소곤 말하고 머리를 아래로 땋아 내리고 안경을 낀 얌전하고 마음 여린 여자아이였다. 그 아이가 지금처럼 쾌활한 성격의 여자아이가 된 것은, 그 계기는.

"지유키, 네가 해피포인트가 이러니저러니 말하기 시작한 게 혹시."

"…아."

내 말에 지유키의 얼굴이 새빨개졌다. 그 강렬한 반응에 나는 말을 잃었다.

"…."

"…."

두 사람 모두 다음 말이 나오지 않아서 가만히 있었다. 그 침묵을 깬 사람은 지유키였다.

지유키는 별안간 달리기 시작해서 나를 지나쳤다. 지나치기 직전에 나를 스치며, "맞아"라는 말을 내 귓전에 남겼다. 돌아보니 지유키는 복도 모퉁이를 돌려는 참이었다. 곧 지유키의 모습은 사라지고 나 혼자 남았다.

이것은 고백일까. 딱히 좋아한다는 말을 들은 것은 아니다. 그렇지만 모른 척하는 것도 도리가 아닌 것 같으면서도, 역시 자의식 과잉이 아닐까 싶기도 하다. 하여간 확실한 결론은 이거였다. 지금 곧바로 학생회실에 돌아가면 어색할 거라는 것.

….

딱히 어디라고 하기 힘든 복도 중간.

그런 어중간한 장소에서 나는 해가 질 때까지 내내 서 있는 처지가 되었다.

5장

감시 카메라에
자유를 저당 잡힌 평화로운 학교
— 자유주의

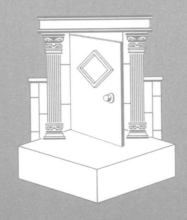

파놉티콘panopticon 시스템. 그것은 도내 굴지의 명문 사립 고등학교인 우리 학교에 도입된 '집단 괴롭힘 근절을 목적으로 한 실험적 시행 제도'다. 이 제도가 도입된 경위를 이야기하려면 내가 아직 학생회장이 아니었던 시절까지 거슬러 올라가야 한다. 내가 1학년 때, 그러니까 1년 전에 우리 학교는 전국에서 가장 유명한 학교가 되어 있었다. 그것도 나쁜 의미로.

시작은 인터넷이었다. 집단 괴롭힘으로 고민하다 자살한 우리 학교 학생의 유서가 인터넷에 공개된 것이었다. 어떤 상황에서 누가 인터넷에 올렸는지는 밝혀지지 않았으나 그 엄청난 내용이 누리꾼들의 관심을 강하게 끌었다.

도저히 읽기 어려울 만큼 악질적이고 폭력적인 갖가지 괴롭힘.

유서에는 그 내용이 상세하게, 그것도 이 일에 연루된 학생들 실명과 함께 몇 페이지에 걸쳐 휘갈겨 써 있었다. 따라서 사건이 벌어진 학교를 특정하기는 쉬웠다. 얼마 후 누군가 우리 학교에 문의해왔다. 이것이 사실이냐고.

사실이었다. 아니, 정확히 말하면 달랐다. 학교가 인정한 사실은 어디까지나 '그런 이름의 학생이 존재하며 분명히 자살했다'는 대목까지였고, '집단 괴롭힘 때문에 자살했다'는 내용에 대해서는 '사실이 아니다'라고 학교 측은 답변했다.

"네? 아, 자살의 원인이요? 그건 모릅니다. 혹시 가정환경에 문제가 있지 않았을까요? 하지만 개인적인 문제라서, 네, 학교 측에서는 개입할 사안이 아닌 것 같습니다. 예? 집단 괴롭힘이요? 아뇨, 일단 그 가능성도 염두에 두고 조사했지만 그런 사실은 밝혀지지 않았습니다. 네네, 그렇습니다. 저희 학교에 집단 괴롭힘은 없습니다."

위기관리 능력의 결여. '인터넷에 유서가 올라왔다'는 말을 들었을 때 적어도 직감적으로 위기를 느끼고 "확인한 뒤에 답변드리겠습니다"라고 할 정도로 머리가 돌아갔다면 일이 좀 더 조용하게 전개되었을 것이다. 그러나 전화를 받은 교사는 평소에 자주 있는 이상한 항의라고 가볍게 여기고 "집단 괴롭힘은 없습니다"라는 틀에 박힌 공식 답변을 하고 말았다. 통화가 녹음되고 있는 줄도 모르고.

그것이 치명타였다.

누리꾼들은 격앙했다. 도내 명문교에서 집단 괴롭힘으로 고민하다 자살한 학생. 처참한 유서. 교사들의 은폐 공작. 인터넷에서 크게 논란이 되기에 충분한 조건이 갖추어졌다.

이후 인터넷에서 댓글 전쟁이 벌어졌다. 게다가 대대적으로.

사건은 SNS를 통해 급속히 퍼졌고, 금세 인터넷 뉴스로 화제가 되었다. 급기야 비리나 살인 등 사회적인 사건을 다루는 대형 뉴스 사이트에서도 이 사건을 보도했다. 우리 학교에 대한 뉴스는 더 널리 확산되고 말았고 사건은 텔레비전 뉴스 프로그램에까지 다다랐다.

연일 텔레비전에서 학교 이름이 언급되고 교문 앞에 수많은 보도진이 몰려드는 소동이 일어나 한동안 긴급 학교 폐쇄를 하는 지경이 되었다.

결국 이 문제는 학교 측이 공식 기자회견을 열어서 사죄한 뒤 교장은 사직하고 이후 재발 방지에 노력하여 집단 괴롭힘 없는 학교 만들기에 매진할 것을 맹세하며 일단 끝을 맺었으나… 인터넷 여론은 사그라들지 않았다. 교장은 어디까지나 고용된 사람일 뿐, 사립 고등학교의 경영자인 이사장은 바뀌지 않았고 아무런 책임도 지지 않았기 때문이다.

교장을 갈아치우는 것 정도로 이 학교의 부패한 체질은 변하지 않는다. 인터넷에서는 그렇게 단정하고 "이 학교가 폐교할 때까지 몰아붙이자"라는 사람들마저 있었다.

물론 인터넷상의 소동은 언젠가 가라앉는다. 인터넷에서 분개하고 시끄럽게 구는 사람들은 다음에 열을 올릴 새로운 화젯거리가 나타나면 그쪽으로 향한다. 이쪽 사건 따위는 금방 잊어버렸을 테지.

더 큰 문제는 애초부터 관련도 없고 이해관계도 없는 누리꾼들보다 지역 사람들이었다. 구체적으로는 다음 해에 이 학교에 입학할 학생들과 그 보호자들 말이다. 학생이라면 굳이 집단 괴롭힘 문제에 잘 대응하지 못하는(성실하기는커녕 어리석고 수준 낮은 대응밖에 하지 못했다.) 학교에 입학하고 싶다는 생각을 할 리 없었고 보호자도 당연히 자녀를 입학시키고 싶어 하지 않을 것이다. 하물며

비싼 수업료를 내면서까지.

결국 이 집단 괴롭힘 문제로 벌어진 댓글 전쟁은 다음 해에 입학 희망자가 격감하는 사태로 이어졌다. 이 상황이 앞으로 몇 년간 계속되면 대대로 이어져온 문화도, 전통도, 명문교라는 브랜드도 무너지고 가까운 장래에 경영이 파탄 나거나 축소될 게 불 보듯 뻔했다.

그래서 이사장은 결단을 내렸다. 어쩌면 자포자기였는지 모른다. 평범한 인간이라도 궁지에 몰리면 때로 과감한 행동에 나서듯 우리 학교 이사장은 놀라운 방책을 들고 나왔다.

그것은 교내의 웹 카메라 설치.

바로 '파놉티콘 시스템'의 도입이었다.

✳ ✳ ✳

나는 한숨을 내쉬며 자리에 앉았다. 일찌감치 왔으니 당연하다면 당연한 말이지만 윤리 수업은 아직 시작되지 않았다. 그뿐 아니라 교실에는 아무도 없었다. 늘 일찍 와 있는 부회장 린리조차 아직 안 왔다. 내가 첫 번째로 왔다는 말이다.

왜 이렇게 빨리 왔냐면 지유키의 얼굴을 보는 게 어색해서였다. 그래서 쉬는 시간이 시작되자마자 복도로 뛰어나가서 이 교실까지 그대로 달려왔지만… 아무리 그래도 너무 빨랐나 보다.

나 말고는 아무도 없는 교실. 이야기 상대도 없고 할 일도 없어서 따분하다. 어떻게 할지 생각하던 그때, 등 뒤에서 기분 나쁜 시선이 느껴졌다.

뒤돌아봤다.

거기에는 역시라고 해야 할지 평소처럼 그 아이가 있었다.

그 아이는 학교 지킴이다. 교내에 설치된 사람 형태의 웹 카메라.

웹 카메라는 다른 말로 '라이브 카메라'라고도 하는데 오히려 '생방송 카메라'라고 하는 편이 이해하기 쉬울지 모르겠다. 한마디로 지금 찍고 있는 영상을 그대로 인터넷에 전송하여 누구든 볼 수 있게 생중계하는 카메라다. 인터넷에 접속할 수 있는 사람은 이 카메라로 찍은 영상, 즉 바로 내가 이 교실에 혼자 쓸쓸하게 있는 영상을 볼 수 있다. 그렇다. 더 적합한 말이 있었다.

감시 카메라다.

전 세계 사람이 인터넷을 통해 실시간으로 볼 수 있는 감시 카메라. 감시 카메라가 설치된 학교에 다닌다는 것은 상당히 이상한 상황처럼 여겨질지 모르겠다. 그러나 우리 학생들에게는 일상이었다.

집단 괴롭힘을 묵살하고, 보고도 못 본 척한 학교. 그 학교가 명예를 만회하기 위한 대책으로 도입한 감시 카메라 시스템, 통칭 파놉티콘 시스템이다. 린리 말로는 파놉티콘이라는 용어도 구조도 공리주의의 시조인 벤담이 발명했다고 한다.

"어머나, 빨리 왔네."

갑자기 사각지대에서 누군가 말을 거는 소리에 놀라서 돌아보니 미유 선배였다.

지유키가 아니라는 사실에 조금 마음이 놓였다.

"어? 온 사람이 나라서 다행이라는 얼굴인데."

역시 날카롭다.

"만나고 싶지 않은 사람이라도 있니? 음, 누굴까."

선배는 고개를 갸웃하며 내 오른쪽 옆자리에 앉았다. 왼쪽 옆자리가 아니라 오른쪽 옆, 지유키가 늘 앉던 자리에. 모두 꿰뚫어 보고 있다는 듯이.

"아, 그래서 일찌감치 교실에 온 거야?"

"…아뇨, 그런 건 아니고."

완벽히 정곡을 찌른 답이지만 살짝 짜증이 나서 일단 저항을 시도했다.

"하지만 좋은 생각은 아니었다고 봐. 마침 빨리 온 사람이 나였으니 다행이지 걔가 빨리 올 가능성도 있었잖아. 그랬다면."

"아…."

나도 모르게 목소리가 새어 나왔다.

듣고 보니 선배 말이 맞다. 만일 그랬더라면… 아무도 없는 교실에서 한동안 둘만 있는 상황. 게다가 옆자리라 피할 수도 없다. 기대한 것과 반대가 된다. 완전히 역효과다.

"하하하, 반응 재미있네. 언제나 뭔가 생각하고 있는 것처럼 보이더니 바보 같구나. 뭐, 그 점이 매력일까."

선배는 그런 말을 하면서 잠깐 일어났다가 다시 앉았다. 나와 거리를 좁히면서. 선배의 팔뚝과 내 팔뚝이 서로 닿는다.

"저기, 선배. 거리가 너무 가까운 것 같은데."

지유키도 가까웠지만 이건 다르다. 가깝다기보다 닿는다. 부딪히고 있다.

"아무도 안 보니까 상관없잖아."

"아니, 저기 학교 지킴이가."

그렇다, 이 순간에도 영상은 인터넷에서 생중계되고 있다. 누가 보고 있을지 모른다.

"괜찮아. 요즘 같은 세상에 이쯤은 아무 문제 안 된다고. 사이좋고 건전한 보통의 애인 사이라고 생각할 수준 아니니?"

"아뇨, 윤리적으로 문제가 있습니다. 떨어지세요."

다른 사각지대에서 목소리가 들렸다. 이번에는 돌아보지 않고도 알았다. 린리다.

"에이, 왜? 이 정도는 괜찮잖아?"

"안 됩니다."

"어라? 잠깐만, 도덕적이라는 의미에서 윤리적으로 안 된다는 거야? 아니면 자기 자신이라는 의미에서 윤리적으로 안 된다는 거야?"

아, 확실히 그렇다. 린리의 이름은 한자로 윤리倫理니까 윤리적으로 안 된다고 하면 어느 쪽 윤리라는 뜻이냐는 소리다.

"질문의 의미를 모르겠는데요, 말 그대로예요!"

린리는 그렇게 말하고 나와 선배를 억지로 떼어놓은 뒤에 그대로 평소 자기 자리인 내 왼쪽 옆에 앉았다.

"에이, 별로 상관없잖니, 누구한테 민폐가 되는 것도 아니고."

선배는 투덜거리면서도 그 이상 가까이 접근하지 않았기 때문에 이야기는 일단 매듭지어졌다. 잠시 침묵이 흘렀다.

….

어쩐지 서먹한 분위기. 아니 익숙하지 않은 분위기인가. 좌우에 있는 사람이 평소와 달라서 안정감이 없다고 할까. 아니 딱히 예전이 안정감 있었다는 건 아니지만.

"그러고 보니 마사요시, 내가 왔을 때 뭘 보고 있었어?"

선배가 서먹한 분위기 따위는 전혀 의식하지 않는 듯한 말투로 물었다.

"학교 지킴이요. 어쩐지 시선이 느껴져서."

내 대답을 들은 선배는 "시선 말이지. 나도 가끔 느껴"라며 고개를 돌려 학교 지킴이를 쳐다보았다.

학교 지킴이. 검정 교복을 입은 남학생의 모습을 한 인형. 오락실에 흔히 있는 뽑기 인형처럼 머리와 몸 비율이 비슷한 캐릭터 봉제 인형. 이렇게 설명하면 가장 적절한 표현이 될까.

참고로 학교 지킴이는 겉모습에 개성이 없어서 별다른 특징은 없다. 학교를 무대로 한 만화로 비유하자면 배경에만 있는 단역, 친구 A 같다.

다만 입 모양이 인상적이다. 평범하게 ▽으로 하면 좋을 것을 왠지 모르지만 뒤집어서 △ 모양으로 만들어 표정이 어벙한 데다가 그 △ 한가운데에 눈알 같은 카메라가 달려 있다. 그렇다. '피라미드형 삼각형에 한가운데에는 눈알이 있다'는 식의 음모론을 좋아하는 사람들이 혹하게 생긴 디자인이다.

린리 말에 따르면 그것은 벤담이 고안한 파놉티콘을 상징하는 마크인 듯하다. 벤담이 파놉티콘이라는 아이디어를 세상에 발표한 책 속에 그 마크가 그려져 있고 원래 그림에는 눈알이 달린 삼각형 옆에 '자애, 정의, 감시'라는 글자가 쓰여 있다고 한다.

아무튼 학교 지킴이의 크게 벌린 입 한가운데에 있는 카메라로 우리 일상은 계속 감시당하고 있으며 때때로 이상한 시선이 느껴진다.

"있지도 않은 시선을 느끼게 하는 바로 그게 파놉티콘의 목적이야. 벤담의 의도대로라고 할까."

그러고선 린리는 학교 지킴이를 노려보았다.

나는 오늘 아침 린리가 해준 파놉티콘의 설명을 떠올렸다.

＊ ＊ ＊

"교도소?"

등굣길에 우연히 만난 린리를 향해 나는 놀라서 목소리를 높였다.

"교도소…라니? 나쁜 짓을 하면 잡혀서 들어가는 그 교도소 말이지?"

"그래, 그 교도소. 파놉티콘 시스템의 '파놉티콘'이라는 건 원래 벤담이 고안한 교도소 이름이었어."

"교도소…."

화창하고 상쾌한 아침. 남녀 학생이 교도소를 들먹이며 등교하는 모습이 좀 그렇겠다 싶었지만, 주위는 한산한 주택가라서 사람이 없어 보였기에 나는 더 이상 신경 쓰지 않고 다시 같은 단어를 입에 올렸다.

"벤담의 그 교도소는 보통 교도소랑 어디가 다른데?"

린리는 내 질문을 받고 손가락을 두 개 세웠다.

"다른 점은 두 가지야.

첫 번째는 중심에 높은 감시탑이 서 있다는 것.

두 번째는 그 감시탑 주위를 뺑 두르듯이 옥사가 늘어서 있다는 것.

단적으로 말하면 중심에 감시탑이 있는 원형 교도소지."

흠, 우선 머릿속에 그림을 그리고 중심에 있는 높은 탑에 올라가 멀리 내려다보니 360도 전부 옥사가 있는 파노라마 같은 경치가 펼쳐졌다.

"말하자면 죄수를 감시하기 쉬운 구조의 교도소라는 건가."

"그래, 맞아. 포인트는 바로 그 중심에 있는 감시탑이야. 높은 탑의 제일 위에 교도관을 배치하면 거기서 모든 옥사를 한눈에 감시할 수 있다는 거야."

"뭔가 미묘한 느낌이 드네. 감시를 맡은 교도관이 힘들 것 같은데. 계속 보고 있어야 하잖아. 그토록 높은 곳에서 전부 한눈에 볼 수 있다 해도 사실 사람이 볼 수 있는 시야 범위는 한정되어 있고. 예를 들면 뒤쪽은 안 보일 텐데 말이지."

교도관이 하루 종일 그 자리를 빙글빙글 돌면서 감시하고, 교도관이 뒤로 돈 사이에 죄수가 나쁜 짓을 하려고 드는 코미디 장면을 떠올렸다.

"실은 거기에 벤담의 아이디어가 들어갔는데, 감시탑에는 블라인드를 쳐 놓아서 죄수 쪽에서는 교도관의 모습이 보이지 않아. 즉 교도관은 죄수를 볼 수 있지만 죄수는 교도관을 볼 수 없는 일방적인 관계지."

이번에는 옥사에 있는 죄수 처지가 되어 상황을 상상했다. 올려다보면 철창 너머에 높은 탑이 있고 사람의 모습은 보이지 않는다… 블라인드 틈새로 누군가 가만히 이쪽을 보고 있는 듯한 기분이 들지만 보고 있는지 안 보고 있는지 전혀 알 수 없다.

"우아, 마음이 진정되지 않는데!"

"그래, 진정될 수가 없지. 그리고 일단 그런 심정이 되면 더 이상 나쁜 짓도 못 하게 되고."

"당연하겠지. 죄수들은 아무도 안 본다고 생각하니까 몰래 빠져나갈 구멍을 만들려 하거나 다인실에서 약한 사람을 괴롭히기도 하지만, 만일 '누가 보고 있을지도 모른다'고 생각하면 못 할 거야."

"그래. 그 '~지도 모른다'가 이 파놉티콘의 묘미야. '누가 보고 있을지도 모른다'고 생각하게 함으로써 사실 교도관은 죄수들을 보고 있지 않아도 돼. 아니, 아예 감시탑에는 아무도 없어도 되지."

어… 교도관이 없어도 된다고?

그럴 수가 있나 싶지만, 그렇군, 죄수들에게 '~지도 모른다'고 생각하게 할 수 있다면 그것만으로도 충분히 효과가 있는 건가.

"예를 들어 네가 매직미러로 둘러싸인 방 안에 있다고 하자. 방 밖에는 사람이 있는지 없는지 몰라. 그런 상황이면 넌 알몸이 될 수 있어?"

"아니, 없지. 밖에 아무도 없다 해도 만에 하나라도 누가 보고 있을 '지도 모른다'고 생각하면 절대로 무리야. 그야말로 역 매직미러호*인걸."

"역…뭐라고?"

"아, 아냐!"

"그런 명칭의 사고 실험이 있구나? 미안해, 내가 아직 공부가 부족해서 구 그것까진 몰랐어. 그건 대체 어떤….."

"그나저나 벤담은 진짜 머리가 좋네! 인간 심리를 잘 꿰뚫어 봤달까! 이거라면 감시하는 교도관도 편할 테고!"

"그래, 맞아. 인건비 면에서 생각해도 합리적이야. 벤담은 이 파놉티콘을 가장 경제적인 교도소 시스템이라고 하면서 시민의 행복도를 높이는 시책 중 하나로 제안했어. 최종적으로는 병원, 공장, 학교에도 이 시스템 도입을 검토했던 것 같아."

---

* 일본 성인비디오 시리즈 이름.

확실히 근무 태만이나 직장 내 갑질 방지책으로는 아주 효과적이겠다.

"그건 그렇고. 아까 그 용어, 나중에 조사해둘게."

"…."

＊ ＊ ＊

마지막에 무심코 이상한 단어를 입 밖에 내는 바람에 식은땀을 흘렸지만 린리가 해준 파놉티콘 설명은 잘 이해됐다.

학교의 감시 시스템이 원래는 교도소를 위한 것이었다니.

'누가 볼지도 모른다'고 생각하게 하여 나쁜 행동을 억제하는 시스템.

역시나 우리 학교의 파놉티콘 시스템은 벤담의 교도소 그 자체였나.

내 뒤쪽에 있는 학교 지킴이에 달려 있는 웹 카메라로 촬영되는 동영상은 분명히 지금 인터넷에 생중계되고 있다. 하지만 반드시 그 영상을 보는 사람이 있다고 하기는 어렵다. 아무도 보지 않을 가능성이 높을 것이다. 다들 그 정도로 한가하지 않으니까.

하지만 어디까지나 보지 않을 가능성이 높다는 이야기일 뿐 이것은 반대로 '누가 보고 있을 가능성은 제로가 아니다'라는 소리다.

즉 '보고 있을지도 모른다'라고 학생들은 생각하게 된다. 린리의 말처럼 학생들은 교실에서 알몸이 되거나 반 친구를 따돌리고 괴롭히지 못할 것이다.

실제로 이 학교 지킴이의 효과는 절대적이었다. 학교 지킴이가 도입된 다음 학생들 사이에서는 사소한 폭력 행위조차 전혀 일어나지 않게 되었다.

아주 좋은 일이다. 그야말로 내가 초등학교 시절에 바라던 이상적인 학교다. 그런 의미에서 이사장이 한 일은 획기적이라고 할 수 있다.

그 옛날 벤담이 '최대 다수의 최대 행복'으로 이어지는 글을 발견하고 "유레카!"라고 큰 소리로 외쳤듯, 이사장도 벤담의 파놉티콘을 알고 "바로 이거야!"라고 생각했을 수 있다.

이사장이 도입한 이 파놉티콘 시스템의 당초 평가는 미묘했다.

집단 괴롭힘 근절을 위한 웹 카메라 설치를 세상에 발표했을 때, 인터넷상의 반응은 의외로 차가웠다.

"감시 사회, 디스토피아의 도래잖아."

"지나치네. 그런 학교에 다니고 싶어 하는 사람은 아무도 없을걸."

이런 의견이 태반이었고 학생의 보호자에게서도 많은 불만이 쏟아졌다(그야 당연히 아이의 일상이 인터넷에 노출되는 상황을 기뻐할 보호자는 별로 없을 것이다). 즉 이 시점에서는 이사장의 의도와 완전히 어긋난 반응이 대부분이었고, 주위의 평가는 "궁지에 몰린 이사장이 폭주해서 이상한 일을 시작했다" 정도였다.

결국 파놉티콘 시스템은 역효과를 불렀다. 학교는 신뢰를 되찾기는커녕 오히려 망신만 당했고, 우리 학생들은 잠깐 참으면 가까운 시일 내에 철거되겠거니 하고 가볍게 생각했다.

그러던 어느 날 사건이 일어났다. 실수를 저지른 1학년 학생에게 야구부 주장이 소리를 지르며 공을 던져 맞히는 일이 벌어졌다. 그 장면이 찍힌 동영상이 또다시 SNS를 통해 퍼졌다. 이전에 집단 괴롭힘 문제로 텔레비전을 떠들썩하게 했던 학교에서, 집단 괴롭힘을 근절하겠다고 선언한 학교에서 이런 일이 다시 일어나다니.

학교로서는 치명적이었다. 그러나 이 사건은 지난번과 달리 학교가 높은 평가를 얻는 계기가 되었다.

학교의 대응이 신속한 동시에 공정했으며 완벽했다. 먼저 학교는 집단 괴롭힘이 일어난 사실을 공식적으로 인정하고 관련된 동영상 기록을 음성을 포함해서 자진하여 인터넷에 공개했다. 또 야구부 주장을 부모와 함께 학교로 불러서 공을 맞은 상대방과 그 부모에게 직접 사죄시킨 뒤에 정학 처분을 내렸다. 게다가 주장에게 반성문을 쓰게 하여 이름을 가리고 그 내용은 인터넷에 공개했다.

"완벽한 대응."

적어도 누리꾼들은 그렇게 평가했다.

집단 괴롭힘은 나쁜 짓이고 학교로서는 절대 있어서는 안 될 일이다. 따라서 학교는 괴롭힘의 존재를 인정하려 하지 않고 숨기는 경향이 있다. 하지만 그런 와중에 우리 학교는 '집단 괴롭힘은 일어날 수 있다'는 입장을 취하고 집단 괴롭힘을 조기에 발견하여 적절하게 조치하는 방향으로 이끌었다. 그 모습이 누리꾼들에게는 성실하고 깨끗하며 합리적으로 보였을 것이다.

그로부터 한 달 뒤, 우리 학교와는 전혀 관계없는 다른 학교에서 학생이 동아리 활동과 관련된 체벌을 고민하다 자살하는 사건이 일어났다. 그 사건이 뉴스에 보도되었을 때 이전에 땅으로 떨어졌던 우리 학교 명성은 오히려 높아졌다.

자살한 학생의 부모는 텔레비전에 나와 이렇게 말했다.

"그 학교처럼 집단 괴롭힘을 일찌감치 발견해서 인정하고 성실하게 대응했더라면 우리 아이는 죽지 않았을 겁니다."

이 일을 계기로 인터넷은 끓어올랐다.

"이제 전국 모든 학교에 학교 지킴이를 도입하도록 의무화하는 게 낫지 않을까."

"내가 어렸을 때 학교 지킴이가 있었더라면 좋았을 텐데…."

"진짜 여고생의 일상을 무료로 엿볼 수 있는 사이트가 여긴가요?"

"자택 경비원에서 여고생 감시원으로 직종 변경합니다."

이런 인터넷의 평가를 바탕으로 이사장은 이때다 하고 파놉티콘 시스템을 확충하고 학교 지킴이 개수를 착실하게 늘렸다. 반면에 당사자인 우리 학생들의 평가는 당초와 변함없이 냉담했다. 어쨌든 우리는 감시받는 쪽이다. 인터넷에서 우리 학교의 명성이 높아지면 높아질수록 감시의 시선이 늘어나는 셈이라서 마음이 어수선했다.

그래서 당시 학생회는 학생들의 불만을 해결하기 위해 학교 지킴이 철폐 운동에 나섰다. 학생회 안에서 정리한 의견서를 토대로 전교 집회라는 공적인 자리에서 학교 측을 상대로 과감하게 논쟁을 벌였으나… 결과는 참패. 오히려 철저하게 논파되고 말았다.

당시 학생회와 학교 측 사이에서는 대략 이런 대화가 오갔다.

"일상생활을 감시 카메라가 촬영하고 있다고 생각하면 도저히 마음이 놓이지 않습니다! 철폐를 요구합니다!"

"그 점을 배려하여 학생 인형으로 만들었습니다. 학교 지킴이를 감시 카메라가 아니라 반 친구로 생각해주세요. 교실 구석에서 멍하니 교실 전체를 바라보는 반 친구나 다름없는 데다가 아무런 문제도 없고 신경 쓸 필요도 없습니다. 혹시 여러분은 약한 친구를 집단으로 괴롭힐 테니까 나가달라고 다른 반 친구에게 말할 건가요? 또 반 친구가 그에 따를 의무가 있다고 생각하나요? 그게 아니라면 학교 지킴이가 있는 것은 반 친구가 교실이나 복도나 운동장에서 여러분을 쳐다보는 것과 마찬가지고 여러분이 양해해야 할 일입니다."

"사생활 침해입니다! 철폐를 요구합니다!"

"그렇게 되지 않도록 음성은 소거하고 얼굴은 모두 모자이크 처리를 한 뒤에 인터넷에 전송하고 있습니다. 요즘 얼굴 인식 시스템은 어느 디지털카메라에든 적용되어 있을 만큼 주요한 기술이라 상당히 정밀도 높게 실현할 수 있습니다. 그리고 이처럼 모자이크가 되어 있기 때문에 개인을 특정할 수 없어서 사생활은 보호됩니다. 폭력 행위 등이 찍혀 있다는 신고가 있을 경우에만 모자이크 없는 동영상 원본을 학교 측에서 확인합니다."

"이런 상태로 학교 지킴이가 계속 늘어나면 동영상을 확인하는 사람이 따라가지 못하게 되고 최종적으로 이 시스템은 유명무실해지지 않나요? 수를 더 줄일 것을 제안합니다!"

"동영상 확인에 손이 가는 문제는 장차 AI가 해결할 겁니다. 폭력적인 행위 또는 차별적 발언이 찍혀 있으면 AI가 자동적으로 집단 괴롭힘을 감지하여 보고하는 시스템을 현재 개발 중이므로 걱정하지 않아도 됩니다."

결국 학생들의 의사를 관철시키지 못한 채 대화는 끝나고 말았다. 어쨌든 학교 측의 답변은 일관되게 이러했다.

'너희가 나쁜 짓을 하지 않으면 아무 문제가 없다.'

듣고 보면 분명히 맞는 말이다. 문제를 일으키지 않고 평범하게 학교생활을 보낸다면 아무 문제도 없다.

물론 일상을 감시당해서 마음이 좀 진정되지 않을 수 있다. 하지만 곰곰이 생각해보면 학교는 집이 아니다. 반 친구의 시선, 선생님의 시선… 제삼자의 시선이 존재하는 것이 당연한 공공장소다. 그렇기에 단순히 '누가 보고 있는 것은 싫다'고 하는 것은 이치에 맞지 않는다.

그리고 학교는 이러한 주장도 했다.

'집단 괴롭힘으로 사람이 죽는 것보다는 낫다.'

이 말을 들으면 우리는 아무런 반론도 할 수 없었다. 예를 들어,

1. 감시 카메라를 철거하면 학교 학생이 자살하는 미래
2. 감시 카메라를 계속 설치해두고, 마음에 안 들지만 아무도 자살하지 않는 미래

이런 두 가지 미래가 있고 그중 하나를 선택하라고 하면 당연히 모두 두 번째를 고를 수밖에 없다. 첫 번째 미래를 선택한다는 것은 자신이 조금 갑갑한 것이 싫으니 학교 친구가 죽어도 좋다고 하는 셈이었다.

결국 감시로 인한 스트레스나 고통은 어느 정도 있을지 모르지만 사람이 죽을 만큼의 고통은 아니다. 반대로 자살할 정도의 고통을 막을 수 있다면 파놉티콘 시스템을 도입하는 편이 전체의 행복도는 틀림없이 증가한다.

이것은 공리주의의 입장에서 보면 완전히 옳은 일이자 정의였다.

하지만 그렇기에 오히려 파놉티콘 시스템은 잘못되었다고 할 수 있다. 말로 표현하기도 힘들고 논리적으로 설명할 수도 없지만 다들 공감했다.

학생회실 밖에는 의견함이 있다. 학생들이 의견, 고충, 진정을 익명으로 써서 넣는 상자인데 그 의견함에는 거의 매일 파놉티콘 시스템에 대한 회의와 불만이 들어 있었다. 단, 논리적인 글은 거의 없고 단순히 '기분이 안 좋다', '뭔가 찜찜하다' 등 애매하고 불안한 기분만 적힌 것이 태반이었다.

그 기분은 잘 안다. 나 자신도 파놉티콘 시스템의 무엇이 나쁘고 무엇이 싫은지 논리적으로는 말하지 못한다. 할 수 있는 말은 감시당해서 기분이 나쁘다는 감정적인 것뿐.

이래서는 토론이 되지 않으니 학교 측과 제대로 된 교섭을 할 수 없었다.

참고로 우리 학생회는 전임 학생회로부터 학교 지킴이 철폐 운동을 넘겨받았고, 정해진 기일까지 시스템을 인정할지 말지에 대한 결론을 전교 학생 앞에서 발표하도록 되어 있었다. 지금으로서는 부정할 수 있는 논리적 설명을 생각해내지 못해서 인정하는 방향이 될 것 같다. 모두에게 비판받을 게 분명해서 마음이 무겁다.

아무튼 이 건에 대해 현재 아는 것은 공리주의 사고방식으로는 파놉티콘 시스템을 부정할 수 없다는 점이다. 애초에 공리주의의 시조인 벤담이 만들어냈으니 당연한 이야기다.

즉 평등의 정의로는, 전체를 행복하게 하려는 사고방식으로는 파놉티콘 시스템을 거부할 수 없다.

그렇다면 다른 주의, 다른 정의는 어떨까?

⁂ ⁂ ⁂

"그럼 수업을 시작하지. 오늘은 '자유의 정의'에 대해서 얘기하겠다."

문득 정신을 차리고 고개를 들어보니 앞에서 윤리 선생님이 평소처럼 수업을 시작하려는 참이었다. 다른 학생들은 모두 자리에 앉아 있다. 아무래도 내가 상당히 오랫동안 생각에 잠겨 있었나 보다.

내 오른쪽에는 아까와 다름없이 미유 선배가 앉아 있다. 지유키는 어떻게 하고 있나 싶어서 살짝 주위를 둘러보니, 반대로 언제나 선배가 앉는 자리인 한참 뒤쪽에 있었다. 자기가 있을 곳을 빼앗겨서 쓸쓸해하는 표정을 짓고 있는 것 같았지만, 그건 내 자의식 과잉이 부른 착각일 테고 지난 수업에서 선생님의 강한 말씀이 신경 쓰여서 뒷자리에 앉았을지 모른다.

물론 그 일 이후로 눈에 띄게 지유키를 피하고 있는 나에게 원인이 전혀 없다는 말은 아니지만….

그건 그렇고 바로 오른쪽 옆에 선배가 있는 것은 역시 익숙하지 않아서 위화감을 느낀다. 아니, 위화감이라기보다… 촉감. 응? 촉감? 헉, 아까 린리가 떼어놓았는데 또다시 선배의 팔이 닿아 있다.

"저, 저기, 선배, 너무 가까운데요."

린리가 눈치채면 귀찮아질 것 같아서 작은 소리로 호소했다.

"에이, 모처럼 오른쪽이 비어 있으니 지금이 기회다 싶은걸."

당사자인 선배는 장난스럽게 혀를 메롱 내밀고 킥킥 웃었다.

만화에서나 가끔 보는 진부한 반응이었다. '그래도 미인이 하니 보기 좋네' 하고 멍하니 있다가 선생님이 무서운 얼굴로 노려보는 것을 알았다. 선생님, 아니에요, 여학생과 들러붙어 있는 게 아니고, 아니 물리적으로는 들러붙어 있지만요.

나는 선생님의 강렬한 시선에 눌려서 어쩔 줄 모르다가 등을 쭉 폈다. 말없이 똑바로 앞을 보며 내 잘못이 아니라는 표정으로 호소했다. 한편 그런 선생님의 태도에 선배는 왠지 도발적인 시선을 선생님에게 보내는… 것처럼 보였다.

왜지?

그러고 보니 나는 올해 수업에서 처음 선생님을 만났지만 선배는 원래 상급생이니 어쩌면 전부터 선생님을 알고 있었을 것이다.

선생님과 선배는 몇 초 정도 계속 서로 노려보았다. 그러나 곧 선생님은 불쾌한 듯이 콧방귀를 뀌며 시선을 피하고 그대로 수업을 계속했다.

"오늘은 자유의 정의에 대해 자세한 내용을 설명하겠다. 이건 그 이름대로 자유를 지키는 것을 정의라고 하는 입장인데, 그 정의를 실현하려는 사고방식을 일반적으로 '자유주의'라고 부르지. 자유를 중요하게 여기니까 자유주의다.

이 또한 이름 그대로라서 설명할 필요가 없을 만큼 알기 쉬운 주의와 주장처럼 생각하겠지만… 실은 그렇지도 않아. 처음 자유주의를 배우는 사람들은 반드시라고 해도 좋을 만큼 혼란에 빠지는 함정이 있다. 예를 들면 부유층에게서 세금을 많이 걷어서 불우한 사람들에게 나눠주는 정책… 과연 이건 자유주의, 자유를 존중하는 주의에 기초한 사고방식일까?"

어라? 확실히 공리주의 부분에서 나온 이야기다. 배부른 사람이 여분으로 주먹밥을 가지고 있으면 강제적으로 징수해서 배고픈 사람에게 분배하자,

이로써 전체의 행복도가 높아진다, 라는 것과 같은 이야기다. 그렇다면 답은 자유주의가 아니라 공리주의가 될 테지만….

"정답은 자유주의다."

역시. 함정 문제라는 것을 알고는 있었지만 어째서지? 공리주의와 아무런 차이도 없는데?

"물론 이 답을 납득하지 못하는 사람도 있을 테고 그 기분은 잘 안다. 실제로 부유층에게서 돈을 많이 징수하는 건 간단히 말하자면 부유층이 가진 권리나 자유를 빼앗는 것 같은 이야기니까 자유를 존중한다는 이미지는 별로 떠오르지 않지."

그래, 남의 자유를 전혀 중요시하지 않는다고.

"그럼에도 불구하고 이걸 자유주의라고 부르는 건 왜일까? 부유층이 가진 돈을 불우한 사람들에게 나눠주는 건 불우한 사람들이 사회 안에서 자유롭게 살아갈 수 있도록 보장하는 것으로 이어지기 때문이야. 그래서 이걸 자유주의라고 부르지. 그런 의미에서 소위 복지 사회, 즉 부자에게 높은 세금을 매기고 병자나 고령자가 살기 좋은 사회를 만들자고 하는 것도 자유주의에 기반을 둔 사고방식이라고 할 수 있지."

아, 그렇군. 사회적 약자도 포함해서 전원이 평등하고 자유롭게 살아갈 수 있는 사회를 만들자는 주의가 자유주의라는 말인가.

….

아니, 그건 공리주의고 평등의 정의가 아닌가?

"하지만 한편, 부자라는 이유만으로 높은 세금을 매기다니 당치도 않다, 약자를 구한다는 명목으로 타인의 자유나 재산을 빼앗아서는 안 된다, 부유층이 얼마나 돈을 가지고 있든 개인 소유물이니 함부로 빼앗아서 약자에게 나눠 주는 것은 도둑이나 하는 짓이다, 라는 사고방식도 있다. 이것 역시 자유주의라고 부른다."

오, 이쪽은 선악은 둘째 치고 자유주의라는 느낌의 이미지다.

"자, 어때. 좋은 느낌으로 혼란하지 않니? 부의 재분배를 긍정하고 약자에게 친절한 복지 사회를 만드는 사고방식도 자유주의라 부르고, 자유경쟁을 긍정하고 약육강식의 격차 사회를 만드는 사고방식도 자유주의라 부른다면… 대체 자유주의란 무엇일까? 실제로 정치의 세계에서도 마찬가지로 똑같은 자유주의 깃발을 내걸고 있으면서 전혀 정반대 정책을 내놓고 서로 싸우는 일이 많이 있지."

어…, 자유주의의 폭이 너무 넓어서 혼란스럽다.

"이처럼 처음 공부하는 사람은 자유주의의 입구에서 아주 헤매기 쉽다. 혹시 너희들이 자유주의에 대해 배우려고 어떤 사람의 책을 골랐다 해도 다 읽은 뒤에 다른 사람의 책을 읽어보면 완전히 정반대 내용이 쓰여 있을 가능성이 있어. 물론 다양한 자유주의를 망라해서 해설해주는 입문서도 있지. 그러나 실은 여기에 또 혼란을 일으키는 큰 함정이 있다."

선생님은 칠판에 단어를 두 개 썼다.

리버럴리즘, 리버테리어니즘

"너희는 이 말을 알고 있을까? 참고로 한쪽은 리버럴이라고도 하는데 어쩌면 그쪽이 익숙할 거다."

아, 확실히 그렇다. 리버럴은 뉴스 같은 데서 들은 적이 있다. …뜻은 잘 모르지만.

"리버럴리즘liberalism , 리버테리어니즘libertarianism. 양쪽 모두 자유주의의 특정 입장을 나타내는 전문 용어고, 둘 다 번역하면 '자유주의自由主義'라는 의미가 되는데 오해를 무릅쓰고 말하자면, 아까 말한 약자에게 친절한 복지 사회를 만드는 사고방식이 리버럴리즘이고 약육강식의 자유경쟁을 추진하는 사고방식이 리버테리어니즘이다.

많은 자유주의 입문서가 종류가 다양하고 혼란한 느낌이 드는 자유주의의 전체 모습을 독자가 파악할 수 있도록 먼저 이 리버럴리즘과 리버테리어니즘의 차이에 대해 설명을 시도하는데, 이게 엄청 이해하기 어렵거든! 발들이기조차 어려울 정도야. 실은 자유주의를 공부하는 것을 가로막는 가장 큰 장벽이 있어. 그 장벽은 바로."

선생님은 말을 멈추고 일단 침묵했다. 그리고 충분히 뜸을 들인 뒤에 단단히 준비하고 엄숙하게 말했다.

"이름이 비슷하다는 점이지."

텔레비전의 예능 프로그램이라면 바닥에서 뒹굴 정도로 크게 웃긴 장면일지 모르나, 선생님의 진지한 표정을 보니 선생님은 아무래도 웃기려고 한 말이 아니라 진지하게 정말 그렇게 생각하는 것 같았다.

"리버… 리버… 리버… 리버…. 봐라, 단어 앞부분은 특히 똑같지. 리버… 리버… 리버… 리버…. 자, 언뜻 어떤 게 어떤 건지 알 수 없어. 아니, 농담처럼 들리겠지만 실제로 상상해보렴. 예를 들어서 이런 문장 말이다.

'리버럴리즘은 이것 이것에 대해서는 찬성이지만 리버테리어니즘에서는

반대다.'

'이 정책은 오히려 리버테리어니즘 쪽의 리버럴리즘이라고 해도 좋다.'

어떠니. 자유주의 입문서에서는 이런 식으로 양자를 대비하고 관련지어 설명하는 것이 많은데 어차피 처음 배우는 사람에게는 귀에 낯선 단어지. 일 상적으로 사용하는 말도 아니고 어감도 비슷하니까 배운 지 한 달도 되지 않 아서 뭐가 뭔지 알 수 없어져."

아뇨, 선생님, 이미 알 수 없어졌는데요. 지금 수업에서 선생님이 "아까 설 명했듯이 리버럴리즘은 리버테리어니즘과 달라서"라고 언급해도 전혀 못 따라갈 자신 있습니다!

"첫 장에서 용어의 정의를 설명하고 다음 장에서부터 그 용어를 구사해서 더 깊게 설명하기 시작하는 것은 책 쓰는 법으로는 기본 형식이지만, 용어끼 리 너무 비슷하면 머리에 들어오지 않고 그 상태에서 진도를 나가면 그저 고 통일 뿐이지. 게다가 비슷한 용어가 두 개뿐이면 아직 견딜 만한데 아까 리버 럴리즘을 리버럴이라고 부른 것처럼 각각 다양한 표현이 있어."

선생님은 칠판에 쓴 두 단어 뒤에 덧붙여 썼다.

리버럴리즘, 리버테리어니즘, 리버럴, 리버럴리스트, 리버테리언

윽, 리버가 더 늘었다. 이런 용어가 차례로 나오는 입문서라면 나는 진작 두 손 들었다.

"게다가."

더 있어?

"리버럴리즘이라는 용어를 사용했을 때 최소한 그 의미가 하나로 고정되어 있으면 그나마 나아. 그럴 경우에는 어느 정도 시간을 들여서 용어에 익숙해지면 어떻게든 될 테니.

그러나 실제로는 유럽, 미국, 일본에서 사용하는 리버럴리즘의 뉘앙스가 전혀 다르기 때문에 어떤 사람의 책을 읽고 '리버럴리즘이 이런 거구나, 복지 국가를 지향하는군' 하고 이해해도 다른 사람 책을 읽으면 복지 국가를 부정하는 내용이 쓰여 있기도 하지. 그럴 만큼 리버럴리즘이란 '어느 나라' 이야기인가 하는 문맥에 따라 내용이 달라지는 용어다."

…난도가 너무 높아!

"그러고 보니 깜빡했는데 리버럴리즘이라고 한마디로 말해도 뉴리버럴리즘, 소셜리버럴리즘, 네오리버럴리즘, 모던리버럴리즘처럼 여러 가지가 있어서 각각 아무렇게나 뒤섞이지 않도록 신경 쓰며 글을 읽어야 해."

…전의 상실. 뉴와 네오를 섞지 말라고!

"그래서 나는 너희에게 자유주의를 이야기하는 데 있어서 이런 용어를 모두 버리려고 한다. 보통 처음 배우는 사람에게 자유주의를 가르치는 경우, 지금 이야기한 것처럼 다양한 종류의 자유주의에 대해 각각의 차이점과 역사를 차근차근 설명하는 것이 효과적인 방법이지만, 나는 학습 초반에 거기에 시간을 들이는 것은 잘못됐다고 본다. 용어의 차이에 집중하기보다도 본질과 핵심, 즉 '자유주의란 결국 무엇을 옳다고 하는 주장인가?' 그 본질을 먼저 너희에게 전해야 한다고 생각해."

곧 선생님은 무슨 그림 같은 것을 그리기 시작했다.

"다양한 리버와 리버는 놔두자. 아까 나온 용어는 전부 잊어버려도 좋아.

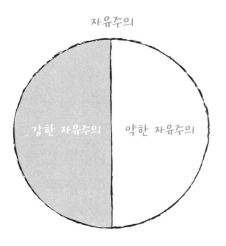

자유주의

강한 자유주의   약한 자유주의

나는 자유주의를 알고 싶은 사람은 다음 두 가지만 이해하면 된다고 본다."

선생님이 그린 그림에는 '강한 자유주의'와 '약한 자유주의'라는 두 단어가 쓰여 있었다.

응? 강한, 약한? 갑자기 이해하기 쉬워졌다. 다소 유치하다는 느낌은 부정할 수 없지만.

"강한 자유주의와 약한 자유주의…. 이건 내가 만든 표현인데 어쨌든 단순하게 말해서 자유주의에는 강한 쪽과 약한 쪽, 두 종류가 있다고 생각하면 된다. 내가 이 수업에서 말하고 싶은 건 강한 자유주의 쪽이다. 이쪽만 진짜 자유주의라고 최종적으로는 주장하고 싶지만 그건 뒤로 미루고, 우선 약한 자유주의부터 해치우자."

약한 자유주의

"가령 지구상에 있는 인간 전원에게 '당신은 자유주의자인가?'라고 물어보고 '그렇다'고 대답한 사람을 한 군데에 모았다고 하자. 어디까지나 내 생각이긴 하지만, 그 자유주의자 그룹은 약한 자유주의자와 강한 자유주의자, 두 그룹으로 나눌 수 있어.

이 중 약한 자유주의자 그룹 사람들은 자유주의자 전체 중에서 태반을 차지할 만큼 많은 데다가 얼핏 의견이 제각기 달라서 아무런 유사성도 없는 것처럼 보인다. 그러나 실은 전원이 어떤 공통 사상을 가지고 있어. 바로 자유롭게 살아가는 것이 인간의 행복이고 사회는 개인의 자유를 존중해야 한다는 사상이야.

그럴듯하게 들릴지 모르겠다. 그러나 자유주의로서는 이 사상은 좀 더 약하다고 해야 해. 왜냐하면 자유보다 행복을 상위에 두고 있기 때문이지.

즉 '행복〉자유'.

이 사실은 그들의 사상을 분해해보면 잘 알 수 있어.

1. 행복해지려면 자유가 필요하다.

2. 좋아, 자유를 존중하자.

이게 그들이 가진 사상의 논리고 이와 같은 논리 전개로 자유를 존중하고 있는 이상, 그들이 최우선으로 치는 건 자유가 아니라 행복이라는 점이 명백하지.

자, 우리는 이것과 비슷한 주의를 어디에서 들은 적이 있을 거다, 마사요시."

"공리주의군요!"

말허리를 자르듯 나는 대답했다.

"그래, 맞다. 약한 자유주의자들이 내세우는 사상은 자유라는 단어를 사용하기는 했어도 실은 공리주의 그 자체다. 왜냐하면 그들의 목적은 해피포인트의 증대, 결국 사람들의 행복도의 증대에 있기 때문이지. 따라서 그들에게 자유는 어디까지나 행복도를 증대시키기 위한 도구, 수단의 하나야. 그러니 어떤 특정한 자유가 사람들의 행복도 감소로 이어진다고 하면 그들은 아무렇지 않게 그 자유를 제한하려 들겠지. 그들에게 중요한 것은 어디까지나 사람들의 행복이고 자유는 그다음이다.

즉 약한 자유주의자가 자유주의라고 하는 건 이름뿐이고 실은 자유주의의 가죽을 뒤집어쓴 공리주의자에 불과하다."

지금까지 미묘한 자유주의 이야기를 들을 때마다 '아니, 그건 공리주의잖아'라고 속으로 지적했기에 이 카테고리 분류는 상당히 속 시원했다.

강한 자유주의

"다음은 강한 자유주의 이야기를 하자.

아까 나는 '행복〉자유'인 사람들을 약한 자유주의자로 분류했다. 왜 그들이 약한가 하면 행복이 더 중요한 이상, 상황에 따라 언제 손바닥 뒤집듯 자유를 제한할지 모르기 때문이야. 따라서 그것을 자유주의로서 약한 사상이라고 정의하겠다.

그럼 반대로 강한 자유주의란 무엇일까? 약한 자유주의와 정확히 정반대로 '자유〉행복'을 제일로 여기는 사상을 말해. 강한 자유주의자에게 행복은 별로 관계없어. 아니 전혀 관계없다고 해도 좋다. 강한 자유주의자에게 중요한 건 인간에게 주어진 가장 기본적인 권리인 자유를 지키는 것이고 거기에서 생기는 결과에 대해서는 일절 묻지 않는다. 그런 의미에서 강한 자유주의자의 사상은 아주 간단하다고 할 수 있어.

'자유를 지키는 것은 결과에 상관없이 정의고, 자유를 빼앗는 것은 결과에 관계없이 악이다.'

여기에는 결과도 사정도 행복도 관계없어. 어떤 사례에서든 단순하고 우직하게, 예를 들어 누가 불행해지든 간에 자유를 지키는 것이 정의라고 생각하는 것이 강한 자유주의다."

상상 이상으로 자유로운 자유주의였다. 하지만 그래도 괜찮을까?

문득 선생님과 눈이 마주쳤다. 의문이 있으면 어서, 하고 질문을 재촉하는 눈빛이어서 나는 이끌리듯 손을 들었다.

"그러면 살인이나 절도처럼 명백히 불행을 만들어내는 행위라도 강한 자유주의에서는 긍정한다는 건가요?"

"좋은 질문이다. 당연한 의문이지."

선생님은 삭발한 머리를 어루만지며 말했다.

자신이 재촉하기는 했지만 학생의 자발적인 질문이 기쁜 듯했다.

"그 질문에 대한 답은 '아니요'다. 강한 자유주의에서는 그런 종류의 부당행위를 하면 안 되는 일, 나쁜 일이라고 부정한다. 그 이유는 아까 말했듯이 간단해. 자유를 빼앗는 것은 결과와 관계없이 악이기 때문이야. 공리주의라면 사람을 불행하게 하니까, 또는 고통을 낳으니까 등의 이유로 살인을 부정하겠지. 그러나 강한 자유주의에서 살인은 사람을 불행하게 하기 때문에 악이 아니라 타인의 자유를 빼앗으니까, 원하지 않는 아픔을 강제하니까 악인거다.

그래서 강한 자유주의에 대해서는 다음 표어로 이해하면 된다.”

선생님은 그렇게 말하고 칠판에 짧은 문장을 썼다.

자유롭게 하라. 단, 타인의 자유를 침해하지 않는 한에서.

흠, 그야말로 “남에게 폐를 끼치지 않으니까 뭘 해도 괜찮잖아”라고 하는 그 사람인가. 오른쪽 옆자리를 보니 지금 이야기에 대해 별 감명도 받지 않고 당연하다는 듯이 서늘한 표정을 한 미유 선배가 있었다.

“그럼 죽임을 당하는 쪽이 그걸 원한 경우에는 어떻게 되나요?”

이번에는 린리가 질문을 했다.

“그래. 죽임을 당하고 싶지 않은 사람을 억지로 죽이는 것은 논외지만, 죽여달라고 부탁한 사람에게는 어떻게 하면 좋을까? 이 질문에 대해 어디까지나 강한 자유주의의 정의에 따르면 답은 명백하지. ‘죽이지 않아도 되고 죽여도 되고 마음대로 하라’야.”

“어!”

나도 모르게 소리를 내고 말았다. 설마 윤리 수업 중에 살인 허가를 받을 줄은 생각조차 못 했기 때문이다.

“마사요시에게는 아무래도 과격한 발언으로 들렸나 보구나. 하지만 상대가 죽임을 당하고 싶다고 원하는 이상, 그 사람을 죽여도 자유가 침해되지는 않는다고 생각해야겠지만….

그래, 그렇다면 안락사 문제에 대해 생각해보면 어떨까. 예컨대 어떤 사람이 병에 걸렸는데 회복할 가망도 없고 격렬한 통증만 느끼는 나날이 계속되어서 '자살하고 싶다'는 말을 꺼냈다고 하자. 과연 이 소원은 이루어져야 하고 거기에 협력한 사람은 처벌받아야 할까?"

상상하고 싶지는 않지만 시험 삼아 병자의 처지가 되어 생각해봤다.

….

상당히 괴롭겠다…. 그야말로 절망적이라고밖에 할 수 없는 상황이다. 아픔에 약한 나로서는 실제로 죽여달라고 부탁할 것 같다. 그런데 주위에서 내 말은 들어주지 않고 온몸을 묶어놓고 심한 통증 속에서 억지로 살려둔다면… 어쩐지 나라는 인간의 존엄이 모욕당한 기분이 들 것 같다.

이런 사례를 고려해본다면 본인이 원하고 동시에 어쩔 수 없는 상황에서는 '죽을 자유', '죽임당할 자유'가 있어도 될 듯하다. 죽는 것이 구원이 될 때도 있다고 생각하기 때문이다. 그렇다면 그 상황에서 일부러 내 자살에 협력해주는 사람이 있다면… 감사할망정 처벌받기를 원하지는 않겠지.

그러나 –

"아뇨, 그게 아닙니다."

린리가 말했다.

"제 말은 그런 어쩔 수 없는 사정이 있는 상황에 대해서가 아니에요."

"오호, 그렇군."

선생님은 감탄한 기색을 보였다. 나는 린리가 왜 이의를 제기했는지 의도를 짐작할 수 없었지만 아무래도 선생님은 이해한 듯했다.

"이거 미안하구나. 네가 문제 삼고 싶었던 건 지금 말한 것처럼 사정이 있어서 죽는 것 이외에 구원이 없는 사례, 즉 자살권의 이야기가 아니라 더 어리석고 무의미한 사례, 그러니까 우행권愚行權에 대한 이야기일까?"

"네."

"알았다. 그럼 예를 들어 매일매일 즐겁게 살던 평범한 사람이 어느 날 일시적인 기분으로 갑자기 '그냥 죽어버릴까'라는 말을 꺼냈다고 하자. 이 경우에 그 소원을 들어주는 건 옳은 것일까, 이거면 될까?"

"그렇습니다. 그럴 경우에라도 강한 자유주의는 '본인의 자유니까 좋다'고 하는지요?"

"답은 '예'다. 이 사례에서도 아까와 답은 달라지지 않아. '죽이지 않아도 되고 죽여도 되고 마음대로 하라'다."

어! 이번에는 소리를 내지 않았을 뿐, 속으로 한 반응은 아까와 똑같았다. 아니, 그건 안 되지. 무의미하게 죽으려 하는 것이다. 아무래도 바람직하지 않다.

"마사요시에게는 이 역시 과격한 발언으로 들렸나 보구나."

입 밖에 내지 않아도 선생님의 반응은 마찬가지였다.

"모두에게도 말해두지만, '죽여도 좋다'는 임팩트 있는 말에 현혹되어서 강한 자유주의의 본질을 놓치지 않았으면 한다. '살인의 옳고 그름'에 대해 질문을 받으면 아무래도 감정적으로 바로 결론을 내버리는 경향이 있지만 사실 논점은 그게 아니야.

강한 자유주의에서 진짜 논점은 우행권의 옳고 그름, 즉 '인간에게는 자신의 의지로 불행해질 자유가 있는가?' 하는 거다. 물론 강한 자유주의는 '있다'고 생각하지.

여기가 강한 자유주의와 다른 주의를 명확하게 가르는 포인트이자 동시에 너희가 자유주의를 받아들일 수 있는지 없는지를 결정하는 중요한 분기점이 되는 거다. 무의미한 자살이나 자해 행위도 포함해서 꼭 이 논점을 생각해보길 바란다."

불행해질 자유… 우행권…. 나는 잘 모르지만 세상에는 마조히스트라 불리는, 맞거나 고통을 느끼는 것을 좋아하는 사람들이 있는 것 같다. 나는 그런 행위는 어리석다고 생각하고 한편으로는 해선 안 된다고 생각한다.

그러나 내 생각과 타인이 그 행위를 하지 못하도록 강제하는 것은 다른 문제다. 내 마음에 들지 않으니까, 내가 보기에 불행하니까, 라는 이유로 타인이 좋아서 하는 일을 내 마음대로 못하게 하는 것은 역시 좋지 않다.

음? 잠깐, 그렇게 되면 무의미하게 죽으려 하는 사람을 내가 말려서는 안된다는 결론이 나온다. 무의미한 자살이라고 하지만 그것은 내가 멋대로 한 판단이고 그 사람에게는 의미가 있을 테니까.

"강한 자유주의, 아니, 철저하고 순수한 자유주의는 강한 쪽뿐이니까 앞으로는 그대로 자유주의라고 부르겠다. 자유주의의 원리 원칙은 '타인의 자유를 침해하지 않는 한 좋을 대로 하라'니까 당연히 누가 방에서 어떻게 자기 신체에 상처를 내든 일시적인 기분으로 높은 절벽에서 뛰어내리든 그런 건 본인의 자유로 허용해야 하지.

그것을 타인이 그런 짓은 안 된다며 옳음의 가치관을 강요하고 그 사람의 자유를 빼앗으려 한다면…, 그건 그저 납치고 폭력이고 독재고 자유주의에서는 악이라고 규정한다. 물론 이런 식으로 말하면 세상에 있는 자칭 자유주의자와 학자들은 불평을 늘어놓겠지. 자유주의란 그렇게 극단적인 사상이 아니라고.

아니야, 그건 틀린 말이다.

그 사람들은 약한 자유주의자, 즉 공리주의자고 자유보다 우선적으로 고려해야 할 것이 있기 때문에 그런 감정을 가지는 거고, 그래서 그들은 자유주의를 위해 전혀 목숨을 바치지 않는 거야. 원래 자유주의란 행복보다도 그 무엇보다도 인간의 자유를 절대적인 권리로 존중하는 것이 옳다고 하는 입장이다."

일시적인 기분으로 절벽에서 뛰어내리는 사람이 눈에 보여도 "개인의 자유다, 그것도 좋지! 억지로 말리면 안 돼!"라고 단언할 수 있는 사람이 진정한 자유주의자라는 말인가. 상당히 각오가 필요한 이야기다.

"참고로 공리주의에서는 부유층에게서 세금을 많이 거둬 빈곤층에 나눠주는, 이른바 부의 재분배나 복지 국가를 긍정하지만 자유주의에서는 그 정책을 부정하고 있어.

만일 어떤 한 사람이 전 세계의 부를 독점하고 있다고 하자. 그 사람에게 세금을 많이 거둬서 나눠주면 많은 사람이 구제받고 행복해지는 것을 안다 해도, 남의 재산을 강제적으로 빼앗는다는 것은 인간이 자기 것을 자유롭게 할 수 있는 권리의 침해에 해당하지. 즉 강도 행위니까 자유주의에서는 절대로 허용할 수 없는 정책이라 반대한다. 그 때문에 아무리 많은 사람이 생활에 곤란을 겪고 죽더라도 말이다. 말하자면 행복도가 증대하거나 많은 사람의 생명을 구할 수 있다고 해서 타인의 권리를 침해할 수는 없다는 것이 자유주의의 스탠스라 할 수 있어."

그렇구나. 이야기를 들어보니 자유주의는 공리주의와 양립할 수 없다고 할까, 완전히 정반대인 주의라는 것을 잘 알겠다.

공리주의와 자유주의.

행복을 중시하는 공리주의는 모든 사람을 행복하게 하기 위해서는 개인의 자유를 소홀히 하더라도 어떤 일을 강제하기를 그만두지 않는다. 따라서 굶주린 사람을 위해 배부른 사람에게서 주먹밥을 빼앗는 것도 문제없다고 한다.

한편, 자유를 중시하는 자유주의는 누가 어떻게 불행해지든 개인의 자유를 빼앗는 것을 허용하지 않는다. 그래서 만일 굶주려서 모든 사람이 죽더라도 개인의 주먹밥을 마음대로 빼앗아서 나눠주는 것은 절도 행위로 보고 문제 삼는다. 즉

공리주의 → 전체의 행복을 중시 → 개인에게 강제한다

자유주의 → 개인의 권리를 중시 → 개인에게 강제하지 않는다

이런 구도고 '강제하는가, 강제하지 않는가' 하는 지점에서 각 주의의 특징이 확실해진다는 이야기인가.

나는 지금 단계에서는… 자유주의에 한 표일까. 강제당하기는 싫으니까.

이런 생각을 하고 있는데, "선생님" 하고 왼쪽 옆에 앉은 린리가 손을 들었다.

음? 뭐지, 단순히 손을 들기만 하는 동작인데 무게라든지 위엄이 있다. 눈동자에는 분노의 기색이 어려 있었다. 아무래도, 아니 틀림없이 화가 났다. 이유는 대충 짐작이 간다.

"눈앞에 있는 사람이 분명히 불행해질 것을 알고 있는데 아무것도 하려하지 않는 것을 저는 옳은 일이라고 생각할 수 없습니다. 예를 들어 투신자살을 하려고 하는 친구가 있을 때, 죽고 안 죽는 것도, 살리고 안 살리는 것도 개인의 자유니까 어느 쪽이든 좋다고 해버리는 자유주의는 명백히 도덕에 반합니다."

결국 윤리적으로 문제가 있습니다, 라는 건가.

무엇보다 투신자살은 우리 학교에서 실제로 있었던 사건이다.

"도덕으로 말하자면 반드시 도와야 합니다!"

린리가 심하게 분노한 데 비해 선생님은 잠시 뜸을 들인 뒤에 천천히 대답했다.

"직관주의… 종교의 정의에 따르면 그럴지도 모르지만, 자유주의에서 그건 도덕에 반하는 행위가 아니야. 자유주의에서 도덕에 반한 행위란 타인의 자유를 타인이 빼앗는 것뿐이고 이외에 도덕에 반한 행위는 존재하지 않는다. 오히려 남을 돕기를 강요하는 쪽이 도덕에 반한다고 생각할 수 있어. 애초에 남을 돕든 뭘 하든 강요당해서 억지로 하는 것이 정말 정의로운 행위라고 할 수 있을까?"

"하지만."

린리는 물러서지 않았다.

"저는 딱히 억지로 끌고 가서 도우라고 강제하라는 게 아니에요. '도와야 한다'고 말해야 한다는 겁니다. 억지로 시켜서 강제하는 것과 해야 한다고 요청하는 것은 다르다고 봐요."

"그렇구나. 하지만 상대가 그 '도와야 한다'는 이야기를 들어주지 않는다면 어떻게 하지?"

"알아줄 때까지 설득해야죠. 사람을 돕는 일이 얼마나 옳은 행위인지를."

"똑같은 거 아냐?"

미유 선배였다.

"그렇게 해야 한다, 해야 한다 하는 건 결국은 강제고 일종의 폭력이라고 보는데."

신랄한 의견이다. 선배는 그대로 말을 계속했다.

"린리 너 그런 타입이니? 1억 엔 복권에 당첨된 사람에게 매일 전화하는 타입? 행운으로 손에 넣은 돈이니까 그걸 포기해서 굶주려 죽어가는 사람들을 살려야 해요. 기부해야 해요. 해야 해요, 해야 해요. 그 말을 일일이 듣는 쪽은 귀중한 시간을 빼앗겨서 견디기 힘들 텐데. 그래서 거절하면 거절했다고 이번에는 나쁜 사람 취급하면서 이렇게 해야 합니다 하고 설교할 거지? 진짜 짜증 나네. 도대체 해야 한다, 해야 한다고 말해봤자 어차피 도울 사람은 도울 거고 안 도울 사람은 안 돕는 거 아니야? 그렇다면 이러니저러니 하지 말고 자유롭게 하도록 하면 되잖아?"

"그럼 절벽이 있다는 사실을 모르고 그쪽으로 걸어가는 사람이 있다면, 또는 마약의 부작용을 모르고 마약을 하려는 사람이 있다면요? 그런 사례에 대해서는 어떻게 생각하나요? 저는 그런 사람을 발견하면 반드시 말려야 한다고 생각하고, 말리지 않은 사람에게 그 책임을 물어도 좋다고 봐요. 만약 선배의 소중한 사람이 그런 상황에 있고 눈앞의 사람이 그걸 말릴 수 있는데도 말리지 않았다면, 말리고 말리지 않고는 개인의 자유니까 하고 납득할 수 있나요? 저는 개인의 자유보다 존중해야 하는 것이 이 세상에 있다고 생각합니다."

나를 사이에 두고 갑자기 시작된 부회장과 서무의 말싸움.

학생회실이라면 솔직히 익숙한 광경이긴 하지만 지금은 수업 중이 아닌가. 공적인 자리다. 하지만 여기에서 내가 끼어들면 학생회장으로서 이 자리의 조정을 요구받겠지(그 또한 익숙한 광경이다). 우선 피하자. 나는 숨을 죽이고 등을 꼿꼿하게 펴서 말없이 똑바로 앞을 보며 이 건과 관계없다는 식의 태도를 취했다.

하지만 그 결과, 선생님과 시선이 딱 마주쳤다.

"마사요시는 어떻게 생각하지?"

역효과. 오히려 저에게 물어봐주세요, 라고 한 꼴이 되고 말았다.

"그러네요…."

그때 뇌리에 스친 것은 '확실히 남을 도우라고 강제하는 것은 잘못됐다고 생각하지만, 돕고 안 돕고는 자유라고 전혀 강제하지 않는다는 것도 문제지요!'라는 애매한 대답. 우선 어떻게든 대답해서 이 자리를 벗어날까 했다. 하지만 지금까지의 기억을 다시 떠올려보니 그렇게 말하고 벗어났던 적이 없다. 익숙한 광경이라서 잘 안다. 어물거리며 그 자리를 넘기는 발언은 오히려 역효과다. 그렇다면….

"저기… 자유주의는 아이의 자유에 대해서는 어떻게 생각할까요?"

일단 관점을 바꿔보자. 물론 아무 생각 없이 뱉은 말은 아니다. 아마도 관련이 있을 것이다.

"오호!"

선생님은 크게 감탄했다.

"좋은 관점이다. 확실히 자유주의는 인간의 자유를 존중하는 입장이지만 어린이나 미성년자의 행동에 대해서는 어느 정도 제한해야 한다고 생각하지. 단, 여기에서 제한한다는 건 어디까지나 행동이지 자유가 아니라는 것에 주의하기 바란다."

뭐? 행동은 제한하지만 자유는 제한하지 않는다?

무슨 말이지? 똑같아 보이는데.

"자유주의가 행동은 제한한다고 하면서 자유는 제한하지 않는다고 주장하는 근거는 뭘까? 그것은 아이에게는 아직 자유가 없다고 여기기 때문이다.

예를 들어 여기에 상자가 두 개 있다고 하자. 한쪽에는 과자가 들어 있지만 다른 한쪽에는 폭탄이 들어 있어서 열면 터져서 사람이 죽는다고 해보자. 자, 이런 상자가 두 개 있고 어느 것이 어느 건지 모르는 상태로 마음에 드는 쪽을 골라도 좋다고 했을 때 과연 이것을 자유로운 선택이라 할 수 있을까? 아니지, 우린 통상 이런 선택을 자유라고 부르지 않아. 오히려 부자유한 선택이라 할 수 있다. 자유주의가 '아이가 자유롭지 않다'고 했을 때는 바로 이런 상황과 똑같다고 주장하는 거야."

그야 그렇다. 어린아이가 고층 아파트 난간에 올라가서 놀고 있을 때, 우리는 물론 분명 자유주의자도 반드시 그 행동을 말릴 테지만, 어린아이의 자유를 빼앗았다고는 아무도 생각하지 않는다. 어린아이는 그 행위가 얼마나 위험하고 어떤 결과를 부르는지 모른다. 어린아이는 자기 의지로 위험한 행위를 자유롭게 선택한 것이 아니다. 그러니까 자유주의는 그 어린아이의 행동을 제한하는 게 옳다고 하는 것일까. 하지만….

"저기, 아이가 자유를 가지고 있지 않다고 하는 말의 근거는 선택할 수 있는 만큼 지식이나 능력이 없기 때문인가요? 그 경우에만 행동을 제한하는 것이 정당화된다면, 절벽이 있는 것을 모르고 그쪽으로 가는 사람이나 마약의 위험을 모르고 사용하는 사람도 어떤 의미로는 아이와 마찬가지로 행동을 제한해도 좋다는 말이 되지 않을까요."

뜻밖에도 린리의 발언을 옹호하는 결론이 되고 말았지만, 한편으로 자유의 제한은 하지 않는다는 결론이기도 하니까 선배의 발언이나 자유주의하고도 모순이 없다고 할 수 있다. 오오, 아무 생각 없이 시작한 흐름이지만 제대로 양자의 의견을 절충하는 지점에 정착했다.

내가 생각해도 잘 착지한 것 같다. 스스로는 만족해서 주위 반응을 살폈는데 안타깝게도 선배의 표정은 밝지 않았다. 밝기는커녕 아주 불만스러워 보였다.

"아이가 위험한 일을 하지 않도록 행동을 제한한다, 그 자체는 찬성이지만, 그건 몇 살까지지?"

"예?"

선배는 선생님이 아니라 내 얼굴을 보고 물었다. 아니, 그렇게 말해도…라는 생각이 들었지만, 타당한 것은 성인이 되는 스무 살까지? 아니면 열여덟 살일까? 아니, 연령으로 고정하지 않고 학업을 마치고 사회로 나가는 순간까지로 정해야 할까?

"몇 살이든 상관없지만. 하여간 어떤 기준으로 어른과 아이의 경계를 확실하게 정해야 해."

"어째서지?"

선생님이 미유 선배에게 물었다.

"어른과 아이의 경계가 애매하면 '너는 아직 미숙하다'는 판에 박은 듯한 말로 얼마든지 타인의 행동을 제한할 수 있으니까요. 너는 무지하다, 무능하다, 그러니 너는 자유로운 선택은 할 수 없어, 그러니까 네 행동을 제한한다 이러면서요. 그렇게 되면 아무리 어른이 되어도 그 한마디로 자유를 빼앗기니까 전혀 자유를 보장할 수 없다고 생각해요."

"흠."

선생님은 잠시 생각하다가 입을 열었다.

"확실히 그 말이 맞다. 그리고 실제로 자유주의도 그렇게 생각하고 있지. 어른과 아이의 경계가 어디인지 그 자체는 자유주의자 안에서도 의견이 나뉘는 대목이긴 하지만, 어느 쪽이든 일단 어른이라고 규정된 인간에 대해서는 조건 없이 자유를 인정해야 한다는 점에 대해서는 일치한다. 그래서 설령 본인이 불행해지더라도 말이지. 왜냐하면 그것을 인정하지 않으면, 즉 어느 조건 이상인 인간을 어른이라고 인정하지 않으면 지금 미유가 말한 대로 여러 가지 핑계를 대서 인간의 행동을 얼마든지 자기 마음대로 제한할 수 있게 될 테니까."

"하지만."

린리가 끼어들었다.

"절벽이나 마약 사례에 대해서는 생명의 위협이 될 수 있으니 아이와 마찬가지로 말려야 하지 않을까요?"

"아니, 그런 식으로 말하기 시작하면 얼마든지 자유를 제한할 수 있다는 얘기잖아. 멀쩡한 어른이면서 위험한 절벽이 있을 만한 장소에 가까이 가거나 마약을 하는 사람은 어지간히 바보라는 말이잖아. 어떻게 되든 자업자득 아니야?"

다시 말싸움을 벌이는 부회장과 서무. 안타깝게도 나는 제대로 착지하지 못했던 것 같다.

"바보인가… 확실히 그렇군. 자유주의의 문제는 결국 거기에 이르는 건가."

선생님은 선배의 '바보'라는 말에 반응해서 감개무량하다는 듯이 말했다. 그리고 설명을 이어나갔다.

"탈것을 운전할 때 사용하는 안전모나 안전벨트 착용 문제를 생각해보자. 예를 들어 안전모를 쓰지 않고 자전거를 타도 기본적으로는 문제없어. 왜냐하면 보통 사람은 보통 속도로 평범하게 운전하니까. 시내에 장을 보러 나갈 뿐이고 앞이 잘 내다보이는 평탄한 길을 제한속도로 정확히 달릴 생각이라면 '난 안전모를 쓰지 않아도 괜찮다'는 판단을 자기 책임하에 하고 안전모를 쓰지 않고 자전거를 탈 자유를 인간은 권리로 가지고 있겠지.

그러나 실제로는 그런 판단을 하지 못하는, 판단이 안이한 인간도 존재해. 원래 그런 사람이 '나는 안전한 운전을 할 능력이 없는 인간이니 안전모를 써야 한다'고 판단했으면 좋겠지만 그런 사람은 어리석기 때문에, 즉 바보기 때문에 그런 판단을 하지 못해. 그리고 결과적으로 안전모를 쓰지 않고 위험하게 자전거를 몰다가 사고를 일으켜서 사망하기도 하지.

이런 인간은 사회에 일정한 수만큼 존재한다. 그래서 국가는 이렇게 선언하는 거야.

'어쨌든 전원 안전모를 쓰시오.'

물론 이것은 강제이자 자유를 빼앗는 행위지만…."

선생님은 칠판 쪽으로 돌아서서 다음 내용을 쓰기 시작했다.

1. 유능·무해한 인간 → 자유롭게 하게 해도 누구의 자유도 빼앗지 않는다 → 따라서 자유를 보장

2. 유해한 인간 → 자유롭게 하게 하면 '타인'의 자유를 빼앗는다 → 따라서 자유를 제한

3. 무능한 인간 → 자유롭게 하게 하면 '자신'의 자유를 빼앗는다 → (자기 책임으로) 자유를 보장한다? 하지 않는다?

"세 번째의 무능한 인간, 바보 같은 인간… 자, 이 대목이 자유주의에 대해 생각해볼 점인데. 자유주의는 그 이름대로 자유를 가장 중요하게 여기는 입장이고 행복에 대해서는 별로 흥미가 없어. 따라서 인간의 행위에 대해서는 행복해질지 불행해질지가 아니라 인간이 가지는 절대적인 권리인 자유를 침해하는지 아닌지만 논점으로 하여 그 옳고 그름을 따지지. 물론 자유주의자 중에는 이런 극단적인 사고방식을 받아들일 수 없다는 사람도 있을지 모른다. 하지만 그런 사람은 약한 자유주의자니까 내버려두자.

자유주의의 원리 원칙에 따르지 않는 주제에 자유주의자, 리버럴을 자칭하는 자들을 나는 싫어해. 선악의 문제도 아니고 호칭의 역사적 경위 문제도 아니고, 아무튼 일의 분류를 복잡하게 만드는 인간들이 나는 싫다. 그런 사람들은 세계를 단순하게 하기 위해 솔선해서 자신을 공리주의, 행복주의라고 불러야 해."

선생님은 내뱉듯이 말했다.

아무래도 선생님은 쓸데없이 일을 복잡하게 만드는 사람들을 아주 싫어하는 것 같다.

"다시 돌아가보자. 지금 여기에 쓴 첫 번째와 두 번째 인간에 대해 자유주의의 결론은 간단해. 타인의 권리를 침해하지 않는 사람의 권리는 보장하지만 타인의 권리를 침해하는 사람의 권리는 보장하지 않는다. 달리 말하면 타인의 자유를 빼앗지 않는다면 마음대로 하라, 빼앗는다면 용서하지 않는다, 이거지.

자, 여기까지는 논리적으로 모순 없이 들어맞는 이야기일 거다.

문제가 되는 건 세 번째의 무능한 인간이다. 자유롭게 하게 두면 자신의 자유를 저해하는, 자유주의에서는 마치 역설과도 같은 사람들이야. 물론 그들이 자유로운 의지로 자신의 자유를 포기한다면 괜찮아. 그건 각자의 취향이나 개인적인 기호라고 이해할 수 있어. 하지만 그게 아니라 스스로 깨닫지 못하고 자신의 자유를 포기해버리는 인간에 대해서는 어떻게 하면 좋을까?"

"지원해서 구제해야 한다고 생각합니다."

"놔두면 되잖아요."

린리와 선배는 동시에 정반대 발언을 했다. 그리고 그대로 서로 노려보았다. 먼저 말을 이은 것은 선배였다.

"구제라니 구체적으로 뭐지? 바보 같은 사람이 바보 같은 행동을 못 하도록 자유를 제한, 즉 어떤 법률을 만드는 것? 그거라면 아까 안전모 이야기랑 똑같이 바보가 아닌 관계없는 사람들까지 줄줄이 엮여서 자유가 제한돼. 가장 수준 낮은 사람에 맞춰 인간의 자유를 빼앗는 법률을 만들다니 너무 이상한 이야기잖아! 그러니까 그런 바보 같은 사람은 어떻게 되든 자기 책임이니 그냥 놔두면 된다고!"

"하지만 그래서는 윤리적으로 문제가 있습니다."

"뭐? 윤리적? '자기 기준'이겠지!"

미유 선배의 목소리가 거칠어졌다.

어라, 하고 나는 좀 이상함을 느꼈다. 확실히 선배는 자유가 제한되는 화제가 나오면 항상 이런 식으로 화를 냈다. 하지만 그럴 때라도 선배는 우아하고 아름답다고 할지 잘 교육받고 자랐다고 할지, 자기 스타일을 무너뜨리지 않고 어딘지 여유 있게 굴었다. 그러나 지금 선배의 모습은 평소와 너무 다르다. 흥분해서 얼굴을 붉히며 거친 목소리를 내다니. 린리도 눈치채지 못할 리가 없을 텐데….

"하지만."

그래도 린리는 반론했다.

"인생은 평탄하지 않아요. 그때까지 만사 순조롭게 평범히 살던 사람이 어떤 일을 계기로 능력을 잃거나 낙심해서 자포자기하거나 자학적이 되기도 해요. 선배든 저든 제 소중한 사람이든 그렇게 될 가능성은 있어요. 불운하게도 그렇게 된 사람, 일시적인 감정으로 그렇게 된 사람, 타고난 핸디캡이 있어서 그렇게 된 사람, 그런 사람에게 모두 손을 내미는 것을 의무라고 생각하는 사회의 어디가 나쁜가요?"

"아니, 정치가도 마찬가지지만 대체 왜들 그렇게 약자의 눈치만 보고 약자를 우대하는 사회를 만들려는 거야. 확실히 말하겠는데 그런 것들이 정말로 필요해?"

"무슨 의미인가요? 약자를 버리라는 건가요?"

린리의 눈이 갑자기 험한 빛을 띠었다.

곤란한데. 여기에서 린리까지 더 흥분하기 시작하면 수습이 안 된다. 이 이야기는 대체 언제까지 계속되고 어디에 착지하려는 걸까.

"그래. 적자생존, 약자는 멸망한다, 그게 자연의 섭리잖아?"

"하지만 능력 문제만이 아니라 병이나 불운에 의해 약자가 된 사람도 있는데요."

"운도 실력에 속해. 먹이를 구하지 못한 동물이 초원 한구석에서 굶주려서 말라 죽어 거나 마찬가지로 불운하게도 늪에 빠져서 꼼짝 못 하게 된 동물도 그대로 죽어. 그럼 됐잖아. 무능도 불운도 어리석음도 정보 취약 계층도, 환경에 적응하지 못한 사람은 망해. 패자는 사라지고. 당연한 거야. 그걸 이상한 윤리관을 내세워서 멈추려고 하니까 세상이 이상해지는 거지.

생각해봐, 예를 들어 초고령화 사회에서 경제 활동도 못 하는 병든 노인이 앞으로 잔뜩 나올 텐데 그 의료비는 누가 내지? 고령자는 약자고 돕는 건 의무니까 젊은 사람은 자기 재산을 내놓는 게 당연하다는 거야? 그런 식으로 도덕을 방패 삼아서 젊은이를 강제로 노동하게 하는 사회를 건전하다고 할 수 있을까? 오히려 노후 자금을 모으지 못한 건 자기 책임이야. 패자 그룹 노인은 제대로 된 의료 서비스를 받지 못해서 그대로 죽는 게 당연해. 그렇게 하면 노인과 젊은이의 비율도 적절해지잖아."

"그건 폭언입니다!"

"하지만 속마음은 다르잖아. 사실 '약자나 무능한 사람, 어리석은 사람은 모두 사회에서 사라졌으면 좋겠어'라고 다들 생각할 거야. 린리 너도 무능하고 아무런 쓸모없는 이성은 교제 상대로 고르지 않잖아. 그게 패자를 잘라내는 거랑 뭐가 다르지?

패자는 선택받지 못해. 머리 벗겨지고 무능한 박봉의 교사가 계속 결혼 못해서 유전자를 후세에 남기지 못하는 것과 마찬가지지."

선배, 그것도 상당한 폭언이에요!

선생님의 반응이 신경 쓰였지만 여기에서 노골적으로 보는 것은 위험하다. 나는 노트를 보는 척하며 시선을 아래로 떨궜다.

교실 뒤쪽에서는 선배의 이상한 모습을 의아해하는 웅성거림이 들렸지만, 당사자인 선배는 눈치채지 못하고 더욱 흥분해서 말을 이어갔다.

"다들 자유롭게 하고 싶은 걸 해서 이긴 사람은 살아남고 진 사람은 사라지는 거야. 그런 격차 사회면 된다고. 그런데 격차를 문제시해서 그 격차를 메우려고, 패자를 구하려고 소리 높여 외치는 위선자가 있으니까 세상이 부자유해지고 발전하지 못하는 거야.

그러니까 결국–

운 나쁜 사람, 무능한 사람, 바보 같은 사람, 그런 인간은 다–."

선배는 마침내 결정적인 말을 입에 올렸다.

"죽으면 된다고 생각해!"

….

선배의 고함지르는 듯한 말투, 그리고 말한 내용의 과격함에 교실이 쥐죽은 듯 조용해졌다.

바보 같은 인간을 자유주의는 어떻게 해야 하는가로 시작된 토론.

그 토론의 종착역.

자유주의가 다다른 끝.

'바보 같은 인간은 죽으면 돼.'

확실히 그럴지 모른다. 인간 중에는 현명한 자도 있는가 하면 어리석은 자도 있다. 그리고 어리석은 자는 그 어리석음 탓에 손해 보고 상처 입고 밑바닥으로 떨어진다. 하지만 본래 그것은 자기 책임이며 그 격차를 무리하게 메우려 하면 자유주의가 가장 금하는 행위인 부의 재분배 등 남에게 구제를 강제하는 것으로 이어진다.

그러니까 어리석은 자는 방치할 수밖에 없다. 예를 들어 죽을 것 같은 상황이었다 해도 그것이 자유주의의 원리 원칙에 따른 경우의 논리적 귀결이다.

하지만 과연 그것이 옳다고, 정의라고 말할 수 있을까.

"큭큭큭."

그때 자리에 어울리지 않는 웃음소리가 들렸다. 너무 어울리지 않아서 처음에는 웃음소리라는 것도 몰랐다. 웃음소리의 주인공은 가자마쓰리 선생님이었다.

"과연… 바보는 죽으면 되나."

그때까지 말없이 이야기를 듣고 있던 선생님은 비웃는 듯한 표정으로 웃음을 참으며 어깨를 떨고 있었다. 그러고선 선배 쪽으로 고개를 돌리더니 앞줄의 우리에게만 들릴 정도로만 말했다.

"너희 아버지처럼 말이지?"

선배는 반사적으로 책상 위의 노트를 집어서 선생님을 향해 내던졌다. 선배는 노트는 물론이고 필기도구조차 책상에 꺼내놓지 않았기 때문에 그것은 내 노트였다. 엄청난 사태에 나는 그저 멍하니 있었고 교실은 이내 소란스러워졌다.

선배는 일어서더니 그대로 교실 출입구 쪽으로 걸어가기 시작했다.

나는 뭔가 말을 하려고 입을 벌렸지만 말이 나오지 않았다. 그러는 사이에 선배는 교실에서 나가버렸다.

6장

격차를 벌리고 약자를 배제해도 될까?
― 자유주의의 문제점

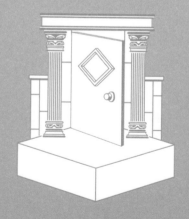

윤리 수업 다음 날.

학생회실에 들어가니 린리가 칠판 앞에 서 있었다. 칠판에는 큰 글자로 자유주의의 문제점이 항목별로 쓰여 있었다. 이건… 공리주의 때와 똑같다. 또다 같이 토론하자는 건가. 아니 솔직히 좋은 기억은 없는데….

그 토론의 최초 희생자인 지유키는 나보다 먼저 와 있었다. 앞으로 일어날 일을 우려하는지 불안한 얼굴로 자리에 앉아 있었다.

지유키와 눈이 마주쳤다. 딱히 어디라고 하기 힘든 복도에서 있었던 일 이후 어쩐지 어색해져서 거의 대화를 나누지 않았지만 언제까지나 이대로 지낼 수는 없다.

나는 눈 딱 감고 지유키의 왼쪽 옆자리에 앉기로 했다. 내 쪽에서 보면 오른쪽 옆인 지유키는 놀란 표정을 지었으나 이내 기쁜 듯이 미소 지었다.

윽…. 조금 귀엽다. 그리고 역시 이 자리가 마음이 차분해진다. 그렇게 생각하고 미소로 답하자, 지유키는 얼굴이 새빨개지더니 황급히 칠판 쪽을 보았다.

그때 미유 선배가 들어왔다. 어제 수업에서 있었던 일 따위는 신경 쓰지 않는다는 듯이 선배는 콧노래를 부르며 들어왔지만 칠판에 있는 글자를 알아보고 마치 일시정지 버튼이 눌린 동영상처럼 움직임을 멈추었다. 잠시 후 선배는 작게 한숨을 쉬고 "좋아, 얘기해보자"라며 자리에 앉았다. 이 여유 있는 행동이 평소의 선배다워서 나는 마음이 놓였다.

곧 내 안도감을 날려버리듯 린리가 크게 헛기침을 한 뒤 "그럼" 하고 정기회의 개시를 엄숙하게 선언하려는 찰나, 선배가 손을 들었다.

"그 전에."

그때 선배는 개인적인 이야기를 시작했다.

✳ ✳ ✳

미유 선배. 3학년. 학생회 서무이자 전 학생회 부회장.

어느 재벌가 아가씨로 해외 유학 경험이 있는 학생, 그리고 미인.

전부 갖춘 여자인 미유 선배의 예전 이야기는… 예상보다 평범했다. 대단한 집안 딸답게 선배는 어린 시절부터 당연히 갖추어야 할 소양을 익히기에 바빴다. 또래와 노는 것도 허용되지 않고, 예의범절이며 여러 가지를 익히느라 하루하루가 바빴다.

선배를 그렇게 만든 사람은 선배 아버지였다. 아무래도 극성 엄마가 아닌 극성 아빠가 활개를 치며 특히, 공부에 대해서는 반쯤 붙어 앉아서 철저하게 가르친 듯했다. 선배의 부모는 남들에게 교육을 잘 시키고 있다는 소리를 들었지만 선배에게는 숨 막히는 나날이었다.

참고로 선배가 초심을 잃지 않기 위해 언제나 가지고 다닌다는 어린 시절 사진을 보여주었는데, 사진 속 선배는 긴 검은 머리에 앞머리를 가지런히 자른 얌전한 인형과 같은 모습이었다.

그러던 사람이 어째서 지금은 이토록 편안한 자세, 윗옷 단추를 풀어 젖힌 교복, 교칙에 걸리기 직전의 웨이브를 넣은 밝은색 헤어스타일을 하고 있을까. 지유키도 마찬가지지만 어린 시절하고 너무 다르다.

아니지…, 하긴 나도 남 이야기를 할 처지는 아니다.

"아빠하고 싸웠어."

선배는 자신이 변한 계기에 대해 그렇게 이야기했다.

열네 살 중학생 때, 선배는 사사건건 사고방식과 행동을 강요하는 극성 아빠에게 처음으로 반항했다. 이유는 단순했다. 자유롭고 싶었다. 해외에서 별거 중이던 어머니의 지원으로 그대로 유학길에 올랐다. 선배는 바라던 것을, 자유를 얻는 데 성공했다. 역시나 선배가 자유를 존중하고, 매사 강요하는 사람들을 거부하는 마음의 원천은 아버지에게 받은 억압에 있었던 건가.

그런데 선배의 이야기는 여기에서부터 완전히 달라졌다.

선배가 유학을 간 이후 아버지가 마약에 손을 댄 것이다.

"딸이 자기를 미워한 게 충격이었겠지. 그야말로 애지중지 키운 소중한 외동딸인데 그 아이가 자기 의지로 떠나버렸으니까. 배우자와 관계가 잘 풀리지 않은 것도 타격이 컸을 테고. 그런 이유로 자포자기했다는 얘기야. 그렇더라도 정말 바보 같지. 마약에 손을 대다니…."

선배는 마약에 빠진 아버지가 그 뒤 어떻게 추락했는지 전말을 상세하게 말해주었다. 마치 남의 일처럼, 평소 같은 가벼운 말투로.

하지만 그래도….

아버지는 최종적으로 어떻게 됐을까. 그에 대해서 선배는 마지막까지 언급하지 않았다.

지금 선배 아버지는 어떻게 하고 있을까. 입원해서 요양 중일까, 그렇지 않으면 이미 회복해서 건강하게 지내고 있을까. 아니면….

나는 어제 수업에서 있었던 일을 떠올렸다.

바보는 죽으면 돼…. 너희 아버지처럼 말이냐.

선배와 윤리 선생님의 대화로 보건대 선배 아버지는 이미 돌아가셨다고 생각하는 것이 타당하겠지.

….

확실히 어제 우리는 윤리 수업에서 마약에 손을 대는 바보 같은 사람을 어떻게 하면 좋을지 토론했다. 아마 그에 이어지는 내용을 오늘 여기에서 이야기하려는 것 같지만… 그리고 린리는 분명 자유주의가 얼마나 도덕에 반하는 사상인지 철저하게 논증하려 하겠지만…, 선배의 이야기를 들은 지금 그렇게 하기에는 마음이 불편하지 않을까?

약자는 잘라내고 바보는 죽으라는 발언 탓일까? 린리는 어제와 다름없이 눈초리가 험악했다. 무슨 일이 있어도 어제 선배가 한 발언을 철회시키려는 것 같다.

하지만…. 그러려면 선배의 마음의 상처, 아니 이런 틀에 박힌 가벼운 표현조차 하기 꺼려지는 선배의 괴로운 기억을 다시 들추어야 하니 나로서는 이에 찬성할 수 없다.

"저기…."

나는 입을 열었다. 다들 이쪽을 돌아봤다. 린리가 당장이라도 선배와 논쟁을 시작할 것 같아서 우선 화제를 바꿀 만한 말을 얼떨결에 꺼냈다.

"윤리 선생님하고는 어떤 관계예요?"

내가 생각해도 바보 같은 질문이었다. 하지만 바보든 뭐든 좋다. 화제만 바꿀 수 있다면. 내 갑작스러운 질문에 선배는 어리둥절한 표정을 지었지만 잠시 후 충격적인 발언을 했다.

"아, 선생님하고는 애인 사이였어."

"뭐! 애인이라니… 그 윤리 선생님하고?!"

지유키가 화들짝 놀랐다. 지유키, '그'를 붙이다니 실례잖아.

"실은 그래. 주위에서 반대해서 결국 헤어졌지만."

와, 그랬구나. 사람은 보기와 달리, 아니 보기와 같이, 라고 해야 하나. 어쨌든 어른 같은 성숙한 느낌이 있다고 전부터 생각했는데, 어른과 사귀어서 그랬던 건가. 흠, 역시.

내가 선배를 새삼스럽게 뚫어져라 처다보고 있으니 –

픽!!

오른쪽 옆에서 팔꿈치 킥이 날아왔다. 윽! 이것 또한 그리운 아픔이다.

지유키… 기운을 차려서 다행이다. 그리고 됐어, 이런 흐름이면 괜찮다.

"윤리적으로 문제가 있습니다!"

린리가 외쳤다. 그러나 평소의 박력은 없어지고 조금 얼빠진 듯 멍한 데다 목소리도 삐끗했다. 어쩌면 완고한 린리에게는 연애 이야기가 거북한지 모르겠다.

"어머? 윤리적으로 뭔가 문제가 있어?"

"으윽."

린리답지 않은 소리를 내고 말문이 막히더니 여태껏 본 적이 없을 정도로 이마에 식은땀을 흘리기 시작했다. 아무래도 린리 안에서 갈등이 일어난 것 같다.

대충 상상은 간다. 애인 사이라고는 했어도 어디까지나 플라토닉한 관계였을 수 있다. 어떤 관계였는지 확실하지도 아닌데 윤리에 어긋난다고 판단하는 것은 경솔한 생각이다. 물론 세상에는 교사와 학생이 사귀는 사이라는 것 자체가 윤리에 어긋난다는 견해도 있지만 그 역시 플라토닉한 관계라면 아슬아슬하게 세이프가 아닐까. 사람이 사람을 사랑하는 것은 지위나 직업으로 막을 수 없고 그래야만 사랑이라고도 할 수 있다. 그 점을 무조건 부정하는 것은 좋지 않다.

아마도 그런 생각을 하고 있지 않을까.

"죄송합니다… 편견이었어요. 윤리적으로 문제없습니다."

잠시 후 린리는 그렇게 대답했다.

린리로서는 보기 드문 태도였다. 역시 연애 이야기에 대해서는 평소의 날카로운 맛이 없다.

자, 흐름이 좋군. 그러나 —

"그럼 자유주의의 문제점에 대해 서로 이야기해보려고 하는데요."

다음 순간, 린리는 벌써 평정을 되찾았다.

너무 쉽게 생각했다…. 모처럼 이런 흐름으로 선배에게 좀 더 이야기를 들고 연애 이야기랄까, 여자들만의 이야기랄까, 그런 화제로 열을 올리다가 오늘은 이만 해산, 이렇게 되기를 바랐는데.

"아, 선생님하고 있었던 일, 좀 더 듣고 싶네!"

지유키가 내 얼굴을 흘끔 보더니 조금 큰 소리로 말했다. 내 생각을 알아챘구나. 역시나 소꿉친구다. 윤리 선생님이 싫을 텐데도 역시 넌 좋은 녀석이야. 와, 오늘 지유키에 대한 호감도가 엄청 올라갔다.

그러나 린리는 책상을 탕 쳤다.

"연애 이야기는 회의 끝나고 해주세요."

이미 회의 모드에 들어간 린리는 차가운 표정으로 말했다.

문제 1:
부의 재분배를 멈추었을 때 일어나는 격차 확대, 약자 배제

"먼저 조금 되짚어볼 텐데요, 자유주의의 주장은 명확합니다. 타인에게 위해를 가하지 않는 한 마음대로 하라는 것. 참고로 벤담의 제자 밀은 《자유론 *On Liberty*》이라는 책에서 같은 말을 했고 이것에 '위해 원칙'이라고 이름 붙였습니다."

"어, 밀 개가 왜? 밀은 공리주의자 아니었어? 설마 배반?"

지유키는 여전히 역사에 이름을 남긴 위대한 철학자를 제자 취급했다.

"미묘한 부분이지. 독자 노선, 또는 배반이라고 해도 될 수도. 밀은 벤담의 제자뻘이지만 스승의 이론에 모두 찬성한 것은 아니었으니까."

확실히 행복을 쾌락의 양으로 측정한다는 벤담의 이론에도 정면으로 반대했지.

"아, 하지만 자유주의라고 해도 밀은 약한 자유주의자였던게 아닐까? 그렇다면 공리주의의 동료 같은 거고…."

지유키는 밀이 공리주의 진영인 점에 집착했다. 린리는 잠시 생각에 잠겼다가 이야기를 이어나갔다.

"밀은 인간이 행복해지는 조건을 '자유인 것'이라고 생각했으니까 그런 의미로는 약한 자유주의자라고 할 수 있을지 모르지만, 아까 말한 '위해 원칙(위해를 가하지 않으면 마음대로 하라는 원칙)'처럼 강한 자유주의 같은 주장이 어느 정도 섞여 있어.

예를 들어 밀이 위해 원칙을 이끌어낸 논리는 다음과 같아.

1. 민주주의는 다수파의 취향에 따라 법률이 정해지기 때문에 소수파의 취향이 제한되는 경향이 있다. 이것을 '다수파의 폭거'라 부른다.
2. 다수파의 폭거가 행해지면 개인이 자유롭게 자신의 취향(행복)을 추구하지 못하는 사회가 되고 만다. 따라서 위해 원칙을 제창한다.
3. 위해 원칙이란 '타인에게 위해를 가하지 않는 한 마음대로 하라' 또는 '타인에게 위해를 가하지 않는데 사람의 자유를 제한하는 법률을 만드는 것은 부당하다'는 국가 운영의 원리 원칙이다.

이렇게 말이지."

확실히 강한 자유주의 같은 느낌이다. 공리주의적으로 말하면 다수파가 불쾌하게 여기는 것은 배제하는 편이 전체의 행복도가 높아질 듯하지만 밀은 군이 자유 쪽을 우선했다는 건가.

"헤에, 그러네. 그럼 밀은 바보의 자유에 대해서는 어떻게 생각했을까?"

선배에게서 갑자기 핵심을 찌르는 질문이 나왔다.

"밀은 교양 없는 인간, 미개한 인간에게 자유의 권리는 없다고 했어요. 그 외에 경제력 없는 인간에게는 결혼을 금지하는 것이 당연하다고도 했고 자식 교육을 게을리한 부모에게는 벌금을 물리라고도 했고요."

"홋, 역시 밀이야. 거만한 엘리트 의식. 나도 본받아야겠어. 어찌 됐건 지금 그 주장을 보니 밀은 강한 자유주의는 아닌 것 같네."

"그런가요?"

"그래. 바보든 가난뱅이든 교양 없는 사람이든 미개한 인간이든 인간으로 태어난 이상은 무조건 자유를 보장한다. 그게 강한 자유주의지."

"확실히… 듣고 보니 그렇군요."

"다행이다! 그럼 밀은 약한 자유주의, 공리주의 쪽이네!"

린리와 선배가 전초전으로 가볍게 대화를 주고받는 와중에 지유키는 엉뚱한 대목에서 안심하고 있다.

아, 오늘은 분위기가 괜찮군. 이 정도에서 이야기가 끝나면 좋겠는데.

"그래서 강한 자유주의의 뭐가 마음에 안 드는 거지?"

이야기는 한 치 어긋남 없이 핵심으로 향했다.

"단적으로 말하면 자유주의만으로 사회가 형성되면 격차가 벌어지고 최종적으로는 약자가 죽습니다."

"그래서? 딱히 죽어도 괜찮잖아. 그게 내 대답인데?"

"죽는 것보다 죽지 않는 사회 쪽이 선한 것은 틀림없지요."

"그래. 하지만 나는 누군가를 죽지 않게 하기 위해 다른 사람의 소유물을 멋대로 빼앗아서 재분배하는 사회 쪽이 선하지 않다고 생각해. 그건 약자라는 특정 소수 세력을 우대하기 위해 인간의 권리인 재산소유권을 짓밟는, 말하자면 도둑을 긍정하는 사회라는 거잖아."

"하지만 그렇게 해서 약자 따위 죽어도 된다고 궁지로 몰면 그 약자가 사회에 복수할지도 모르죠. 무차별 살인처럼요."

"뭐라고? 날뛰는 게 무서우니까 약자에게 돈을 주라는 거야? 그건 테러에 굴복하라는 말이잖니. 사람이 무차별로 살해당하고 싶지 않으니까 상대의 요구를 들어주고 재산을 건넨다. 어떻게 생각해도 정의의 행위가 아니라고 봐."

"…."

대단하다. 린리가 잠잠해졌다.

공리주의 때는 행복의 정의와 그 계산식에 애매한 부분이 있었으니 계속 지적했지만 자유주의는 다르다. 타인에게 위해를 가하지 않는다면 뭐가 됐든 그 사람의 자유를 빼앗지 마라, 라는 단순한 논리. 단순함은 단순하기에 강하다.

특히 '약자는 죽어도 된다, 누가 불행해져도 상관없다, 그보다 개인의 권리를 지켜라' 이렇게까지 단언하면 이쪽은 아무 말도 할 수 없어진다. 어떤 비판이나 문제를 제시해도 "아니, 그런 건 됐어, 그보다 개인의 권리를 지켜" 하고 되받아칠 뿐이니까.

"알았습니다. 그럼 다음 문제점으로 넘어갈게요."

린리도 그 점은 알고 있는지 일찌감치 토론을 마무리했다.

문제 2:
자기 책임, 개인주의의 만연에 따른 도덕의 저하

"극단적인 자유주의가 대두되고 약자 잘라내기가 실제로 행해질 경우, 자신만 괜찮으면 타인은 어떻게 되든 상관없다는 지나친 개인주의가 만연하고, 그 결과로 배려 없는 살벌한 사회가 되지 않을까요?"

"무슨 소리지? 그 인과관계가 잘 이해되지 않는데. 부의 재분배를 확실하게 해서 약자의 생활을 보장하는 선진국, 예컨대 일본에도 역시 배려심 있는 사람만 있는 것도 아니고 개인주의가 일상적으로 만연해 있잖아. 그건 자유주의인지 아닌지와 관계없이 사람들이 각자 가지고 태어난 성격의 문제 아냐?"

"그러나 곤란한 사람이 있어도 도울 의무는 없으니까 자유주의가 극단적으로 진행되면 지금보다 더 타인에게 냉정한 것을 당연하게 여기는 메마른 사회가 되리라고 보는데요."

"그래? 자유주의를 철저히 했을 경우, 나라가 부자에게서 빼앗은 돈으로 도와주지 않게 될 테니 병들거나 움직일 수 없어졌을 때를 대비해 오히려 적극적으로 가족이나 친구를 만들거나 이웃과 어울리는 것을 중요시할지 모르지. 다른 사람과 관계를 최소한이라도 유지하지 않으면 무슨 일이 있을 때 정말로 곤란하잖아. 그렇게 생각하면 오히려 교제를 중시하는 좋은 사회가 될테고.

하지만 지금은 어때? 결혼도 하지 않고 친구도 사귀지 않고 귀찮다고 친척과 연도 끊고 이웃하고도 계속 갈등을 일으키다가 그대로 노인이 되면 최악의 경우에 나라가 어떻게든 해줘서 죽지 않고 살아갈 수 있지. 나는 그게 더 좋지 않다고 보고, 또 오히려 타인과의 관계를 필요로 하지 않는 지나친 개인주의를 조장하고 있다고 생각해."

"…"

"그리고 또 하나 잘못 생각하는 건 자유주의는 도와주는 것도 도와주지 않는 것도 자유라고 말할 뿐이지 도와주지 말라고 장려하는 게 아니야. 그러니까 여유가 있고 돕고 싶은 생각이 있는 사람은 마음대로 도와주면 돼. 아마 자유주의를 촉진하면 오히려 기부하거나 자발적으로 약자를 돕는 사람이 늘어날 거야.

지금은 강제적으로 세금으로 빼앗기니 남을 돕는다는 사실을 실감하지 못한 채로 약자를 돕지만, 만일 나라나 다른 사람이 아무도 약자를 돕지 않으면 '그럼 내가 도와야겠다'는 의식이 발동하겠지. 만일 약자를 돕는다 해도 그 편이 건전하고 자연스럽고 더 정의롭다고 생각하는데."

"알았습니다. 그럼 다음 문제점으로 넘어가죠."

빠, 빠르다!

문제 3:
당사자 합의에 따른 비도덕 행위의 증가

"장기매매… 인신매매… 매춘… 식인. 이런 문제에 대해서는 어떤가요? 일반적으로 절대 인정되지 않는 비도덕적이고 역겨운 행위지만…, 자유주의에서는 당사자 사이에 합의가 있으면 문제없는 것으로 되어 있는데요."

"그래. 딱히 괜찮지 않아? 서로 합의했잖아. 아무 문제도 없다고 생각해."

"그런가요…."

"잠깐만!"

나는 참지 못하고 외쳤다. 이 문제에 대해 결론을 내리기는 너무 빠르잖아.

"후후, 마사요시에게는 과격한 발언으로 들린 것 같네."

선배가 마치 윤리 선생님 같은 말투로 말했다.

"하지만 생각해봐. 당사자끼리 합의했다고. 아무 문제도 없잖아?"

"아뇨, 하지만…."

선배가 말하는 것은 알겠지만 그래도 감정적으로는 도저히 인정할 수 없다. 나는 부정하기 위해 머리를 굴렸다.

"예를 들어 부자인 사람이 있는데 생활이 어려운 사람에게 이렇게 말했다고 해요. '이봐, 자식의 뒷바라지는 내가 해줄 테니 당신 몸을 해부하게 해줘. 나는 남이 고통스러워하는 얼굴이나 피와 내장을 보는 걸 아주 좋아하거든. 돈이 필요하지? 자, 합의해줄 거지?'라고요."

일단 이야기에 설득력이 실리도록 음산한 느낌으로 실감나게 말해봤지만… 오히려 이상하게 되고 말았다. 어쨌든 나는 계속했다.

"이때 생활이 어려운 사람은 자식을 살리기 위해 부자의 말에 동의할 수밖에 없으니 이 역겨운 요구를 받아들일 수밖에 없어요. 이것이 과연 선한 일인가 하면…."

"선한 일이잖아?"

"네?!"

이럴 수가. 내 예상으로는 여기에서 선배가 자신의 주장이 틀린 것을 인정하고 항복하는 전개였는데.

"전혀 선한 일이 아니죠! 형편이 어려운 사람은 좋아서 그렇게 선택한 게 아니라 경제적으로 쪼들려서 어쩔 수 없이…."

"아니, 그 사람은 자신의 희망대로 선택했을 뿐이야. 만일 정말 싫다면 거절했으면 됐잖아."

"그러니까 그 사람에게는 그것밖에 선택지가 없었다고요."

"그게 아니지. 선택지는 얼마든지 있어. 예를 들어 자식을 데리고 멀리 가서 큰 소리로 '생활이 어렵습니다. 도와주십쇼'라고 외치면 혹시 어떤 호인이 도와줄 수도 있지."

"그렇게 일이 잘 맞아떨어질 리가."

"절대 없다고 단언은 못 하지?"

"그건 뭐…."

절대라고까지 단언할 수는 없다.

"선택지가 무한히 있을 텐데 일부러 자기 신체를 팔아넘겼으니까. 그건 그 사람이 자기가 좋아서 자유롭게 결정한 일이지. 그렇다면 그 사람의 선택을 존중해야 한다고 생각해. 게다가… 어쩌면 '해부당하는 게 어린 시절부터 꿈이었어요', 이런 특이한 사람이었을지 모르고. 그걸 네가 자기 가치관으로 부정하고, 역겹다고 일방적으로 단정하는 것 자체가 억압이고 폭력 아닐까?"

"음…."

"생각해봐, 얼마 전까지는 동성애를 역겨운 행위라고 하는 풍조가, 특히 기독교권에서는 있었지만 지금은 어느새 동성애를 비판하는 건 이해가 부족한 것이고 차별이자 인권 침해가 되었잖아. 즉 가치관은 시대에 따라 변화하는 법이야. 그런데 고작 네가 자기 가치관을 절대적인 것이라며 타인에게 강요하는 건 절대적으로 틀렸다고 보는데."

"으음…."

"그 전제로 묻겠는데, 장기매매, 인신매매, 매춘, 식인, 그리고 동성애. 어른끼리의 합의를 바탕으로 한 이런 행위 어디에 문제가 있어?"

"으으음."

인정하고 싶지는 않지만… 논파당한 기분이다. 강하다… 지나치게 강하다. 강한 자유주의가 이토록 강할 줄이야.

"아니, 마사요시, 입 다물고 있지 말고. 나는 질문에 대한 답을 원한다고. '예'야? '아니요'야? 네 개인으로서도, 학생회장으로서도 확실하게 말해줄래? 가능하면 답변은 SNS에도 올려주면 좋겠고."

선배는 강한 자유주의자일 뿐 아니라 사디스트기도 했다. 지금 그 말은 "예, 문제가 있습니다, 합의를 했어도 동성애는 잘못된 거예요"라고 대답하든가 "아뇨, 문제없습니다, 합의를 했다면 매춘은 옳아요"라고 대답하라는 양자택일이고 어느 한쪽을 SNS에 올리라는 말이다.

그랬다가는 끝장이다. 내 학생회장으로서의 경력이, 아니, 학교생활이 끝나고 만다.

'완전 낭패군. 도와줘!'

절실히 구조를 바라며 주위에 시선을 보냈지만, 지유키는 학생회 전용 태블릿을 책상 위에 펼치고 인터넷에서 뭔가 열심히 검색하고 있었다. …아니, 그게 아니잖아! 아무것도 검색하지 않고 있다는 것은 부자연스럽기까지 한

빠른 스크롤과 기계적으로 올렸다 내렸다 하기만 하는 손가락의 움직임으로 훤히 보였다. 이런, 지금은 바쁘니 도와줄 수 없다는 건가!

그렇다면, 하고 나는 린리 쪽을 보았다. 린리는 내 시선에 담긴 의도를 알아채고 진지한 얼굴로 고개를 끄덕였다. 오오, 적으로 돌리면 위험하지만 내 편이 되면 참으로 든든하다.

"미유 선배."

린리가 말했다.

"뭐지?"

"선배는 장기매매 등 일반적으로는 비도덕으로 취급받는 행위라도 자유 의지로 개인이 합의해서 선택한 것이라면 문제없다고 주장하는데요."

"그런데 왜?"

"그런 일이 혈연… 소중한 가족… 예를 들어서 아버지에게 일어났다고 해도 똑같은 말을 할 수 있나요?"

선배는 순간 움직임이 딱 멎고 얼굴에서 표정이 사라졌다.

어… 아니, 린리, 잠깐만. 그러면 안 되지. 이렇게 되지 않도록 내가 지금껏 그 화제를 피해왔는데.

선배는 후우 하고 숨을 크게 토해냈다. 그러더니 느릿한 말투로 대답했다.

"딱히 그게 아버지 신상에 일어난 일이든 뭐든 관계없어. 뭘 하든 개인의 자유 의지라고 생각하는데?"

"정말이에요?"

그러나 린리는 포기하지 않았다.

"아버지가 마약에 빠져서 몸과 마음이 병들었다 해도, 그렇게 될 것이 명백했다 해도, 그것도 개인의 자유라고… 마약을 끊도록 강제하면 안 된다고 정말로 생각하나요?"

"…"

"사실은 말리고 싶었다…. 하지만 말리지 못해서 아버지가 죽었기 때문에 그건 아버지가 자유롭게 결정한 일이고 어쩔 수 없었다고 자신을 납득시키려는 건 아닌가요?"

"린리!"

말이 너무 지나치다. 나는 무의식중에 린리의 이름을 외쳤다.

"어지간히 물고 늘어지는구나."

선배는 깊이 숨을 들이쉬고 나서 길게 숨을 토해냈다. 마음을 가라앉히려는 거겠지. 원래 같으면 지난 수업 때처럼 화를 내며 이 자리에서 떠나도 전혀 이상하지 않다. 그 정도로 린리의 말은 무신경했다. 그러나 고맙게도 선배는 상급생으로서, 연상으로서 침착하게 대응하려고 애썼다.

우리는 말없이 선배의 반응을 기다렸다. 잠시 후 평소의 모습으로 돌아온 선배는 "저기, 린리" 하고 말을 이어갔다.

"원칙적으로 생각하자. 자기 신체의 소유자는 물론 자신이야. 그러니까 그 신체를 자유롭게 써도 되는 권리는 당연히 자신에게 있고 자신에게밖에 없어. 그런데 여기서, '그렇지 않다, 네 신체는 네 것이 아니다, 같이 사는 가족 것이다, 길러준 국가 것이다' 하는 식으로 말을 꺼내면 그건 명백히 인권 침해고 이상한 이야기지. 그러니 자기 신체나 인생에 대해서는 스스로 자유롭게 결정할 수 있고 그래야 해. 이건 인간으로서 절대적인 권리라고 생각해."

바로 기본적 인권이라는 거다. 그에 대해서는 다른 의견을 제시할 여지가 없다.

선배는 "그렇기 때문에"라며 이야기를 계속했다.

"비록 부모 자식 간이라 해도 본인이 스스로 결정한 것에 대해서는 서로 존중해야 해. 린리 너도 싫을 거 아니야. 자기가 정한 것을 부모님이 무조건 제한하면. 적어도 난 싫어."

"그건 선배가 마약을 하기로 결정했다고 해도 말인가요? 부모님에게도 우리에게도 말릴 권리는 없다고요?"

린리는 어디까지나 직접적이었다. 선배는 조금 생각한 뒤 "뭐, 내가 자유롭게 판단할 수 있는 권리를 가진 어른인지 아닌지는 제쳐두고, 만일 어른이라면, 하는 가정하에 하는 이야기인데"라고 미리 말한 뒤 대답했다.

"지금 내가 마약을 하려고 결심했다면 거기에는 분명 그에 따른 이유가 있을 거야. 내 나름대로의 이유가. 물론 그만두라고 타인이나 부모가 의견을 내는 건 자유지만, 그 의견을 듣고도 내가 역시 약을 하겠다고 판단했다면… 이제 그냥 놔둬주길 바라고, 놔둬야 한다고 생각해."

사람에게는 스스로 정한 인생을 살아갈 권리가 있다. 그 살아가는 방법에 따라서 본인이 얼마나 불행해지든 타인이 봤을 때 얼마나 바보 같은 행위든 간에.

분명히 그것은 정론이고 그 선택에 따른 폐해를 본인이 모두 책임지겠다고 각오하고 정했다면 타인인 우리는 더 이상 아무 말도 할 수 없다. 만일 그렇지 않다면…, 전제가 된 기본적 인권이라는 대목에서부터 뒤엎어야 한다.

그때였다.

"정말 그런가요? 우선 최초의 원리적 부분에 대해 이의가 있습니다."

린리는 간단하게 부정했다.

"뭐? 설마 자기 신체는 자기 소유물이고 자유롭게 해도 되는 권리가 있다는 인권 부분부터 부정하는 거야?"

"아뇨, 그건 부정하지 않아요. 확실히 자기 신체는 자기 소유물이고 자유롭게 해도 되는 권리가 있다고 저도 생각해요. 하지만 10년 뒤의 자신에 대해서는 어떨까요?"

"10년 뒤?"

"예를 들어 마사요시가 평생 제게 지배를 받기로 맹세했다고 하죠. 이건 마사요시가 자유로운 의지로 선택한 거예요. 그렇게 결정하고 저와 노예 계약을 맺은 이상, 저에게 확실하게 복종해야 합니다. 그러나 '10년 뒤의 마사요시'에게는 그 일이 바라는 바가 아닐 수 있어요. 즉 '왜 그런 계약을 했을까' 하고 10년 뒤에 후회하는 거예요. 이런 사례처럼 먼 옛날에 자신이 한 판단에 따라 현재 자신의 인생이 구속되는 건 이상하지 않나요?"

"음, 그러네… 10년 뒤라고 하지 말고 3년 뒤, 아니 1년 뒤라도 그래. 지금과 그때의 나는 사고방식이나 가치관이 완전히 달라졌을지 모르지. 말하자면 타인처럼 말이야. 그런데 지금 여기에서 먼 미래의 나에 대해 행동을 제한하는 계약을 맺는 건 미래의 자신, 즉 타인의 자유를 빼앗는 것과 동등한 일이 된다…."

선배는 논리를 하나하나 확인하듯 중얼거린 뒤 말했다.

"그래, 좋아, 인정할게."

그리고 말을 이어갔다.

"하지만 그건 원래 당연한 이야기야. 비즈니스 계약서에도 '영원히 이 계약을 맺는다' 같은 형식은 있을 수 없고 대개는 '1년마다 서로의 의사를 확인하여 의심스러운 부분이 없으면 계약을 계속한다' 같은 식으로 쓰지."

"네, 그래요. 현재의 자신은 먼 미래의 자신을 타인처럼 취급하기 때문에 그 자유를 제한하는 선택 행위는 자유주의에서도 문제가 된다고 봅니다."

"그러네. 마사요시가 린리에게 영원한 노예 계약을 맺는 맹세를 하는 건 개인적으로는 보고 싶지만 자유주의적으로는 선하지 않은 일이라고 인정할게."

"엥! 그럼 1년마다 갱신한다면 마사요시를 노예로 삼아도 된다는 거야?"

지유키가 말했다. 왜 네가 솔깃해하냐.

"그거라면 오케이."

지유키의 질문에 선배가 엄지손가락을 세우고 답했다. 아니, 내 자유 의지와 인권은 어디로 갔나.

"그렇다면."

린리는 겨우 돌아온 스스럼없는 분위기에 비집고 들어가듯 말했다.

"마약을 피운다고 한 그 후의 인생, 즉 미래를 망치는 행위는 자유주의에서 부정해야 하지 않나요?"

"아…."

선배는 입을 다물었다. 확실히 논리적으로는 그렇게 된다. 먼 미래의 자신을 '타인'으로 가정한다면 그 타인의 자유를 빼앗는 행위, 예컨대 10년 뒤의 자신이 심한 장애를 입거나 죽는 행위는 10년 뒤의 자신이라는 타인의 인권을 빼앗는 셈이고 자유주의적으로는 부정해야 한다.

"우리에게는 분명히 자유롭게 살아갈 권리가 있습니다. 하지만 그렇더라도 역시 하면 안 되는 어리석은 행위가 있지 않을까요?"

그렇다. 말하자면 그 어리석은 행위가 순간적인 것이 아니라 긴 미래에 걸쳐 본인의 자유를 해치는 사례.

"···."

선배는 잠자코 있었다.

아마 선배는 지금 결론을 받아들일 수 없을 것이다. 그런 논리로 말한다면 미래의 위기를 피한다는 명목으로 안전모나 안전띠 착용의 의무부터 자유주의적으로 가장 피해야 할 쓸데없는 참견의 강요 같은 법률까지 받아들여야 하기 때문이다.

선배는 고개를 숙였다. 분명 반론을 생각하고 있겠지. 그러나 선배의 사색은 린리가 부르는 소리로 정지되었다.

"선배, 이 건에 관한 반론은 불필요해요. 저는 논리적으로 생각할 수 있는 반대 의견을 만일을 위해 제시해봤을 뿐이고 애초에 이 논리에 기대서 반대할 생각은 없어요. 그리고··· 선배라면 이 논리에 대해 얼마든지 반론이 떠올랐죠?"

"그래, 어디부터 지적할까 망설였을 정도야. 그럼 쓸데없는 시간은 줄이고 얼른 결론짓자. 린리는 뭘 어떻게 반대하고 싶은 거지?"

"그야 당연하지요. 제가 말하고 싶은 건 처음부터 '비도덕적인 행위는 윤리적으로 문제가 있으니까 안 된다'는 것뿐이에요."

린리는 어디까지나 윤리적이었다.

"린리···, 전부터 생각했는데 윤리적으로 문제 있다는 건 무슨 의미야? 아니 그보다 네가 이야기하는 윤리란 건 뭐지?"

"그건 말로는 설명할 수 없어요. 하지만 인간이라면 누구의 마음에도 있는 것… 양식… 양심. 윤리란 그 양심에 의해 알아차릴 수 있는 보편적 선, 절대적 정의라고 생각해요."

종교의 정의.

이 용어를 처음 들었을 때는 잘 와닿지 않았지만 지금 린리가 한 말로 확실히 이해되는 느낌이다. 마치 윤리가 말한 것 같은 정의의 사고방식이 그것이다. 즉 사람의 지혜를 넘어선 곳에서 모든 일의 선악은 이미 정해져 있고 게다가 그 선악은 양심이라는 애매한 것으로만 알아차릴 수 있다고 한다. 말하자면 설명이 불가능한 사고방식. 그것은 논리라기보다는 신앙을 동반하는 종교. 그러므로 -

"보편적 선이라. 그런 게 정말 있다고 생각해?"

그 종교에 속하지 않는 사람에게는 전혀 이야기가 통하지 않는다.

그래서 그 종교에 속하는 사람은 -

"저는 있다고 믿고, 선배도 믿어주길 바라지요."

이렇게 설명이 불가능한 것을 그저 끈질기게 계속 권유할 수밖에 없다.

선배는 "이런, 이런" 하며 고개를 흔들고 한숨을 쉬었다.

"믿을 수 있을 리가 없잖아. 그리고 나는 양심 같은 건 없다고 생각해."

"아뇨, 있습니다. 저는 사람마다 다르지 않은 보편적 선이 이 세상에 있다고 믿고, 동시에 그런 것을 분간하는 양심이 누구에게나 있다고 믿어요."

린리는 선배에게 시선을 똑바로 보냈다.

"믿는다, 믿는다. 하니, 마치 종교 같네."

선배는 린리의 말에 어이없다는 표정을 지었다. 역시 선배도 같은 생각이었다.

짝. 선배는 '이 이상 이야기를 따라갈 수 없다, 이제 이 이야기는 끝'이라고 하듯 과장되게 손뼉을 치고 입을 열었다.

"믿는 것도 믿지 않는 것도 린리의 자유지만 어느 쪽이든 시간 낭비야. 이 세상에 보편적 선이 있고 그걸 알 수 있는 양심이 나에게 있는가 하는 것 따위는 확인할 방법이 없으니까. 그러니 이 이야기는 이제⋯."

그러나 다시 반론이 제기되었다.

"아뇨, 있습니다."

린리는 단언했다. 그리고 가방 속을 뒤져서 우리에게 천 주머니를 건넸다.

새까만 천 주머니였다. 이게 뭐지? 어디서 본 것 같은데.

"⋯."

아, 그거다. 서양 영화 같은 데서 가끔 볼 수 있는 사형을 집행할 때 죄수 머리에 뒤집어씌우는 검은 두건이었다.

＊ ＊ ＊

⋯.

나는 아무것도 보이지 않는 캄캄한 어둠 속에 있었다.

하긴 머리에 검은 두건을 푹 뒤집어쓰고 있으니 당연한가.

"어떤가요? 아무것도 안 보이나요?"

어둠 속에서 린리의 목소리가 울렸다.

"응, 안 보이네. 그래서 뭐가 시작되는 거지?"

이것은 선배 목소리다.

"어라? 마사요시?"

이것은 지유키 목소리인데 동시에 손이 책상에 부딪히는 소리도 난 것을 보니 나에게 장난을 치려고 하다 실패했나 보다. 시야가 가려진 것을 핑계로 사람을 쿡 찌르고 "어? 무슨 일이야? 난 몰라" 하고 시치미 떼는 초등학생 수준의 진부한 장난. 그런 짓을 할 사람은 이 멤버 중에 한 사람밖에 없으니 까놓고 말해서 누군지 빤하다. 어쨌든 미리 내다보고 앉는 위치를 슬쩍 옮긴 것은 잘한 일이다.

훗, 나는 코웃음 쳤다.

"쳇!"

크게 혀 차는 소리가 난 뒤, 다시 뭔가 허공을 가르는 소리가 들렸다. 분명 코웃음 친 방향에 주먹이라도 날렸을 것이다. 하지만 나는 그것조차 역시 내다보고 진작 자리를 옮겼다.

"윽…."

분해하는 지유키의 목소리. 나는 필사적으로 웃음을 참았다. 나보다 수준 낮은 사람을 데리고 노는 것이 얼마나 유쾌한지. 과연 이것이 엘리트가 늘 맛보는 기분인가.

"꺅…, 마사요시! 어딜 만져!"

"뭐?!"

지유키의 비명에 나도 모르게 소리를 냈다.

당했다고 후회하기도 전에 먼저 내 얼굴에 지유키의 주먹이 들어왔다.

제길, 그런 뻔한 수법으로 나온다는 거지. 잠시 방심했다.

"둘 다 알콩달콩 노닥거리는 건 그 정도로 해!"

울컥한 린리의 목소리가 들렸다.

아니, 이 대화의 어디가 알콩달콩이냐고. 역시 린리는 연애에는 어둡다고 할까 어긋난 데가 있다. 참고로 린리는 검은 두건을 쓰고 있지 않다. 그러니까 나와 지유키의 행동이 모두 훤히 보였을 것이다. 물론 지금 나는 린리의 모습이 어떤지 모른다. 린리가 꺼낸 주머니는 세 장 - 나와 미유 선배와 지유키의 몫 - 뿐이었으니 아마 그럴 것이다.

"그럼 지금부터 무지의 베일veil of ignorance이라는 사고 실험을 실제로 해보고 싶은데요."

"무지의 베일?"

낯선 단어였다. 베일이란 지금 우리가 뒤집어쓰고 있는 두건을 가리키는 건가.

그런데 무지란 대체 어떤 것일까.

"오래전 미국에 존 롤스John Rawls(1921~2002)라는 철학자가 있었어요. 롤스는 학문의 세계에 정의라는 주제를 부활시킨 위대한 인물로 알려져 있죠. 만일 롤스가 없었다면 미국은 정의에 대해서 지금만큼 활발하게 논의하지 않았을 거라는 이야기까지 나올 정도로요."

흠, 그랬구나. 어쩐지 미국 하면 정의를 사랑하는 나라고 언제나 정의에 대해 논의한다는 이미지가 있었는데, 여기에 영향을 준 인물이 있었구나.

"애당초 미국은 이민자의 나라지요. 다양한 민족, 다양한 문화와 가치관이 같은 장소에 공존하는 국가라 할 수 있어요. 수업에서도 배웠죠. '인종의 샐러드 볼'이라고요."

그래, 배웠다. 그리고 예전에는 '인종의 용광로'라고 했고. 용광로는 서로 다른 문화가 다 녹아서 하나로 합쳐진다는 의미다. 하지만 현실에서는 문화가 섞이지 않고 병렬로 함께 있는 것이 정확한 모습이라 최근에는 '샐러드 볼'이라는 표현을 쓴다고 사회 시간에 배운 기억이 난다.

"미국 문화가 샐러드 볼처럼 양상추는 양상추, 토마토는 토마토, 하는 식으로 서로 섞이지 않고 같은 접시에 담겨 있다면 단일한 정의 같은 건 만들어질 수가 없어요. 양상추는 양상추의 가치관, 토마토는 토마토의 가치관으로 살아가고 서로 공유 가능한 가치관이 없으니까요. 하지만 롤스라는 철학자가 나타나서 말했어요. '가치관이 아무리 달라도, 문화나 종교나 인종이 아무리 달라도, 인간이라면 반드시 옳다고 말할 수 있는 것, 즉 정의는 존재한다. 나는 그것을 증명하는 방법을 발견했다'고요."

"뭐!"

나는 무의식중에 소리를 질렀다. 정의 같은 것은 존재하지 않는다, 있다고 해도 표면상의 원칙이라는 것이 내 지론이고 그것은 흔들리지 않는 사실이라고 여겼기 때문이다.

그런데… 정의가 있다고?

"그 내용이 담긴 책이 롤스의 유명한 저서 《정의론 *A Theory of Justice*》인데 그 책에 사람마다 다르지 않은 정의의 존재를 증명하는 사고 실험이 나와요."

"그게 무지의 베일이야?"

나는 흥분을 억누르며 물었다.

"그래. 그 사고 실험이 너무나 신선하고 뛰어나 미국에서 정의에 관한 논의가 늘어나는 계기가 되었다고 해. 여러분, 그럼 곧바로 그 사고 실험을 하고 싶은데 그 전에 부탁이 있어요. 이 실험은 여러분의 적극적인 협력이 있어야 비로소 성립되는 거라서… 확실하게 말하면 상상력, 좀 더 말하자면 굳은 믿음의 힘이 필요합니다."

"굳은 믿음?"

"네. 예를 들면 트롤리 딜레마를 떠올려보세요. 폭주하는 트롤리가 있고, 다섯 명을 죽게 내버려둘지 한 명을 희생해서 다섯 명을 구할지 선택하는 앞서 나온 사고 실험이요."

그래, 제일 유명한 실험이지. 나는 머릿속에 그 상황을 가볍게 떠올렸다.

"이 사고 실험에 대해 생각할 때, 단순한 이론이라고 생각한 경우와 정말 자기가 그 자리에 있다면 어떻게 할까 가정하고 생각한 경우에는 답이 달라질 수 있어요."

그럴까. 잠깐 해보자. 먼저 내가 그 자리에 없는 사례로 생각해보면… 제삼자의 관점에서 이론적으로 옳아 보이는 쪽을 고를 테니까…. 그래, '되도록 희생은 적은 편이 낫다, 다섯 명 쪽을 구해야 한다'라는 답을 내겠지.

그럼 내가 그 자리에 있는 사례로 생각해보면…. 아, 이건 어렵다. 내가 거기에 있다는 이야기는 선로를 전환하여 트롤리의 행선지를 바꾸는 레버가 있다 치고 그 레버를 내가 당겨서 조작해야 한다는 것이고… 다섯 명을 구하기 위해서라고 하지만 '관계없는 사람을 한 명 죽이는 레버를 당긴다'는 말이다. 그런 레버를 내가 그 자리에 있다고 정말 당길까? '희생이 적은 편이 낫지'라고 생각하며 간단히 당길 수 있을까? 아니, 당기지 않을 테고 당기지 못할 것 같다. 본래 죽지 않아도 되는, 이 건하고는 관계없는 인간을 죽이는 데 죄의식을 느끼기 때문이다.

아, 그런가. 린리의 말대로다. 확실히 답이 달라진다. 그리고 그 답이 달라지는 요인은 역시 내 안의 양심이나 윤리관일지 모르겠다.

"이런 종류의 사고 실험에 대해서 종종 이론이나 이치, 또는 이상론이라고 생각하는 경향이 있지만, 진짜 중요한 것은 '자신이 정말 현실에서 그 자리에 있다면 어떻게 할까'예요. 실제로 그 자리에 있다는 그런 구석에 몰린 상황에서야말로 그 사람의 양심, 윤리관이 드러나서 진짜 선택을 한다고 여겨져서지요. 그러니까…."

"그래그래, 알았어. 여기까지 왔으니 전부 응해줄게. 나도 내 안에 정말로 양심이 있다면 보고 싶고. 그러니까 어떤 사고 실험이든 제대로 현실이라고 상상할게. 말하자면 내가 자유주의자여서 하는 선택이 아니라 한 인간, 미유로서 현재 그 자리에 있다고 할 때 할 선택을 답하면 되는 거지? 단, 그 대신 조건이 있어."

"네, 선배가 어떤 선택을 하든 저는 그게 선배의 선택이라고 받아들이고 이의는 제기하지 않을게요."

"오케이, 그럼 더 이상 말할 건 없어. 얼른 시작하자."

"알았어요. 그러면 무지의 베일이 어떤 사고 실험인지 설명하겠습니다.

미국 이야기로 돌아가죠. 아까도 말했듯이 미국은 민족과 종교가 다른 사람들이 많이 모여 사는 다민족 국가예요. 당연히 그런 국가에서 뭐가 옳은지 뭐가 정의인지 생각하는 건 쉽지 않지요. 다들 각자의 처지에서 각자의 정의를 호소하니까요. 예컨대 기독교도는 기독교도의 처지에서, 이슬람교도는 이슬람교도의 처지에서 옳음을 이야기하겠죠. 실제로 부자는 경제 발전을 위해 부자를 더 대우하라고 할 테고 가난한 사람은 안심할 수 있는 사회를 실현하기 위해 약자를 더 대우하라고 할 거예요. 이런 식으로 각자 다른 처지에 있는 사람이 각자의 형편을 주장하니 이야기가 정리되지도 않고 모든 사람이 납득할 만한 결론, 즉 절대적인 정의를 이끌어내는 건 불가능한 것처럼 여겨져요."

완전 동감이다. 그런 것은 불가능할 테다.

"그러나 그 불가능을 가능하게 하는 아이디어를 롤스가 제시했어요. 그건 인간 전원의 머리에 무지의 베일이라고 하는 마법 아이템을 씌운다는 아이디어였어요."

마법 아이템? 아, 사고 실험이니까 만일 그런 것이 있다면, 하는 가정에서 하는 이야기인가.

"무지의 베일. 그건 뒤집어쓴 사람을 무지하게 만든다는 천(베일)인데 가공의, 말하자면 비밀 도구예요. 무지란 말 그대로 아무것도 모른다는 거고요. 단, 여기에서 모르는 것은 자기 자신에 대한 정보로 한정합니다."

"그러니까 그 천을 뒤집어쓰면 자기 자신에 대해 무지해진다는 거야? 기억 상실처럼 자기 이름을 모르게 된다든가?"

지유키가 물었다.

"그래. 이름도 그렇고 인종도 연령도 성별도… 자신에 관한 모든 것을 전부 모르게 된다는 거지."

"성별도?! 와, 뭔가 기억 상실이 된 직후에 꽁꽁 몸이 묶여서 어둠 속으로 내쫓긴 것 같은 느낌이네."

"그래, 정확한 표현이야. 그야말로 기억 상실인 인간을 그대로 구속해서 암실에 가둔 셈이지. 그 상태에서는 자신이 어떤 사람이었는지 알 수 없지. 자, 그런데 이런 무지를 일으키는 마법 아이템이 있다 치고 그걸 미국인 전원에게 씌우고 정치적인 이야기를 나누게 했다고 하죠. 이때 사람들은 어떤 사회를 만들려고 할까요? 어떤 법률, 어떤 규칙을 옳다고 판단할까요?"

그렇구나. 정리하자면 자신이 어떤 사람인지 모르는 사람들끼리 일을 결정하도록 하면 어떻게 될지를 알아보는 사고 실험이다.

"자기 자신에 대해 무지한 집단. 그들에게 다양한 질문을 하고 찬성 또는 반대를 거수하게 합니다. 이걸로 어떤 사회를 만들지 정해가는데요. 롤스는 그런 질문을 되풀이하는 사이에 특히 다음 두 가지가 '모든 사람이 공통적으로 옳다고 생각하는 것'으로 드러날 거라는 결론에 도달했어요. 바로 평등한 자유의 원칙과 차등의 원칙이에요.

우선 평등한 자유의 원칙에 대해 얘기할게요. 그들은 자신에 대해 무지한 상태여서 본인이 어떤 경우에 처해 있는지 모릅니다. 따라서 기독교도일지도 이슬람교도일지도 불교도일지도 몰라요. 백인일 수도 흑인일 수도 황인일 수도 있고요. 이성애자일 수도 동성애자일 수도 양성애자일 수도 있어요. 이처럼 자신의 정보를 모를 때, 그 사람들은 뭔가 특정한 것을 우대하는 정책을 지지할까요? 또는 특정한 것을 배제하는 정책을 지지할까요? 마사요시, 너라면 어떨 것 같아?"

"특정한 것?"

"예를 들면 기독교도는 우대하지만 이슬람교도는 배제하는 정책을 지지하겠느냐는 말이야."

"아니, 안 하겠지. 자신이 어떤 종교에 속했는지 모르니까. 기독교를 우대하는 정책을 지지해서 그렇게 결정된 후에 내가 이 베일을 벗으면 실은 이슬람교도일 가능성도 있을 거고."

"맞아, 그래야 하지. 즉 자신이 어떤 종교의, 어떤 문화의, 어떤 민족의 인간인지 모르는 이상, 특정 종교, 특정 문화, 특정 민족을 우대하거나 배제하는 정책을 지지하는 건 불가능하죠. 따라서 무지의 베일을 쓴 사람들은 '차별하지 말라, 자유를 보장하라'는 평등한 자유의 원칙을 반드시 고를 거라고 추측할 수 있어요."

과연 그렇다. 이것이 다수결이라면 수가 많은 파벌을 우대하자는 이야기가 되겠지만, 무지의 베일을 쓰고 있으면 아무래도 '자신이 배제당하는 쪽이라면' 하는 최악의 가정을 하기 때문에 그런 선택을 하게 된다.

"그리고 또 하나는 차등의 원칙. 이건 '사회적·경제적 불평등이 더 불우한 사람에게 최대의 이익이 되는 형태로 존재한다면 인정한다'는 건데요. 가장 불행한 사람에게 도움이 된다면 차등을 두어도 상관없다는 사고방식이에요. 조금 이해하기 어려울지 모르지만 이것도 무지의 베일을 실제로 쓰고 있다고 상상하면 이해할 수 있을 거예요. 마사요시, 어때?"

"음, 그러네. 나는 내가 누군지 모르니까 베일을 벗었을 때, 어쩌면 사고로 몸이 망가져서 움직이지 못하는 무일푼인 사람일 수도 있어. 그렇다면 '차등을 두는 것이 당연한 약육강식의 사회'에서 나는 참으로 비참하겠지. 그럴 가능성을 생각한다면 운 나쁘게 사고나 병으로 꼼짝 못 하게 된 사람들에게는 최저한의 생활을 보장하는 사회였으면 좋겠는데, 그 돈은 물론 돈 잘 버는 사람들이 나눠줄 수밖에 없고… 아, 그런가, 그러니까 그런 의미에서는 역시 차등을 두어도 되고, 오히려 두어야 하는 건가."

반대로 생각해보면 내가 엄청난 부자일 가능성도 있다. 그렇다면 국민 전원을 평등하게 하기 위해서라고 해도 사유 재산을 모조리 빼앗는 그런 정책은 지지할 수 없다. 따라서 부자의 재산은 어느 정도는 지켜야 한다고 보지만, 그래도 내가 부자가 아닐 가능성도 있으니 거기서 균형을 잡으면…, '(내가 부자일 가능성도 있으니까) 부자가 풍족한 생활을 하는 것은 인정해도 좋지만 (내가 가난한 사람일 가능성도 있으니까) 가장 불행한 사람에게 최저한도의 생활은 보장하길 원한다'는 사고방식으로 자리 잡는 건가.

"바로 그게 차등의 원칙이에요. 이런 식으로 무지의 베일을 쓰고 실제로 깊이 생각해봄으로써 평등한 자유의 원칙과 차등의 원칙이라는 것이 옳은 것… 사회적인 정의라고 판단하는 거죠. 이것은 공리주의나 자유주의처럼 이러저러한 가치관이 옳다는 기준을 먼저 세워놓고 나서 내린 결론과는 달라요. 모두가 무엇이 자신의 이득이 되는지 손해가 되는지 모르는 상태, 즉 완전하게 공평한 상태를 가정했을 때 그들이 선택하는 것, 그것이야말로 사회적인 정의라고 롤스는 호소한 거지요."

"대단해!"

나는 무의식중에 소리를 높였다. 나로서는 보기 드물게 들뜨고 큰 목소리가 나왔다. 그 정도로 충격을 받았다.

"이야, 롤스의 그 사고 실험, 굉장하네! 그 결론은 어떤 의미로는 공리주의와 자유주의의 장점만 골라서 취하는 거지?"

"그래. 평등한 자유의 원칙은 개인의 자유를 지키려는 거니까 자유주의적이고, 차등의 원칙은 비참한 수준의 불행한 사람은 구제하자는 거니까 공리주의적이지."

"응, 공리주의도 자유주의도 역시나 싫은 점은 있지만 아무래도 극단적이라고 할지 도가 지나치다고 할지, 결국 어떤 주의도 너무 지나치면 좋지 않아서, 옳은 것은 의외로 극단이 아니라 그 중간 정도에 있지 않을까 생각했는데…. 무지의 베일로 이끌어낸 정의는 그야말로 양극단 사이에 위치한 딱 좋은 정의라고 생각해!"

빠르게 떠드는 바람에 입이 말라서 일단 말을 멈추었다. 나는 잠깐 한숨을 돌리고 "그리고 말이야" 하고 말을 이어갔다.

"무지의 베일이라는 건 단순히 모두 무지해진 상태로 생각하자는 이야기만이 아니라 앞으로 태어날 아이들을 생각하자는 이야기하고도 이어지지 않을까!"

"아이들?"

"그래, 아이들은 어디에서 태어날지 모르잖아! 부잣집에 태어날지도 모르고 가난한 집에 태어날지도 몰라. 건강하게 태어날 수도 있고 핸디캡을 짊어지고 태어날 수도 있어. 아이는 부모를 못 고르지. 어디에 어떻게 태어날지 알 수 없고. 그렇게 앞으로 태어날 아무 죄도 없는 아이들이 행복하게 살아가려면 어떤 사회를 만들면 좋을지 생각하는 사고 실험도 된다고 봐!"

그 외에 윤회전생으로 예를 들어도 좋으려나. 내세에 어떤 집에 어떤 몸으로 다르게 태어날지 모르는 거고. 좀 더 생각해보면 자유와 차등 이외의 다른 원리도 찾을 수 있을지 모르겠다.

"마사요시? 갑자기 왜 그래?"

지유키가 이상하다는 듯이 물었다.

아…. 나답지 않게 정의에 대한 화제로 흥분하고 말았다.

"지금 마사요시의 반응처럼 과연 그렇게 생각하면 정의를 찾을 수 있겠다고 기대하게 만드는 힘이 롤스에게는 있었어요. 그래서 롤스의 사고 실험은

호평을 받았고 전 미국이 정의론에 열을 올렸지요."

알 것 같았다. 나는 줄곧 인간은 다양한 인종이나 처지의 사람이 있고 사람마다 다르니 옳은 것 따위는 없다고 생각했지만, 그런 처지를 제쳐두면 전원 일치로 똑같은 옳음을 이끌어낼 수 있다는 이야기를 듣고 눈앞이 탁 트이는 듯했다. 무엇보다 이 이야기에는 낭만이나 희망이 있다.

"그런 이유로 이 사고 실험을 실제로 해보고 싶어요."

"잠깐만."

선배가 말했다.

"무지의 베일이 어떤 건지는 이해했어. 하지만 린리, 난 무지해질 수 없어. 무지해진 척은 할 수 있을지 몰라도 역시 뭔가 판단할 때는 아무래도 자신의 과거랄까 지식이나 경험에 바탕을 두고 판단할 거야. 게다가 무지해졌다는 가정에서… 네가 나한테 어떤 질문을 할지도 대충 상상이 가고."

역시 그 질문을 하는구나….

"그리고 린리는 이 천을 쓰지 않아서 이쪽이 보이잖아. 그런 불공평한 상태에서 자신의 솔직한 마음을 드러낼 수 있을 만큼 나는 그렇게까지 어른이 아니야."

"알겠습니다…. 그럼 저는 뒤로 돌게요. 뒤돌아서 절대 여러분 쪽을 보지 않기로 약속할게요."

어? 안 본다고?

"무슨 소리지? 넌 그걸로 괜찮아?"

"상관없어요. 그 대신 가능한 한 무지해졌다는 가정을 하고 질문과 마주해주세요. 그리고 질문에 찬성할 경우에는 손을 들어주세요."

"거수 여부는 안 알려줄 거야."

"그래도 상관없어요."

"아니, 린리, 그건 의미 없지 않아?"

그래. 의미가 없다.

린리는 무지의 베일이라는 사고 실험을 하자고 해놓고 그 결과를 확인하지 않겠다고 한다. 과연 이 실험을 하는 의미는 뭘까? 우리의 이 의문에 대해 린리는 확실한 어조로 말했다.

"저는 믿고 있으니까요. 지유키나 선배에게 자신이 믿는 주의가 있는 것처럼 저에게도 믿는 주의가 있어요. 인간은 누구나 똑같은 양심이 마음 깊은 곳에 있고 체면이나 처지만 걷어버리면 같은 것을 정의라고 고를 것이다, 라는 것. 저는 그걸 믿어요."

그렇구나. 인간에게는 다들 옳다고 생각하는 정의가 있다. 그 정의를 옳다고 생각할 수 있는 양심을 모두 가지고 있다. 그것을 이론이 아니라 그렇다고 믿는 것을 전제로 하는 정의의 사고방식. 바로 종교의 정의라는 것인가.

"그걸 선배도 알았으면 좋겠어요. 그렇기 때문에 무지의 베일 사고 실험을 실제로 해봤으면 해요."

열심히 말하는 린리에게 선배는 "아, 미안한데, 잘 모르겠어" 하고 냉정한 말투로 이야기했다.

"아니, 공감이 안 될 뿐이지 린리가 말하고 싶은 것 자체는 알겠어. 어쨌든 너에게는 이 실험을 하는 의미가 있는 거지? 하지만 거기에 어울려주는 나한테는 어떤 이점이 있지?"

"어제 수업에서 있었던 일을 포함해서 두 번 다시 이 화제를 입에 담지 않을게요."

"…."

다소 협박이 섞인 거래 제안. 린리는 어떻게든 미유 선배가 이 사고 실험을 해보게 하고 싶은 모양이다.

아니, 솔직히 나도 여기까지 왔으니 해보고 싶다는 생각이 약간 들었다. 무지해졌다는 가정을 할 때 나는 어떤 선택을 할지, 나에게는 어떤 윤리관이 있을지 조금 흥미가 생겼다.

잠시 후 선배는 한숨을 내쉬며 말했다.

"알았어. 다시 한번 말하지만 뒤돌아서 이쪽을 보지 않기로 꼭 약속하는 거다."

"네, 맹세합니다."

린리가 선언했다. 린리가 이렇게 말한 이상, 그 약속이 깨지는 일은 없을 것이다. 선배는 더 이상 확인하지 않고 알았다고 했다.

"그럼 여러분, 이후로 말하는 것을 금합니다. 먼저 10분 정도 아무 생각도 하지 말고 머리를 비워주세요."

그 말을 하고 린리는 침묵했다. 그 결과, 우리의 어두운 공간은 소리 하나 없는 정적에 휩싸였다. 이 상태로 10분 동안 아무 생각도 하지 말고 조용히 하고 있으라고 한다.

10분 동안인가.

아무것도 하지 않고 기다린다면 그럭저럭 긴 시간이다. 아니, 눈앞이 완전히 어둡고 시간의 변화가 느껴지지 않기 때문에 평소에 우리가 파악하고 있는 10분하고는 다른 시간 단위일지 모른다. 아, 이러면 안 되나. 가까스로 '무

사고, 무감각하게 어두운 공간에 내팽개쳐진 상태에서 시간이란 무엇인가'
같은 철학적인 내용을 떠올릴 뻔했다. 린리가 말한 대로 아무 생각도 하지 않
아야 한다.

….

….

….

"당신의 인생은 지금 끝났습니다."

갑자기 린리의 목소리가 울렸다.

"당신의 인생은, 당신이 체험한 세계는 그저 게임, 가상 현실입니다. 환각
중 하나에 불과합니다. 그리고 그 환각을 만들어냈던 기계의 스위치는 지금
꺼졌습니다."

"오프… 소거… 소멸."

"세계의 모든 것은 사라졌습니다."

"어쩌면 당신은 아직 예전 기억을 떠올릴 수 있을지 모릅니다. 하지만 그
것은 모두 과거의 것. 이제는 의미가 없습니다."

"왜냐하면 이미 그 인생은 끝났기 때문입니다."

억양 없고 감정 없는, 그러나 반론할 수 없는 위엄을 지닌 린리의 목소리
가 어둠 속에 울려 퍼졌다. 긴 시간 동안 시야가 차단된 이상한 상황 때문인
지 그 목소리를 들으니 진짜 현실 같았다.

"기억이란 단지 과거, 단지 기록, 단지 데이터일 뿐입니다. 그보다 미래로
눈을 돌립시다. 새로운 설정의 게임을, 인생을 시작하는 겁니다."

"그러나 그 인생이 어떤 상태에서 시작되는지 그건 시작해볼 때까지 알

수 없습니다.”

“당신은 여자일지도 모릅니다. 남자일지도 모릅니다.”

“어른일지도 모릅니다. 아이일지도 모릅니다.”

“건강한 사람일지도 모릅니다. 병석에 누운 사람일지도 모릅니다.”

“젊은이일지도 모릅니다. 노인일지도 모릅니다.”

“발걸음이 빠른 사람일지도 모릅니다. 그림을 잘 그리는 사람일지도 모릅니다.”

린리는 수많은 ‘일지도 모릅니다’를 늘어놓았다. 의도적인지 그 단조로운 말투는 마치 불교의 독경 같아서 어느새 머릿속이 몽롱해졌다.

유명한 불교 경전인 《반야심경》은 모든 사물에 대해 없다, 없다, 하고 계속 읊어서 공空의 경지를 체감시키는 내용이라고 들은 적이 있다. 어쩌면 린리가 하는 것도 그와 마찬가지로 모든 개인의 속성에 대해 ‘일지도 모릅니다’를 계속 읊조려서 우리를 어떤 경지로 이끄는 중인 듯했다.

캄캄한 어둠 속 린리의 말만 울렸다. 지금 내게는 오직 린리의 말만이 세계의 전부고 그 목소리로 ‘일지도 모른다’고 말하는 것을 들으니(부정할 재료도 근거도 없으니까) 정말 그럴지 모른다는 생각이 들었다. 그리고 그렇게 생각할 때마다 하나 또 하나, 자아가―나를 나로 고정하고 있는 무언가가―녹아서 자기를 식별하는 경계가 애매해지는 듯한 감각에 사로잡혔다. 그것은 황홀함과도, 공포와도 닮은 기묘한 감각이었다.

“질문입니다.”

린리가 말했다. 나는 순간적으로 놀라서 사고가 일순 정지했다. 그리고 린리의 다음 말에 주의를 기울였다. 린리는 천천히 이야기했다.

"눈앞에 사이좋은 노부부가 걷고 있습니다. 따스한 햇볕이 비치는 가운데, 담소를 나누며 당신 눈앞을 지나쳐 갑니다."

나는 그 정경을 또렷하게 떠올렸다.

"그 노부부는 '위험, 이 앞에 절벽 있음'이라고 쓰인 간판을 미처 보지 못했는지 계속 걸어가고 있습니다… 당신은 노부부를 막겠습니까?"

사람의 권리가 어떻다든가 강제가 어떻다든가 하는 이론은 머리에 떠오르지 않았다. 그보다도 맨 먼저 '막고 싶다', '막아야 한다'는 마음이 들었다.

"막을 경우에는 손을 들어주세요."

나는 손을 들었다. 옷 스치는 소리로 주위에서 눈치채지 않게 되도록 천천히.

"다음 질문입니다."

그로부터 린리는 비슷한 질문을, 그야말로 윤리적인 질문을 차례차례 던졌다. 나는 그 모든 질문에 손을 들었다.

그리고 –

"당신 부모님이 중독성 있는 마약에 손을 대고 말았습니다. 당신은 그 행위를 막겠습니까?"

마침내 나온 핵심을 찌르는 질문.

어떤 의미에서는 이 질문을 위해 지금 이 사고 실험을 하고 있다고 해도 좋을 것이다. 그러나 그에 비해서는 평범하고 소박하고 아무런 잘난 체도 하지 않는 질문이었다.

나는 손을 들었다.

"이상입니다. 모두 베일을 벗어주세요."

그 말에 나는 뒤집어쓰고 있던 천을 벗었다. 세계가 이토록 밝았던가 싶을 만큼 오랜만에 시야에 들어온 빛은 눈부셨다.

옆을 보니 지유키도 미유 선배도 천을 벗고 역시 눈부셔 하고 있었다.

과연 마지막 질문에 선배는 손을 들었을까?

이 실험을 하기 전의 선배였다면 타인의 자유를 침해하니까 등의 이유로 절대 손을 들지 않았겠지. 그러나 무지의 베일을 쓰고 있는 상황에서는 어땠을까? 뭔가 변화가 있었을까?

답은 모른다. 그 부분은 캐고 들지 않기로 약속했다. 하지만 실험 전과 비교하면 선배는 뭔가 말끔히 털어낸 듯한 후련한 표정을 짓고 있었다.

"고생하셨어요. 여러분, 모든 질문에 손을 들었네요."

잠시 뒤 당연하다는 듯 내뱉은 린리의 발언에 전원이 기가 막힌 표정으로 린리의 뒤통수를 바라보았다. 그렇다, 린리는 약속대로 뒤를 돌아보지 않았다. 그래서 지금 우리 눈앞에는 린리의 뒷모습이 있지만… 어? 어떻게 된 거지?

그 의문에 답하듯이 린리는 뒤로 돈 그 상태에서 왼손에 들고 있는 물건을 위로 올렸다.

아…!

그 손에 들려 있는 것… 학생회용 태블릿을 보고 우리는 모든 것을 알아차렸다.

나와 선배는 동시에 뒤를 돌아보았다. 그리고 거기에 있는 이, 우리를 내내 감시하고 있던 이의 존재를 확인했다.

학교 지킴이.

확실히 그 방법이라면 뒤를 돌지 않고도 우리가 손을 들었는지 아닌지 알수 있다. 학교 지킴이가 전송하고 있는 학생회실 영상을 뒤로 돈 채 태블릿으로 보면 된다.

아니지, 이건 재치 있는 행동이 아니라 명백한 규칙 위반이라고!

"규칙을 어긴 거잖아."

대표로 내가 지적했다.

그러나 —

"무슨 소리죠? 전 약속대로 뒤를 돌아보지 않았는데요?"

린리는 태연하게 대답했다. 끝으로 —

"저는 아무 거짓말도 안 했어요. 약속도 지켰고요. 이건 사실에 어긋나나요? 마사요시, 어떻게 생각해?"

나는 말문이 막혔다.

"그러니까…."

거짓말은 하지 않았고 약속도 지켰다. 사실에 어긋나지도 않는다. 그렇다면 나는 어느 부분을 비난해야 할까?

"아니, 그건 확실히 그렇지만."

내가 우물쭈물하자, 린리는 "그렇지?"라며 일어서서 빠른 걸음으로 학생회실 출입구로 향했다. 그리고 방에서 나가기 직전에 뒤를 돌아보고 늘 하는 한마디를 던졌다.

"윤리적으로 문제없습니다."

만면에 띤 미소. 표정이 별로 없는 무뚝뚝한 평소 얼굴과 달리, 꽃이 피어나듯 밝고 천진하게 웃음 지은 린리의 얼굴을 나도 모르게 넋을 잃고 바라보

왔다. 그러나 곧 정신을 차렸다.

아니, 문제 있어! 넌 자신의 지론을 증명해서 기쁠지 모르지만 선배 쪽에서는 감쪽같이 속은 것이나 마찬가지라고.

그러나 린리의 모습은 없다. 도망치듯 금방 복도로 사라졌다.

걱정이 되어서 선배의 얼굴을 들여다보니, 선배는 예상과 달리 멍한 얼굴을 하고 있었다. 하지만 곧 "풉" 하고 웃음을 터뜨리더니 책상에 엎어져서 고개를 숙이고 웃기 시작했다.

"아하하, 완전히 당했네."

예상외로 가벼운 반응. 나와 지유키는 그것이 강한 척인지 본심인지 몰라서 선배가 웃음을 그치기만 기다렸다.

선배는 책상에 엎드린 채 말했다.

"미안, 나 거짓말했어…. 바보는 죽어도 된다고? 분명 우리 아빠는 바보지만… 죽기를 바란 건 아니었어. 그거야 당연하잖아!"

마지막 말을 할 때 선배의 목소리가 떨렸다.

그러나 선배는 곧 고개를 들고 "아아, 역시 울고불고해서라도 말릴 걸 그랬어"라고 말하며 우리를 향해 밝게 웃는 얼굴을 보였다.

나는 지유키와 얼굴을 마주 보고 마음을 놓았다. 선배의 눈가에는 희미한 눈물 자국이 있었지만 그래도 그 얼굴은 진심으로 웃는 것처럼 보였다. 만일 아까 한 사고 실험으로 선배 안에서 계속 걸렸던 무언가가, 그러니까 마음의 족쇄가 풀렸다면, 마음이 자유로워졌다면 그건 그것대로 결과로서 선했던 것일지 모른다.

그래도 나는 생각했다.

이번에 린리가 한 일은 윤리적으로 문제가 있는, 정의에 반하는 행위가 아닐까 하고.

7장

꺼림칙한지 양심에게 물어봐?!
─ 직관주의

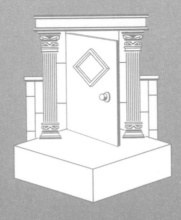

"그럼 수업을 시작하자. 오늘은 종교의 정의에 대한 내용을 다루겠다."

평소처럼 윤리 수업이 시작되었다.

나는 몹시 안 좋은 예감이 들었다. 오늘 배울 내용인 '종교의 정의'는 린리와 관계있는 정의였기 때문이다.

지유키는 '평등의 정의'.

미유 선배는 '자유의 정의'.

돌이켜보면 각자의 정의와 관계있는 수업에서 나름대로의 사건이 있었다. 그렇다면 이번에는 린리에게 뭔가 사건이 일어나지 않을까?

애당초.

사건이라고 해도 반드시 나쁜 것만은 아니었다. 지유키와 선배는 자신이 믿고 있던 정의의 문제점을 지적받고 확실히 한바탕 소란이 벌어지긴 했지만, 그래도 결과적으로는 그 일을 계기로 성장했다는 생각이 들었다.

실제로 그 뒤 두 사람은 학생회 회의에서 유연한 태도를 보였고 교내 문제에도 좋은 해결책을 제안해주었다.

그러니까 본인이 지금까지 무심코 믿어왔던 정의의 대해 그 정의와 문제점을 분명하게 아는 것은 유용한 일이다. 비록 그 과정에서 상처를 입을 수도 있지만.

그러나 린리는 어떨까? 자신이 믿는 정의의 문제점을 지적받고 그 주의가 부정당했을 때, 과연 그 사실을 받아들일 수 있을까?

린리倫理가 윤리倫理를 부정당한다.

뭐랄까, 린리의 존재 증명, 정체성을 부정당하는 듯한 이야기라서 지금까지의 두 사람보다 더욱 격렬한 거부 반응을 일으킬 것 같다.

그래서 오늘 나는 아주 안 좋은 예감이 든다.

"종교의 정의. 어쩌면 이 정의를 주장하는 사람은 자신이 '종교적이다'라는 자각이 없을지 몰라. 원래 많은 경우에 우리는 종교라고 하면 뭔가 특정한 신을 믿는 것이라고 생각하지. 그래서 신을 믿지만 않으면 자신은 종교하고는 아무런 관련도 없는 인간이라고 생각하는 사람이 많아. 그러나 실제로는 그렇지 않다. '종교적이다'라는 건 신을 믿는 것, 종교 단체에 가입하는 것과는 전혀 관계없는 다른 거야.

그럼 '종교적이다'란 원래 어떤 것이고 어떻게 구별해야 하는 것일까?

나는 물질 또는 이성을 초월한 곳에 있는 무언가를 믿는 것, 그게 종교적인 것의 유일한 조건이고 그 한 가지로 종교적인지 아닌지를 구분해야 한다고 생각한다."

이어서 선생님은 칠판에 크고 동그란 테두리를 그렸다.

"지금 칠판에 그린 테두리, 이걸 뭐든 싸서 안에 넣을 수 있는 거대한 주머니라고 생각하자. 자, 뭐든 싸서 넣을 수 있으니까 기왕이면 우리가 사는 이 우주 전체를 이 테두리 안에 넣어버리자고."

선생님은 칠판에 그린 테두리 안쪽에 '우주(물질세계)'라는 글자를 썼다.

"그런 이유로 우주가 전부 이 테두리 안쪽에 들어갔는데… 그렇게 하면 지금 우리 우주에서 무슨 일이 일어나든, 앞으로 어떤 현상이 발생하든 그건 모두 이 테두리 안쪽에서 일어난 사건이 되지."

그야 그렇겠지. 테두리 속에 우주가 있으니까.

"다음은 인간의 사고에 대해 생각해보자. 가령 무작위로 문장을 만들어내는 컴퓨터가 있다고 하자. 인간이 사용하는 말, 단어가 모두 입력되어 있어서 그것을 적당히 조합하여 출력하는 기계지. 그 기계를 가동하면 대부분은 무의미한 문장이 출력되겠지만 반복하면 언젠가는 의미 있는 문장이 나와. 아니, 그뿐 아니라 몇 번이고 반복하는 사이에 우연히 셰익스피어가 쓴 소설이 출력될 때도 있겠지."

어디서 들어본 이야기다. 키보드 위에서 고양이를 걷게 하면 우연히 셰익스피어의 작품이 만들어질 수도 있다는 이야기였던가? 셰익스피어의 작품이 아무리 길더라도 일단 말의 조합으로 만들어진 이상, 조합을 오랫동안 계속하면 언젠가 똑같은 내용이 출력되는 것은 당연하다.

"그럼 규모를 좀 더 크게 해보자. 이 컴퓨터, 즉 문장을 무작위로 만들어내는 기계를 무한하게 가동했다고 생각해봐. 그러면 모든 말의 조합을 망라한 문장… 말도 안 되는 양의 문장이 출력될 텐데… 마찬가지로 그 방대한 문장을 모두 똑같이 테두리 안에 넣어버리자."

선생님은 다시 테두리 안에 '이성(언어세계)'라는 글자를 썼다.

"이렇게 해서 인간이 사고 활동으로 만들 수 있는 모든 문장이 지금 이 테두리 안쪽이 들어갔는데… 앞으로 어떤 지식인이 어떤 책을 쓰든, 어떤 설명을, 어떤 논문을, 어떤 학설을 만들어내든 그 문장은 이 테두리 안쪽에 이미 있다는 얘기가 되지."

무작위로 문장을 무한히 생성했으니…, 지금 서점에 있는 책도 그렇고 미래에 서점에 진열될 책도 모두 이 테두리 안쪽에 이미 존재한다. 이것도 그 말대로다.

"그뿐이 아니야. 너희가 바로 지금 생각하고 있는 것, 그리고 앞으로 생각할 것도 무한한 문장 조합 속에 포함되어 있으니 테두리 안쪽에 이미 있다고 할 수 있지."

정말 규모가 큰 이야기였다. 무엇이 일어나든 무엇을 생각하든 그 모두가 테두리 안쪽에 반드시 있다는 것일까.

"그럼 여기서 묻겠는데. 선이란, 또 정의란 어디에 있을까? 마사요시."

선생님의 질문 의도를 잘 모르겠다. 하지만 일어날 수 있고 생각할 수 있는 모든 일이 테두리 안쪽에 있으니 당연히….

"테두리 안쪽인가요?"

나는 이렇게 답했다. 왼쪽 옆에서 시선이 느껴져서 슬쩍 봤더니 린리가 나를 노려보고 있었다. 아무래도 틀렸나 보다.

"마사요시의 왼쪽 옆자리가 부회장이던가, 너는 어떻게 생각하지?"

선생님은 린리에게 물었다. 참고로 오른쪽 옆자리는 지유키다. 미유 선배는 평소처럼 저 멀리 뒷자리에 앉아 있다.

"네. 선이나 정의는 언어나 이론으로 설명할 수 있는 것이 아닙니다. 그러니까 테두리 안쪽에는 없고 만일 있다면 그건 테두리 바깥쪽이라고 생각합니다."

"흠, 그래. 바로 종교의 정의에서는 그런 식으로 정의를 파악하고 있다."

이번에 선생님은 테두리 바깥쪽에 점선으로 된 작은 원을 그리고 그 안에 '선', '정의'라는 글자를 썼다.

"그런데 마사요시의 답도 틀리지 않아. 그건 주의의 차이 문제니까.

예컨대 공리주의, '전체의 쾌락 증가가 정의다'라는 사고방식에서는 쾌락이란 뇌의 상태라는 물리 현상이니까 당연히 이 거대한 테두리 안쪽에서 일어나는 일이라고 할 수 있지. 그리고 공리주의의 '쾌락 증가가 정의'라는 이론도 문장, 즉 사고 활동이니 그 역시 테두리 안쪽에 속해 있고.

이처럼 공리주의는 전부 테두리 안쪽에서 성립하는 주의와 주장이고, 공리주의를 받아들이는 사람에게 정의는 테두리 안쪽의 존재라 할 수 있다."

그렇구나. 반면에 종교의 정의에서는 테두리 바깥쪽, 즉 물질세계나 언어세계를 뛰어넘은 곳에 정의가 있다고 생각하는 건가.

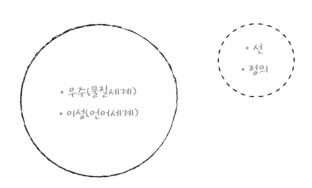

"자, 여기서 잠깐 '왜 사람을 죽이면 안 되는가?'라는 문제에 대해 생각해 봤으면 한다. 너희라면 이 질문에 뭐라고 대답할까? 한 예로 '타인에게 살해 당할지도 모르는 사회에서는 불안해서 마음 놓고 잘 수가 없다. 그래서 다 함께 살인은 안 된다고 하는 암묵적인 규칙을 만들었다. 그러므로 사람을 죽이면 안 된다'라고 대답하는 방법이 있겠지. 이것은 공리주의적인 답변이지만 합리적인 사고 활동의 결과고 그야말로 테두리 안쪽에서 하는 답변이라 할 수 있어. 물론 이외에도 다양하게 답변할 수 있겠지만, 어느 것이든 이 물음에 뭔가 합리적으로 답하려고 생각한 시점에서 그것은 공통적으로 테두리 안쪽에서 하는 답변이 된다.

그럼 종교의 정의의 입장인 사람이라면 어떻게 대답할까? 간단하다. 그 사람에게는 논의도 사고도 필요 없어. 왜냐하면 논의하거나 사고한 시점에서 그건 그저 테두리 안에서 뺑뺑 도는 것에 지나지 않기 때문이지. 그리고 테두리 속에 정의는 존재하지 않기 때문에 그런 행위는 무의미해. 따라서 그 사람은 그저 말없이 테두리 바깥에 있는 정의를 직접 '손가락으로 가리킨다'. 그리고 이렇게 외치는 거야!

'살인은 나쁜 짓이야! 정의에 어긋난다고! 그런 건 생각하지 않아도 알 수 있을 거야!'라고."

완전히 기시감이 느껴지는 대사였다.

- 그건 나쁜 짓이야.
- 왜 옳은 일을 하지 않지?
- 그런 건 생각하지 않아도 알 수 있을 거야.
- 윤리적으로 문제가 있습니다!

220

학생회실에서 항상 듣는 린리의 말들.

그런 말을 들을 때마다 '왜, 어째서'를 좀 더 설명했으면 했지만 종교의 정의 입장에서는 정당한 행위였다는 말인가.

"마사요시는 지금 그 외침을 듣고 어떻게 생각했지?"

"아… 저기…."

왼쪽 옆자리가 신경 쓰였지만 어쩔 수 없다. 정직하게 말하기로 했다.

"아뇨, 되도록 좀 더 설명이랄까 전하려는 노력을 해줬으면 좋겠다고요. 너무 단정적이라서… 뭐랄까, 독선적인 인상을 받았습니다."

나로서는 눈 딱 감고 정직하게 말한 셈이었다.

독선적.

조금 심한 표현이지만 어디까지나 일반론으로 말했을 뿐이고 딱히 린리에 대해 말한 것은 아니다. 아니, 그게 아닌가…. 선배 일에서 린리의 부정행위에 대해 내가 나름대로 생각하는 바가 있으니까 나온 말이겠지. 결과적으로 잘됐으니 망정이지 선배가 상처받고 끝났을 가능성도 있었다. 그때만큼은 나도 '다른 사람은 나무라면서 자기가 하는 일은 의심을 안 하는 건가, 너무 독선적이잖아'라고 생각했다.

솔직히 마음속으로는 불만스러워하면서도 신경이 쓰여서 곁눈질로 린리의 상태를 엿보았다. 린리는 나를 강하게 노려보고 있었다…면 다행이었을 텐데 완전히 의외라는 듯 상처 입은 얼굴을 하고 있었다.

나는 당황했고 놀랐다. 말이 지나쳤나 보다. 그러나 수습할 타이밍을 놓쳐서 린리의 반응을 눈치채지 못한 척하는 수밖에 없었다.

"확실히 독선적이지."

선생님은 내 말을 반복했다.

"하지만 어쩔 수 없을지 몰라. 하여튼 설명할 수 없는 것이니까."

잘 안다. 이론으로 설명할 수 없는 것이니 아무래도 강요하듯 될 수밖에 없다.

하지만 그보다 뜻밖에도 선생님이 린리를 두둔하는 모양새여서 나는 동요했다. 그 결과, 갑작스럽게 마음에 없는 말이 튀어나왔다.

"그래도 설명하려는 노력이 필요하지 않나요? 아무 설명도 하지 않고 이것이 옳다고 단언하는 건 문제가 있다고 봅니다."

내 강한 어조에 선생님은 "흠" 하고 자기 머리를 어루만지며 잠깐 생각하더니 말했다.

"마사요시의 말은 맞다. 단지 그래도 역시 '어쩔 수 없는' 것이지 않을까. 설명이 불가능한 건 설명할 수 없으니…."

그러고선 선생님은 칠판에 키워드 하나를 쓰고 읽었다.

"흄의 법칙."

앞으로 다시 돌아서서 선생님은 설명을 계속했다.

"다른 이름으로 '흄의 기요틴'이라고도 하는 철학 용어다. 이것은 아무리 언어를 조합해도 '해야 한다'는 말을 논리적으로 이끌어낼 수는 없다는 철학자 데이비드 흄David Hume(1711~1776)의 주장이다.

이건 잘 생각해보면 알 수 있는데, 우리는 'A는 B다'라는 형식의 문장 - 예를 들면 '포유류는 폐호흡을 한다' 같은 문장 - 을 여러 개 준비해서 논리적으로 조합하여 결론이 되는 문장 - 예를 들면 '돌고래는 포유류다' 같은 문장 - 을 이끌어낼 수 있지. 그러나 반대로 말하면 가능한 건 그것뿐이야. 'A

는 B다'를 아무리 늘어놓고 어떻게 조합해도 'A는 B를 해야 한다'는 형식의 문장을 이끌어낼 수 없어."

"하지만 그 'A는 B를 해야 한다'는 문장 자체는 테두리 안쪽에 존재하죠?"

"그렇지, 존재해. 그러나 그 '해야 한다'는 문장에 논리적인 절차로 '옳음' 을 부여하는 것은 테두리 안쪽에 있는 재료만으로는 절대로 실현하지 못해. 흄은 이를 증명했지만, 듣고 보면 당연한 말이야. '이다'를 아무리 쌓아 올려 도 '해야 한다'가 나올 리 없지. 지극히 당연한 이야기다."

아니, 확실히 그 말이 맞을지 모른다. 하지만 그렇게 말해버리면 공리주의 로 시작해서 정의에 대해 지금까지 한 토론이나 수업이 전부 헛수고였다는 걸까?

각자 상처 입으면서도 생각을 깊게 해온 정의. 그것을 전부 부정당한 기분 이 들어서 살짝 현기증이 났다. 나는 테두리 바깥쪽에 쓰인 '정의'라는 글자 로 시선을 돌렸다.

"그럼 이론이나 논리에 기대지 않는다면 종교의 정의를 믿는 사람은 그 정의를 어떻게 해서 아나요?"

"확실히 그 점은 의문스러운 대목이지. 정의가 설명이 불가능하다면 어떻 게 해서 아는가. 답은 간단하다. 직접 그대로 테두리 밖에 있는 정의를 '보면' 돼. 그리고 이와 같이 정의를 파악하는 방법을 '직관주의'라고 부른다."

선생님은 칠판에 지금 말한 용어를 썼다.

"직관주의의 '직관'… 이것은 '직접(直: 곧을 직) 본다(觀: 볼 관)'라는 한자를 쓰지. 즉 사고라는 단계를 거치지 않고 정의라는 개념을 직접적으로 알아본 다는 의미야."

직접 본다.

직접 본다?

안 되겠다, 전혀 와닿지 않는다.

"저기… 직접 본다는 게 뭔지 잘 모르겠는데요."

"마사요시."

내 이름을 부른 사람은 린리였다.

"네게 이 펜은 무슨 색으로 보이지?"

린리는 내 눈앞에 샤프를 들이댔다.

"아, 빨강."

"살인은 착한 일일까?"

"아니, 나쁜 일이지."

나는 질문의 의도를 생각할 틈도 없이 반사적으로 대답했다.

"그거야."

린리는 선배의 그 일 때처럼 기쁜 듯이 웃는 얼굴을 보였다.

"그게 직접 본다는 거야."

아니지. 그런 식으로 색이나 맛을 지각하는 의미의 '직접 본다'와 도덕적인 문제를 상식으로 '금방 판단한다'는 것은 전혀 다르다. 그럼 대체 트롤리 딜레마 같은 어려운 사례에서는 어떻게 직접 보면 되는 걸까.

"그래. 마사요시는 불만이 있을지 모르지만, 직관주의에서 직관의 정의는 대체로 부회장이 예시를 든 대로야. 양심, 즉 인간이 인간이라면 가지고 있을 도덕관, 무언가가 타산 없이 직접 순간적으로 감지한 옳은 것… 그것이 직관주의의 정의다."

선생님이 추가로 설명했다. 나는 그래도 납득이 가지 않았다.

"하지만 그렇게 감지한 옳음이 그냥 그렇다고 믿어버린 것이 아니라는 보장은 없지 않나요…. 애당초 정말로 테두리 바깥… 이론의 바깥쪽에 정의 같은 것이 있을까요?"

그렇다. 최근 들어 완전히 잊고 있었지만 나는 애당초 정의 따위는 존재하지 않는다고 여기는 정의 회의주의자였다.

최근 윤리 수업을 듣는 사이에 옛날처럼 정의에 대한 흥미를 조금씩 되찾고 지금은 수업에서도 적극적으로 발언하게 되었지만, 본래 나는 그런 캐릭터가 아니었다.

"…"

내 질문에 린리는 믿기지 않는다는 표정을 지었다. 마치 종교를 가진 사람에게 "신 같은 건 없지 않아?"라고 질문했을 때와 같은 반응이랄까.

"멋진 지적이구나!"

한편 선생님은 왠지 갑자기 흥분하더니 칭찬의 말을 쏟아냈다.

"바로 그거다! 그게 모든 것의 핵심이지! 사상사, 서양철학사의 최대 주제, 인류는 그 문제에 대해 2,500년 동안이나 계속 생각해왔다고 할 수 있어!"

나로서는 평범하고 소박한, 당연한 의문을 말했을 뿐이라서 그 호들갑스러운 말투가 당황스러웠으나, 선생님은 개의치 않고 뒤돌아 칠판에 쓴 것을 모두 지운 뒤 세로로 똑바로 선을 그었다. 그리고 세로선을 중심으로 오른쪽에 '상대주의', 왼쪽에 '절대주의'라고 썼다.

"지금부터 철학사 수업을 시작하겠다."

상대주의 VS 절대주의

"원래 철학사 수업은 고대 그리스 시대에서부터 순서대로 철학자 한 사람 한 사람의 주장을 자세히 설명하는 것이 정석이지만, 그런 식으로 하면 틀림 없이 도중에서 질려버리지. 역사를 배울 때 중요한 건 먼저 큰 흐름을 대략 파악하는 거야. 그래서 오늘은 상세한 내용은 생략하고 개요만 빠르게 단숨에 설명하려고 한다.

이건 역사를 배우는 의의 그 자체기도 한데, 이제부터 내가 설명할 역사의 흐름 속에는 시대가 변해도 변화하지 않는 인류의 행위, 좀 더 말하자면 인류의 보편적인 고민, 항구적 과제가 숨어 있다. 너희가 그것도 꼭 찾아냈으면 한다."

어느 시대든 인류는 계속 고민하는 건가….

'시간은 흐르고 장소는 변해도 인류의 행위에는 아무런 변화가 없다'라는 격언으로 시작되는 애니메이션*이 예전에 있었다. 분명 역사를 통해 우리는 그런 깨달음을 배울 수 있겠지…. 아니, 그랬으면 한다. 의미 없이 사건과 연도를 외우는 것은 이제 지긋지긋하니까.

"자, 내가 칠판에 쓴 두 가지 주의인 상대주의와 절대주의… 이건 고대라고 부르는 먼 옛날, 그러니까 대략 2,500년 전쯤에 번성했던 철학 사상인데, 선을 사이에 두고 좌우에 쓴 것을 보면 알겠지만 이 두 가지 주의는 대립 관계에 있어. 즉 양자는 완전히 정반대의 주장을 하고 있지.

---

* 다나카 요시키의 소설 《은하영웅전설》의 애니메이션 판을 말한다.

그럼 먼저 오른쪽에 있는 상대주의.

상대주의는 '매사의 가치는 다른 것과의 관계성에 따라 정해지는 것이므로 절대적이지 않다'는 사고방식이야. 만일 내가 지금 들고 있는 분필, 이건 '크다' 아니면 '작다', 어느 쪽일까? 손가락으로 집을 수 있으니까 나에게는 '작다'고 할 수 있을지 모른다. 그러나 개미가 본다면 엄청난 덩어리일 테니 '크다'겠지. 그 밖에 내가 지금 서 있는 이 지구, 이것은 확실히 '크다'고 할 수 있을까? 아니야, 그것도 어디까지나 내 입장에서는 '크다'라고 할 수 있지. 그야말로 태양조차 은하계 전체로 비교하면 모래알처럼 아주 '작다'고 할 수 있고.

결국 크다, 작다, 뜨겁다, 차갑다, 선하다, 악하다 등의 가치 판단은 절대적이지 않으며 그것을 판단하는 대상하고의 상대적인 관계성에 의해 결정되고 사람마다 다를 뿐이야."

그렇군. 이해는 잘되지만 그래도 이거 2,500년 전 이야기 아닌가? 그 무렵은 과학도 발전하지 않은 시대라서 코끼리가 세계를 받치고 있다든가 이상한 선입관으로 미신이나 종교를 굳게 맹신하는 사람들만 있다고 생각했었다. 그런데 '가치관은 사람마다 다르다'는 현대적 관점이 그 시대부터 벌써 있었다니.

"한편 이와 대립하는 것이 절대주의야.

절대주의는 상대주의의 반대로, 절대적으로 옳고 절대적으로 선한 것이 이 세상에는 분명히 존재한다는 사고방식이다. 이 주의를 제창한 사람이 바로 그 유명한 소크라테스지."

소크라테스.

철학 지식이 제로인 나도 그 이름은 알고 있다. 철학자라고 하면 사람들이 제일 먼저 떠올리는 인물이다.

"소크라테스가 살고 있던 그 당시에는 상대주의가 우세였어. 즉 '정의 같은 건 나라나 사람에 따라 달라지므로 절대적으로 옳은 것은 없다'라는 사고방식이 유행했던 시대였다. 그때 소크라테스가 나타나서 '아니야, 절대적인 옳음이나 정의는 존재한다'고 강력하게 호소하며 사람들에게 선하게 살아갈 것을 권했어.

이건 단적으로 말하면 정의에 뜻을 두고 살아가라는 건데 그때 풍조로 보면 조금 숨 막히는 설교였지. 결국 권력자들에게 미움을 산 소크라테스는 억울한 죄명으로 투옥되어 결국은 사형을 당하고 말았다."

사형… 선한 행동을 하라고 말했더니 사람들에게 미움을 사서 사형된 건가. 어쩐지 남의 일 같지 않은 이야기다.

원자론 VS 이데아론

"그로부터 시간이 흘러서 다음 대립인 원자론과 이데아론의 대립이 시작되지. 원자론이란 사물은 점점 분해하면 그 이상 분할할 수 없는 작은 입자인 원자가 되고 모든 것은 그 입자로 만들어져 있다는 사고방식이다.

이 원자론은 현대에서 말하는 유물론이라고 할 수 있어. 즉 세계는 물질이 모여서 만들어지며 그 이상도 그 이하도 아니라는 사고방식이지. 물론 이 사고방식에 따르면 선이나 정의는 본질적으로 존재하지 않는 것이 돼. 장난감

블록 또는 톱니바퀴로 움직이는 인형을 떠올려보면 좋겠다. 그 인형은 단지 물질이 모인 덩어리에 지나지 않고 물리법칙대로 기계적으로 움직이고 있을 뿐이니까 그 행동에 선악이라는 개념을 적용시킬 수 없어. 왜냐하면 물리법칙에는 '선하다'도 '악하다'도 없으니까.

예를 들면 사과가 중력에 끌려서 떨어지는 현상에 대해 '그것은 선한 일이다', '아니, 악한 일이다'라고 토론하는 사람은 없겠지. 그러니 '소금이 물에 녹는 것은 선한 일이자 정의다'라고 말할 수 없는 것처럼 인간을 포함한 세계의 모든 것이 물리법칙대로 움직이는 입자의 집합, 기계적인 장치라면 애초에 선악, 정의라는 개념은 성립할 수 없지. 참고로 이 원자론은 시대적으로는 아까 말한 상대주의와 그다지 차이가 없어. 현미경도 없고 화학적 지식도 없던 시대에 유물론적 세계관을 이미 생각해냈다는 것은 정말 대단한 일이라 해야겠지."

정말 그렇다. 내가 그 시대에 태어났다면 과연 같은 생각을 떠올릴 수 있었을까? 세계가, 인간이 기계적으로 움직이는, 단지 입자의 덩어리라는 노골적인 사고방식. 상대주의도 그렇지만 그 머나먼 고대에 이토록 냉철하게 사물을 보는 사람들이 있었다는 것은 참으로 놀랍다.

"한편 이와 대립한 것이 소크라테스의 제자 플라톤Platon(B.C. 428?~B.C. 347?)이 생각한 이데아론이야. 이데아란 아이디어, 즉 개념을 말한다. 이데아론을 간단히 말하자면, 선이나 정의 등의 개념(이데아)은 물질을 넘어선 세계에 정말 존재한다는 사고방식이라 할 수 있다."

물질을 넘어선 세계…?

내 머릿속은 순간 물음표로 가득 찼지만 아까 선생님이 칠판에 쓴 테두리 바깥의 이야기를 떠올리자 의문이 해소되었다.

이 세계가 아닌, 사물이나 이론의 테두리를 벗어난 세계가 있고 그 어딘가에 선이나 정의가 정말 있다는 주장이겠지.

음…. 하지만 그 이야기는 좀….

"이런, 마사요시는 지금 이야기를 납득하지 못하겠다는 얼굴이구나."

"아, 아뇨, 볼 수도 만질 수도 없는 세계의 이야기를 끄집어내서 거기에 '있다'고 말해도 아무도 증명할 수 없다고 할까…."

"확실히 그렇지. 그 의심은 정당해. 물질세계를 뛰어넘은 영계靈界가 있고 거기에 유령이 나온다고 주장하는 것 같은 이야기니까."

"플라톤이라는 사람은 본 적도 없는데 어떻게 그런 것이 있다고 말할 수 있을까요?"

"그 논리는 이렇다. 예를 들어 우리는 일상적인 세계에서 완전한 선이라는 것을 본 적이 없어. 그리고 나라나 풍습이 다르면 선이라고 부르는 행위가 달라진다는 것을 알지. 실제로 어느 나라에서는 원수를 갚는 것이 선한 행위지만 다른 나라에서는 악한 행위이기도 해. 즉 누구나 납득하는 만국 공통의 절대적인 선한 행위를 우리는 구체적으로 가리킬 수 없다는 거야.

그러나 한편으로 우리는 절대적인 선에 대해서 타인과 서로 이야기할 수 있다. '진실로 선하다는 것은 어떤 것인가?'라는 주제로 완벽한 선을 둘러싸고 토론할 수도 있어. 본 적도 없고 만진 적도 없는, 인생에서 한 번도 만난 적 없는 절대적인 선에 대해 어째서 우리는 서로 이야기할 수 있을까? 그건 아주 불가사의한 일이고, 어쩌면 비일상적인 세계 어딘가에 절대적인 선이 존재하고 우리가 어떠한 형태로 그 영향을 받고 있기 때문일지도 모른다…, 그런 논리지."

뭐지? 가정에 가정을 거듭한 꿈같은 이야기다.

"아직 납득이 안 되는 모양이구나. 그래. 그럼 이런 식으로 파악해보면 어떨까. 너는 '삼각형 내각의 합의 정리'는 알고 있니?"

"어떤 삼각형이라도 각을 전부 더하면 반드시 180도가 된다는 거죠."

"그래. 그럼 넌 그 정리… 즉 그 법칙성은 인간이 존재하지 않아도 성립한다고 생각하니?"

"그야 그렇겠죠. 인간이 있든 없든 삼각형이 있다면 그 정리가 반드시 성립한다고 생각합니다."

"그렇다면 삼각형의 정리는 지구가 생기기 전부터 있었다. 더 나아가서 우주가 생긴 순간부터 이미 존재했다, 이렇게 말해도 될까?"

"인간이 있고 없고와 관계없이 그 정리는 원래부터 존재했으니 극단적으로 말하면 그렇겠네요."

"그러면 묻겠는데 그 삼각형의 정리 자체는 대체 어디에 존재하지?"

"네? 어디에요?"

나는 말문이 막혔다.

따져보면 삼각형의 정리 자체는 틀림없이 존재한다고 생각하지만 보거나 만질 수 있는 것이 아니므로 물질로 이 세계에 존재하는 것은 아니다. 물론 '존재하지 않는다'고도 말하기 어렵다. 그렇다면….

"수학계…라든가?"

궁지에 몰려서 이상한 단어를 입 밖에 냈더니 교실에서 실소가 터졌다.

"그렇구나. 그 수학계라는 건 수학의 모든 정리가 둥실둥실 떠서 존재하고 있는 다른 차원의 세계 같은 곳일까. 그건 플라톤과 같은 사고방식이라고 할 수 있겠군."

선생님은 날 바보 취급하지 않고 다정한 눈으로 말했다.

확실히 그렇게 되나. 보거나 만지지 못하는 것을 '존재한다'고 말한 시점에서 나도 물질을 넘어선 세계를 가정하는 것이다.

"그럼 이렇게 표현해보면 어떨까. 우주가 생긴 순간부터 삼각형의 정리라는 법칙성이 어떤 형태로 어쨌든 존재하고 있었다. 그리고 그 후에 인간이 태어나고 그 정리의 존재를 깨달았다. 이 정도로 표현하면 너도 납득할 수 있지 않을까?"

그 정도 표현이라면 납득이 가능하다. 나는 고개를 끄덕였다.

과연 세상에는 보거나 만지지는 못하지만 명백하게 '존재한다'고 말할 수 있는 것도 있는 법인가.

"여기에서부터가 진짜 과제다. 지금 이야기에서 삼각형의 정리라는 대목을 선이라는 말로 바꿔보자. 즉 우주가 생긴 순간부터 선이라는 개념이 어떤 형태로 존재했고 인간은 나중에 그 존재를 깨달았다, 이렇게 생각하는 것은 과연 가능할까?"

이론으로는 알겠지만….

아니, 아무래도 무리가 있다.

선생님은 곧 눈짓으로 대답을 재촉했고 나는 이렇게 대답했다.

"그러니까 선이나 정의는 수학의 정리하고는 달라서 인간이 만들어낸 개념에 불과하다고 생각합니다. 그래서 인간이 없어진 시점에서 사라져버리지 않을까 하는데…."

"그렇군. 인간이 없으면 선의 개념은 존재하지 않는다, 그러니까 인간이 존재하기 전부터 선이라는 개념이 존재했다는 이론은 이상하다, 이 말이구나. 확실히 그럴지 모르지. 그러나 만일 인간이 멸망했다고 해도…, 수천억 년 뒤에 전혀 다른 별에서 전혀 다른 지적 생명체가 태어난다면 그들 역시 우리와 같은 선의 개념을 갖게 되지 않을까?"

다른 별에 사는 우주인이 지구인과 똑같은 선의 개념을 가진다고? 갑자기 이야기가 튀었다. 인간과 똑같이 생각하는 생물이 우연히 다른 데 있다는 데 대체 무슨 의미가 있지?

"아, 미안하구나, 이야기가 조금 벗어난 것 같다. 이 이야기는 나중에 하도록 하자. 이데아론은 인간이 존재하기 더 전에 선이라는 개념이 우주에 존재했다는 입장이라는 것. 찬반이 어쨌든 간에 플라톤은 그렇게 주장했어."

유명론 VS 실재론

"이데아론 설명이 너무 길어졌는데 새로운 기분으로 다시 진도를 나가보자. 그 후 역사는 기원전에서 기원후로 돌입하고 기독교가 유럽 세계를 석권하는 중세 시대가 1천 년 정도 이어지는데, 그때 일어난 가장 유명한 사상적 사건이 '보편 논쟁'이다. 단적으로 말하면 '보편적인 것은 존재하는가?'라는 질문을 둘러싼 논쟁이야. 예를 들어 인간이라는 개념에 대해 당시 지식인들은 두 가지 사상으로 편을 나누어 계속 언쟁을 벌였어.

하나는 '유명론'. 이것은 글자 그대로 '오로지(唯: 오직 유) 이름(名: 이름 명)이다 이론'으로 이해하면 돼. 즉 우연히 지구에 원숭이라는 동물에서 진화한 생물이 있고 그 생물의 이름으로 '사람'이라는 말을 누군가 적용시켰다. 그것이 인간이라는 개념의 정체고 그 이상도 그 이하도 아니다. 이런 사고방식이야."

그래서 오로지 이름이다 이론인가. 아주 딱 들어맞는다. 이것이 이미 정답이 아닐까 싶다.

"다른 하나는 '실재론'. 이쪽은 '실재實在한다 이론'으로 이해하면 되겠지. 이것은 말 그대로다. 인간이라는 개념은 단지 이름뿐이 아니라 어딘가 정말로 실재하고 있다는 사고방식이다."

어, 그건 아까 선생님이 설명한 이데아론과 똑같다. 보거나 만지지는 못하지만 아무튼 어딘가에 실재하고 있을 거라고 억지로 강변하는 그것.

"참고로 현대의 우리는 이런 논쟁이 아무래도 좋다고 생각할지 모르지만, 당시 기독교 사회에서는 아주 중대한 문제였어. 예를 들어 유명론에 따라서 생각하면, 인간은 보편적인 것으로서 존재하지 않으니 아담이 지혜의 과일을 먹은 죄는 인간의 죄가 아니라 아담 개인의 죄에 불과하거든. 즉 원죄라는 기독교의 기본적인 교의가 성립하지 않게 된다."

아, 어렸을 때 생각한 적이 있다. 아담이 지혜의 과일을 먹었기 때문에 인간은 '일해야 한다', '죽어야 한다'는 죄를 짊어지게 됐다는 이야기를 유치원에서 들었을 때 '그건 아담의 잘못이지 우리하고는 관계없는데' 하고 생각했다. 그러나 인간이라는, 우리를 한데 묶을 수 있는 개념이 실재한다면 모든 사람의 죄로 보는 것이 이론상 가능해진다는 말인가. 아니, 물론 그렇더라도 이해가 안 가지만.

"그럼 실재론에 따라 생각하는 것이 괜찮냐면 그렇지도 않다. 인간이라는 보편적인 것이 실재한다고 하면 이번에는 신이 인간을 구원하면 그것만으로 전 인류, 즉 악인도, 신심 없는 사람도, 이교도도 모두 줄줄이 구원받을 수 있으니 종교 조직적으로는 위험해지지.

그런 식으로 이 시대에는 개념의 실재성에 대해 유명론과 실재론이라는 두 가지 입장에서 그야말로 신학 논쟁을 전개했던 거야.

자, 보편 논쟁이 무엇인지 알았을 테니, 이번에는 선의 개념을 사용해서 이 사상 대립을 다시 설명해보자. 먼저 유명론, 이 사고방식에 따르면 선이란 그저 이름에 지나지 않지. 즉 인간이라는 생물의 행동 중에서 예를 들어 사회의 이익이 되는 것에 누군가 '선'이라고 이름 붙였을 뿐, 선이란 그 이상도 그 이하도 아니라는 이야기다."

과연 오로지 이름이다 이론은 지나치게 노골적이다.

"다음은 실재론, 이 사고방식에 따르면 절대적으로 옳다고 단언할 수 있는 보편적 선이 이 세상 어딘가에 실재하는 것이 되지. 물론 그 증명은 아무도 할 수 없지만."

정말 들으면 들을수록 이데아론과 똑같다.

"아, 그래. 선 이야기를 하니까 생각났다. 아담이 먹었다는 '지혜의 과일', 그건 실은 선악과^{善惡果}의 정식 명칭인데 선악을 아는 것이 지혜를 얻는 것이라는 구도가 상당히 의미심장하지."

경험주의 VS 합리주의

"자, 중세에서 근대라 불리는 시대로 변할 무렵인 지금으로부터 500년쯤 전의 이야기인데, 이번에는 경험주의와 합리주의라는 새로운 사상의 대립이 시작됐지.

먼저 경험주의. 인간이 연상할 수 있는 개념은 모두 경험에서 생겨난 것이고 그 이상도 그 이하도 아니라는 사고방식이야. 이에 따르면 예컨대 '말'이라고 하는 개념은 '말 그림을 본다'와 같은 '경험'을 많이 되풀이하는 사이에 형성된 것이지."

당연하다면 당연한 이야기다. 말을 본 적 없는 사람, 즉 말을 본다는 경험을 한 적이 없는 사람이 말에 대한 개념 – 다리가 네 개고 얼굴이 긴 동물이 말이라는 이미지 – 을 가지고 있을 리 없다.

"이건 아주 단순한 이야기라서 동의하는 사람도 많을 거다. 그럼 선이라는 개념은 어떨까? 경험주의의 입장을 따르면 어린 시절에 '부모님이 기뻐하는 일을 했더니 칭찬받았다'는 경험이 먼저 있고 그 경험을 되풀이하는 사이에 '이것이 착한 일이다'라는 '선하다'는 개념이 점점 형성되었다는 이야기가 되지. 즉 경험주의적으로 '선'의 개념은 '말'이나 '개'와 마찬가지야. 단순한 경험의 축적에서 발생했을 뿐 결코 특별하지 않다."

지나치게 노골적인 점까지 포함해서 유명론과 닮았다.

"한편 합리주의는 합리적으로 이성을 작동시키면 인간은 절대적인 옳음에 도달할 수 있다는 사고방식이다. 이것은 언뜻 이론을 중시하는 현실적인 주의처럼 생각될지 모르지만, 실제로는 '진리', '절대적으로 옳은 무언가'가

세계 어딘가에 존재한다는 낭만을 숭배하며 경험주의와 대립하는 사고방식이라 할 수 있어. 그건 합리주의의 시조인 철학자 르네 데카르트René Descartes(1596~1650)가 주장한 '신의 존재 증명' 이야기를 들으면 잘 알 수 있다."

뭐, 신의… 존재 증명? 신이 존재하는 것을 증명할 수 있다는 이야기라고? 어떻게 해서?

"데카르트는 다음과 같은 합리적 사색으로 신의 존재를 증명할 수 있다고 주장했어.

1. 인간은 '불완전'한 존재다. 따라서 '불완전'한 인식밖에 가지고 있지 않고 '불완전한 것'밖에 알 수 없다.
2. 그러나 인간은 '신'이라는 개념을 알고 있다. 불완전한 인간이 완전한 존재인 신을 알고 있다는 것은 이상하다.
3. 이 모순을 해결하려면 인간에게 신이 '신의 존재'를 어떠한 방법으로 가르쳐주었다고 생각할 수밖에 없고, 따라서 신은 존재한다.

이상이다."

…아니, 전혀 모르겠다.

"이것은 '원래 알 수 없는 것을 어째서인지 인간은 알고 있다. 그건 이상하다. 그러니까 이론을 뛰어넘는 뭔가가 존재하지 않으면 설명이 되지 않는다'라는 논리인데, 잘 와닿지 않는 사람은 앞서 이야기한 테두리와 선의 관계를 한 번 더 상기해봤으면 한다."

선생님은 칠판 구석에 다시 그 동그란 테두리를 그렸다.

"인간이 생각할 수 있는 범위, 경험할 수 있는 범위를 이 테두리로 표시했다고 하자. 인간은 물론 유한한 존재고 유한한 인식력밖에 없기 때문에 완전한 선을 알 수도 없고 경험할 수도 없어. 그러나 인간은 완전한 선이 있다는 것을 알고 있다. '이것이 바로 완전한 선이다'고 구체적으로 말할 수는 없지만 적어도 완전한 선을 개념으로는 알고 있다. 그렇다면 그 완전한 선의 개념은 어디에서 온 걸까?"

선생님은 테두리 바깥쪽에 '선'이라는 글자를 썼다.

"물론 인식의 바깥쪽, 경험의 바깥쪽에서지. 그렇지 않으면 설명할 수가 없어. 결국 절대적이고 완전한 선은 존재한다는 거다. 게다가 그것은 인간의 인식이나 개인의 경험에서 독립하여 이 테두리 바깥쪽에서 왔고."

신의 존재 증명에서 형태를 바꾼… 선의 존재 증명?

신을 이야기할 때보다는 나와 관계가 있지만 그래도 그 말이 맞는다는 생각이 전혀 들지 않는다. 왜 그럴까. 처음 들었을 때 합리주의는 합리적으로 생각하기를 권장하니 누구나 납득하는 내용을 이론을 내세워서 이야기하는 현실적인 사람들의 사상인 줄 알았는데 예상과 전혀 달랐다. 결국 진리, 선, 정의를 추구하면 인간은 아무래도 인간의 지혜를 초월한 것을 믿는 사고방식을 내세우게 되는 것일까.

그때 나는 칠판에 있는 어떤 글자를 보고 문득 깨달았다. 선생님이 그은 세로선의 왼쪽에 있는 글자 – 절대주의. 그거였어! 결국 전부 똑같고 거기에서 모든 것이 나누어지는 건가!

"자, 우리는 지금 약 2,500년에 걸친 인류의 사상 대립, 철학사를 쭉 훑었는데 뭔가 알아차린 게 있을까? 마사요시."

철학의 역사

절대주의	**상대주의**
절대적으로 옳다, 선하다고 말할 수 있는 것이 존재한다!	전부 상대적인 것에 지나지 않는다!
이데아론	**원자론**
절대적이고 완벽한 선의 개념이 세계에 존재한다!	세계는 작은 입자(원자)가 모인 덩어리일 뿐이다!
실재론	**유명론**
절대적이고 보편적인 선은 세계에 실재한다!	사회에 유리한 행위에 '선'이라는 이름을 붙였을 뿐이다!
합리주의	**경험주의**
합리적으로 생각하면 절대적인 선의 존재를 증명할 수 있다!	선이란 경험에서 만들어진 것으로 사람마다 제각각이다!

"네. 세로선의 왼쪽… 절대주의에서부터 시작해서 내려오는 철학에서는 모두 테두리 바깥쪽에 선이나 정의가 있다고 생각합니다. 반면 오른쪽의 상대주의에서부터 시작해서 내려오는 철학에서는 선이나 정의는 없다, 혹은 테두리 안쪽에 있다고 생각하고요. 결국 인류는 선이나 정의라는 것이 테두리 바깥에 있는지 없는지를 계속 토론해온 건가 싶었어요."

내 대답에 선생님은 놀라서 눈이 휘둥그레졌다. 그리고 최고로 활짝 웃음 지었다. 아무래도 선생님 기준으로는 만점에 가까운 답변이었나 보다.

"그래그래, 그 말대로다! 바로 그거야!

선이나 정의, 그 외에 신이든 사랑이든 의미든 뭐든 좋다. 하여간 보거나 만질 수 없는 개념(이데아)적인 것이 테두리 바깥쪽… 즉 인간의 인식이나 이론 바깥쪽에 정말 존재하는지 아닌지… 그 쟁점만을 둘러싸고 인류는 2,500년 동안이나 계속 생각해왔다고 할 수 있지."

2,500년이라. 말로는 간단하지만 정말 긴 세월이다.

"자, 마사요시, 이 두 가지 철학 사상의 대립을 보고 어떤 느낌이 들었지?"

"왜였을까요?"

"응?"

"인류는 2,500년이나 걸려서 결국 그 문제에 대해 결론은 못 냈죠? 그야말로 현재에도."

"그렇지."

"이론으로 설명할 수 없는 것이 존재하는 것을 이론으로 설명하다니 애당초 무리한 이야기고 처음부터 모순되었다고 생각하지만… 그런데도 왜 옛날 사람들은 이 문제를 그토록 필사적으로 생각해왔을까요?"

"음, 반대로 이 문제보다 중요한 문제가 이 세상에 있을까? 예를 들어 표도르 도스토옙스키Fyodor Dostoevsky(1821~1881)라는 소설가를 알고 있니? 도스토옙스키는 러시아의 유명한 문호로 《죄와 벌》, 《카라마조프가의 형제들》 등 인류의 보편적 주제를 다룬 소설을 많이 쓴 대작가인데, 그는 작품 속에서 다음과 같은 대사를 등장인물에게 종종 하게 했어.

'만일 신이 인류의 인공적인 관념에 지나지 않는다면 인간은 신 없이 어째서 선행을 할 수 있을까?'

이건 도스토옙스키 작품 전체의 주제에 관한 중요한 대사다. 선이나 정의를 행하기 위해서는 반드시 신이라는, 이론을 초월한 것의 존재를 전제로 해야 한다는 거야. 한번 생각해보자."

선생님은 뒤로 돌아서 칠판에 동그라미 여러 개를 적당히 쭉 그렸다.

"만일 신처럼 물질을 초월한 것이 존재하지 않고 정말로 그저 물질밖에 없다면…, 우주는 원자, 즉 대량의 공이 물리적 법칙대로 굴러가고 있을 뿐인 공간이라는 말이 되지. 비유하자면 거대한 당구대야. 그러면 그 대량의 공이 영원한 시간 속에서 무한히 계속 굴러가고 붙었다 떨어지고 때로는 사람의 모습을 하고 생물적인 움직임을 보이기도 하겠지. 만일 그런 공의 운동이 우리 인간의 활동 전부라고 하면…, 과연 거기서 의미가 생겨날까? 선이 존재할까? 마사요시, 어떨 것 같니?"

만일 우주가 당구대고 인간이 규칙대로 움직이는 공 덩어리였다면….

어라? 정말 그렇다.

의미가 없다. 그 경우에 만약 인간이 인간을 죽였다고 해도 단순히 공끼리 서로 부딪쳐서 한쪽이 흩어졌을 뿐이다. 그리고 공은 그저 규칙대로 움직이고 있으니까 선택의 자유도 없고, 그렇다면 무엇이 일어나든, 예를 들어 그것이 사람을 죽이든 사람을 구하든 누가 선하다고도 악하다고도 말할 수 없다.

"확실히 선악이 없어지네요. 아니, 물론 공의 특정한 움직임에 대해 '이것을 선이라고 부르자'고 누군가 정하면 선은 있다고 우길 수 있을지 모르지만…, 하지만 그건 이미 선이라고 이름 붙일 필요도 없고 적어도 우리가 지금 토론하는 선하고는 다르다고 생각합니다."

문득 깨달은 내용을 그대로 입 밖에 냈다.

"그래. 과거의 철학자들, 그리고 도스토옙스키가 사람의 지혜를 초월한 것의 존재에 왜 그처럼 매달렸는지 알겠니? 초월적인 존재를 전제로 하지 않는 한, 우리가 선악에 대해 이야기하는 것도, 살아가는 의미를 묻는 것도 애당초 불가능한 일이야."

왼쪽 옆을 보니 린리가 매우 기분 좋은 표정을 짓고 있었다. 자신이 믿는 정의의 정당성에 대해 눈앞에서 이야기하니 그렇겠지.

그러나 –

"하지만 철학의 역사는 여기에서 일변한다. 초월적인 것을 추구하는 철학 전통은 다음에 나타나는 철학자들의 손으로 완전히 파괴돼. 바로 쇠렌 키르케고르Søren Kierkegaard(1813~1855)와 프리드리히 니체Friedrich Nietzsche(1844~1900), 실존주의 철학자들이다."

신은 죽었다고 한 실존주의자 니체

니체.

무척 많이 들어봤다. 사람들에게 역사상 대표적인 철학자를 물을 때 소크라테스 못지않게 금방 나오는 이름이다. 그런데 니체가 철학의 전통을 완전히 파괴했다고?

"'신은 죽었다…' 너희도 들어본 적 있겠지. 니체가 남긴 말 중에서 가장 유명한 말이지만 단순히 종교를 모독한 말로 여겨질지 몰라. 그러나 오늘 수업에서 철학의 역사를 알게 된 너희들이라면 이 말의 의미가 어느 정도는 상상이 가지 않을까?"

앗…. 나는 칠판에 쓰인 테두리 바깥의 단어로 시선을 돌렸다.

그 단어 위에 선생님이 손을 탁 하고 세게 놓았다.

"니체가 죽었다고 말한 신, 그건 물론 진리, 선, 정의 등 테두리 바깥에 있는 초월적 존재를 말하지. 니체는 그것들이 '죽었다'고 말했다. 아니 그건 고사하고 그런 비현실적인 것을 믿었기 때문에 인간은 살아가는 의미를 잃었다고까지 단언했어."

아까와 반대다. 아까까지는 신이나 선 등 초월적인 존재가 없으면 살아갈 의미가 없다고 했는데 니체는 완전히 그 반대되는 이야기를 하고 있다.

나는 반사적으로 왼쪽 옆을 보았다. 아니나 다를까 린리가 험상궂은 눈으로 선생님을 노려보고 있었다.

"니체에 따르면 먼 옛날, 인류는 늑대나 매처럼 강한 것을 선하다고 하는 가치관을 가지고 있었지만 어느 때 – 구체적으로는 기독교라는 종교와 도덕이 발생하고 나서 – 부터 양처럼 얌전한 약자를 선하다고 하는 가치관을 갖게 되었어. 이것은 인간 본래의 자연스러운 가치관이 아니라 나중에 종교가와 도덕가가 옳다고 세뇌한 가짜 가치관이라고 니체는 주장했다. 그래, 니체는 신이나 선이나 도덕을 보편적이기는커녕 인공적인 것이며 게다가 지배자가 자기에게 유리하도록 인간을 얌전하게 만들기 위한 억압 도구에 불과하다고 했지."

지금 이 발언은 린리의 입장에서 보면 당연히 그냥 넘길 수 없다. 린리는 일어서서 반론했다.

"니체가 어떻게 생각하든 자기 마음대로지만, 사실로서 도덕이 있기 때문에 지금 인간은 평화롭게 살 수 있는 게 아닐까요?"

"흠, 그럴까. 인류의 역사를 거슬러 올라가면 도덕, 즉 선이나 정의 같은 이상을 가진 인간 쪽이 소위 악인 이상으로 많은 인간을 죽였어.

예를 들면 인간보다 상위의 존재인 신을 믿는 자….

예를 들면 자기 자신의 정치사상을 정의라고 믿는 자….

대량 학살을 일으킨 것은 언제나 그런 인간들이었다. 테두리 바깥쪽의 이상적 존재에 몰두하는 인간은 테두리 안쪽에 있는 현실의 존재를 업신여기는 경향이 있어. 그러므로 니체는 있지도 않은, 보거나 만질 수 없는 신이나 도덕을 숭배할 것이 아니라 현실의 존재 – 철학의 세계에서는 멋지게 '실존'이라고 부르는데 – 인 그 실존으로 눈을 돌리고 살아가라고 강하게 호소했지. 실존을 중시하는 이 사고방식을 실존주의라고 부른다.

이것은 물론 계보로 따지면 오른쪽의 현실적 철학이고 경험주의와 합리주의의 대립 다음에 나타난 철학이기는 하지만, 이후 철학사에서 실존주의와 대립하는 왼쪽, 그러니까 절대주의를 조상으로 하는 철학은 전혀 나오지 않았어."

헉, 그렇구나. 2,500년이나 계속 논의되어왔는데?!

"철학사는 이 뒤에도 구조주의, 도구주의, 포스트구조주의 등 다양한 주의와 주장, 철학 체계를 만들어내지만 실은 그 모든 것이 오른쪽의 철학인 진리나 정의를 상대화해서 부정하는 사고방식에 해당하는 것뿐이야.

즉 철학의 역사… 선과 정의를 추구해온 인간의 사색의 역사는 어떤 의미로는 니체가 마침표를 찍었다고 해도 과언이 아니다."

그래서였구나! 철학자라고 하면 소크라테스와 니체가 엄청 유명한데 그 이유를 지금 확실히 알게 되었다. 선을 추구하는 철학의 역사를 소크라테스가 시작하고 니체가 끝냈다. '선하게 살아가다'와 '신은 죽었다'. 그래서 이 두 사람이 철학에서 매우 중요한 인물이라는 걸까.

"하지만! 그래도 전 옳은 것은 옳다. 선한 것은 선하다. 그런 절대적인 것이 역시 이 세상에는 있다고 생각합니다."

린리는 어디까지나 윤리를 관철했다.

"그렇군. 하지만 그렇다 하더라도 너 자신은 그 절대적인 옳음에 도달하지 못해. 그건 너 자신이 가장 잘 알지 않나?"

"무슨 말씀이시죠?"

"실존주의 철학자 키르케고르가 저서 《죽음에 이르는 병 *Sygdommen til Døeden*》에서 말한 내용인데 단순한 거야. 인간은 유한하고 불완전한 존재기 때문에 무한하게 옳은 선, 완전한 정의가 어떤 것인지 알 수 없고 실행할 수도 없다. 그래서 인간은 절망할 수밖에 없다는 이야기지."

"아뇨, 그건 너무 비관적이에요. 인간은 완벽하게 옳은 선을 알 수도 실행할 수도 있습니다. 예컨대 사람을 죽이는 것은 틀림없이 악이지요. 거짓말을 하는 것도 틀림없이 악이고요. 그 이야기는 그 반대가 분명히 선이니까 사람을 죽이지 않는다, 거짓말하지 않는다는 것은 모든 사람이 따라야 할 완벽한 선이라고 할 수 있어요."

"모든 사람이 따라야 할 완벽한 선이라고…. 너의 도덕관은 임마누엘 칸트Immanuel Kant(1724~1804)와 똑같구나. 칸트는 인류사에서 도덕에 대해 가장 많이 생각했다는 철학자인데, 너와 마찬가지로 예를 들어 '거짓말을 하면 안 된다'처럼 절대적으로 옳다고 할 수 있는 도덕규범이 이 세상에 있다고 가르쳤어. 그러나…."

선생님은 조금 미안한 듯이 말을 이어갔다.

"언젠가 그 도덕규범이 마음에 안 들었던 사람이 칸트에게 이런 심술궂은 질문을 했지. 집에 살인마가 와서 가족이 있는 곳을 물었다고 하자. 만일 가족이 있는 곳을 가르쳐주면 살인마는 그 길로 가족을 죽이러 가겠지. 자, 너는 살인마에게 뭐라고 대답해야 할까?"

이것은 즉…, 거짓말을 하면 가족이 살 수 있지만 거짓말을 하지 않으면 가족이 죽는다, 이 둘 중 하나를 선택하라고 강요하는 사고 실험인가.

"저라면 살인마에게 '아까 저쪽에서 봤어요'라고 대답합니다."

"오, 그건 진실일까?"

"네, 진실이에요. 단, 본 건 사흘 전 일이지만요."

"그렇군. 그러니까 살인마가 그 장소에 가도 가족은 없고, 대답한 사람 자신도 거짓말은 하지 않았다고."

린리는 고개를 끄덕였다.

"흠. 지금 그 대답, 실은 칸트의 대답과 똑같았는데 마사요시는 지금 대답에 대해 어떻게 생각하지?"

"…."

어쩌면 기지를 잘 발휘했고 그 상황에서는 가장 나은 대답 같다.

그러나….

"부회장은 거짓말을 하지 않았다고 주장하는데 너도 그렇게 생각하나?"

그 말에 내 마음은 무너졌다. 미유 선배의 그 일. 계속 마음에 걸렸던 점. 나는 말해버렸다.

"아뇨, 그건 거짓말이라고 생각해요. 사람을 속이는 것이나 다름없다고 봅니다."

내 대답에 린리는 놀란 얼굴을 했다.

물론 사실을 말하면 된다고도 생각하지 않는다. 그래도 분명히 속일 의지가 있었는데 자신은 속이지 않았다고 우기는 것은 뭔가 잘못됐다. 그것이야말로 윤리에 어긋나는 게 아닐까.

"그래, 그 대답도 있을 수 있다. 실제로 칸트의 대답에 그렇게 반론한 사람도 있었고. 칸트, 그리고 부회장도 스스로는 절대적으로 옳은 행위를 했다고 생각할지 모르지만 이처럼 그 행위가 옳지 않다고 느끼는 타자가 있다는 점은 결코 부정할 수 없어.

게다가 부회장, 살인마가 똑똑해서 실제 증거로 확인할 만한 질문을 했다면 어떻게 할 셈이었지? 물론 단순하게 침묵한다는 대답도 있지. 그러나 이것은 사고 실험이다. 상대방에게 침묵이 허용되지 않고 얼버무리기가 통하지 않는 특수한 상황인 경우, 너는 어떤 대답을 할까?"

"그때는 진실을 말할 겁니다."

"그건 가족이 살해당하더라도 거짓말을 하지 않고 진실을 이야기한다는 건가?"

"그렇습니다! 어떤 경우든 거짓말을 하는 건 윤리적으로 문제가 있습니다. 그러니까 저는 진실을 말할 거예요. 왜냐하면 그게 도덕이고 선이고 정의니까요!"

린리는 분명한 어조로 말했다.

"오호, 그 답도 칸트와 똑같구나. 확실히 그 대답에는 일정한 정당성이 있어. 만일 '상대가 살인마라면 거짓말을 해도 된다'는 예외를 만들어버리면, 악인이라면 거짓말을 해도 된다, 적이라면 거짓말을 해도 된다, 신뢰할 수 없는 사람이라면 거짓말을 해도 된다고 차례로 조건부 거짓말을 인정해야 해. 그래서는 더 이상 '거짓말을 하면 안 된다'는 절대적인 도덕규범이 아니게 되지.

하지만⋯. 가족이 죽을 게 눈에 보이는데 그래도 진실을 말하는 것이 정말 정의라고 할 수 있을까?"

"정의입니다!"

린리는 단언했다.

순간 린리의 태도에 의아해하는 웅성거림이 교실 전체에 퍼졌다. 무리도 아니다. 린리는 지금 '정직한 것은 가족이 살해당하는 것보다도 우선해야 할 정의다'라고 주장하고 있다.

"세상에, 진짜 학살이라도 저지를 것 같아⋯."

그렇게 중얼거리는 소리가 앞줄의 우리 자리에까지 들렸다.

이상을 완고하게 추구한 나머지, 현실의 존재를 소홀히 하는 종교의 정의의 문제점. 나는 눈앞에서 그것을 보는 듯했다. 그러나 당사자인 린리는 주변의 반응에 동요하지 않고 태연하게 앞을 응시하며… 아니, 그렇지 않다, 아주 조금이지만 손가락이 가늘게 떨리는 것을 제일 가까이 있는 나는 놓치지 않았다.

"그럼 부회장, 트롤리 딜레마 같은 사례는 어떨까? 트롤리를 그대로 달리게 해서 다섯 명을 죽게 내버려둘까, 아니면 선로를 전환해서 관계없는 한 명을 희생할까 하는 문제지. 너 같으면 어떻게 대답할까?"

그건 나도 궁금했다. 린리라면 이 문제에 뭐라고 대답할까. 내 예상으로는 아마도 선로를 전환하지 않고 다섯 명을 죽게 내버려둔다는 쪽일 것 같았다. 린리는 어떤 상황에서든 인간의 생명을 이용하여 어떤 목적을 달성하는 일은 절대로 있어서는 안 된다는 사고방식을 가지고 있을 듯했다.

그러나 –

"가족…."

"응?"

내 예상은 완전히 빗나갔다.

"가족이나 애인이나 친구… 자신에게 소중한 사람이 있는 건 문제에서 어느 쪽인가요?"

린리는 얼굴이 새파래져서 흥분한 어조로 물었다.

"무슨 소리지? 그게 이 문제의 선택과 관계가 있나? 그럼 가령 어느 쪽에 너희 가족이 있다고 하지. 그러면 너는 가족이 있는 쪽을 구하고 가족이 없는 쪽을 죽게 내버려둬야 한다고 말하고 싶은 거야?”

“아뇨, 그렇지 않아요! 그 반대입니다! 자기 가족이 있는 쪽을 죽게 내버려둬야 한다고 생각합니다!”

아니, 린리는 무슨 말을 하는 거지?

“왜냐하면 자신에게 소중한 인간을 우선해서 구하려고 하는 행위는 사적인 감정이니까요. 사적인 감정은 보편적인 것이 아니라 개인적인 겁니다. 거기에 모든 사람이 지향해야 할 정의는 없어요. 그러니 만일 한쪽밖에 구할 수 없는 상황이라면 우리는 솔선해서 가족을 내버려두고 타인을 구하러 가야 되고 모든 사람은 반드시 그런 의무를 짊어져야 한다고 생각해요!”

아니지, 아무리 그래도 그건 정의가 아니잖아. 그러나 린리가 무슨 말을 하고 싶은지는 알겠다.

원리적으로 정의란 그런 것일지 모른다.

하지만 린리가 말한 것은 우리가 보기에는 그저 광기일 뿐이다.

“부회장, 다시 한번 확인하겠는데 그건 정말로 정의일까?”

“네.”

정의입니다.

그렇게 말하려고 했을 것이다. 그러나 린리의 입에서는 정의라는 단어가 아니라 지금까지 한 번도 들어본 적 없는 소리가 울렸다.

그것은 우리와 선악을 전혀 공유하지 못하고 생김새도 크게 다른 우주인이 있다면 꼭 그 우주인이 말하는 언어 같은 소리였다. 의미를 알 수 없는 불쾌한 소리가 바로 린리가 토하는 소리라는 것을 깨닫기까지 잠시 시간이 걸렸다.

교실 전체가 떠들썩해졌다.

린리가 같은 간격으로 연속해서 내는 이상한 소리. 그리고 이상한 냄새. 뒤쪽에서 반쯤 졸며 수업을 듣던 학생들도 상황을 깨닫고, 언제나 새침한 얼굴을 한 부회장의 추태를 보려고 우르르 모여들었다.

"괜찮아?"

나는 주위에서 그 광경을 보지 못하도록 벽이 되어주면서 린리의 등을 다독이며 물었다.

그러나 린리는 대답하지 않고 눈물을 흘리며 오열을 반복했다.

8장

사람이 정의를 증명할 수 있을까?
― 직관주의의 문제점

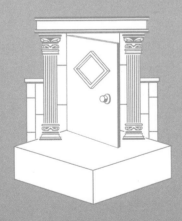

지유키는 학생회실 책상에 유인물을 탁 내던지고 나를 향해 말했다.

"이제 마사요시한테 맡길게!"

지유키가 내던진 것은 린리네 반의 연락용 유인물이었다. 내 짐작에는 이 걸 갖다주는 것을 핑계로 린리네 집을 찾아가라는 말 같다.

수업에서 토한 사건 이후, 린리는 학교에 오지 않았다. 따라서 지금 이 학생회실에 린리의 모습은 없다.

칠판에는 며칠 전에 항목별로 쓴 '직관주의의 문제점'이 변함없이 늘어서 있었다. 지유키는 그 앞에서 버티고 서 있었다. 날마다 방과 후가 되면 지유키는 린리가 오기를 계속 기다렸지만, 일주일이 지나도 출석할 조짐이 안 보이는 이 상황에 결국 지친 것 같았다.

"자기 때만 도망치다니 치사하잖아!"

지유키는 마치 린리가 돌아가며 맡는 당번이라도 빠진 것처럼 말했다. 말은 저렇게 해도 지유키는 나름대로 린리를 걱정하고 있다. 일부러 다른 반까지 가서 유인물을 가지고 온 것이 그 증거다.

나도 슬슬 어떻게든 해야겠다고 생각하던 참이라 "좋아, 가자!" 하고 지유키의 안에 찬성했다.

"그래, 그럼 부탁해."

지유키는 그렇게 말하고 내 가슴에 유인물을 내던졌다.

"흐엑?"

나는 유인물로 가슴을 맞을 때 얼빠진 소리를 냈다.

"…혹시 나 혼자만?"

"그래, 맡긴다고 했잖아. 학생회장이니 학생회 대표고."

아니, 그건 그렇지만 여자 집에 남자가 혼자 가는 것은 좀 곤란하지 않나.

"같이 가도 되잖아."

"아유, 됐어. 잘 좀 헤아리라고. 자, 여기 주소."

지유키는 손에 쥐고 있던 종이를 이쪽을 향해 팔랑팔랑 흔들었다. 와, 왠지 분위기 파악 못 하는 인간 취급을 당했다. 조금 욱했지만 린리가 걱정스럽긴 하다. 구석에서 말없이 책을 읽는 미유 선배도 함께 갈 생각은 없어 보여서 나는 각오를 다지고 혼자 가기로 했다.

"참, 마사요시."

그때 선배가 책에 시선을 향한 채 내게 말을 걸었다.

"린리네 집에 가기 전에 잠깐 시간 있어? 린리의 가정 사정에 대해 이야기해두고 싶은 게 있는데."

254

＊ ＊ ＊

그로부터 한 시간 뒤, 나는 목적지에 도착했다.

그러나….

"어, 여긴가…."

나는 지유키에게 받은 주소와 눈앞의 문패를 몇 번이고 다시 보며 문 앞에 한참 서 있었다.

도쿠가와 린리. 이름과 외모, 평소 행동을 보고 린리의 집은 고급 단독주택, 아니면 보안 설비가 철저한 고급 아파트, 그 어디쯤이겠지 하고 나는 마음대로 생각했었다. 그러나 내 눈앞에 있는 현실은 그야말로 낡아빠진 다세대주택이었다. 얼룩투성이 벽, 먼지 쌓인 배관, 복도에 놓인 오래된 세탁기, 그리고 보안 설비고 뭐고 없는 싸구려 나무문…. 주소와 문패를 보았을 때 여기가 틀림없이 린리의 집이었다.

나는 벨을 눌렀다. 그러자 안에서 부스럭거리는 소리가 다가오더니 문 너머에서 소리가 멈추었다. 어찌나 문이 얇은지 사람의 기척이 그대로 느껴졌다.

달칵.

문에 달려 있는 우편함이 열렸다. 보통 이럴 때는 문 위쪽에 달린 도어스코프로 찾아온 사람의 얼굴을 확인하지만 이 집 문에는 도어스코프도 없었다. 그래서 이런 방법으로 문밖을 확인하는 거겠지.

"…돌아가."

안에서 들린 목소리는 가냘프고 약했지만 역시 린리였다. 곧바로 우편함이 달칵 닫혔다.

어떡하지?

교복 발치를 보고 나라는 걸 알고 거절했나? 그렇다면 어설프게 말을 걸지 않는 편이 낫나?

아냐, 하지만 그러면 대화를 나눌 수 없잖아. 예상 밖의 일이 이것저것 겹쳐서 나는 살짝 혼란스러웠다. 그러다가 손에 유인물을 들고 있다는 사실을 깨달았다.

아, 그랬지, 유인물!

나는 반사적으로 우편함을 열고 유인물을 넣으려고 했다. 그러나 "어?!" 하고 당황하는 소리가 나더니 안쪽에서 꽉 눌렀는지 우편함이 닫혀버렸다.

아… 큰일 났다, 엿본다고 오해받았을지 몰라. 나는 "아냐! 엿본 게 아니라! 그게 아니고!"라고 소리치면서 억지로 우편함을 열려고 했지만 문 너머 상대도 있는 힘껏 닫으려고 했다. 한동안 문 하나를 사이에 두고 달각달각 우편함으로 옥신각신한 끝에 마침내 나는 간신히 우편함에 유인물을 밀어 넣는 데 성공했다.

좋아, 미션 완료.

황당해하는 린리의 목소리가 들렸다.

"2학년 A반 소식. 신 메뉴, 오코노미야키빵* 시식 리포트…. 이 쓸모없는 유인물은 뭐니…."

그때 나는 원래 목적을 떠올렸다.

"나 마사요시야. 얘기 좀 하고 싶은데."

---

* 일본식 부침개 오코노미야키 재료인 채소, 고기, 초생강, 가다랑어포 등을 반죽 위에 올려서 구운 빵.

잠시 뒤, 문 너머에서 후우 하고 한숨 쉬는 소리가 들렸다.

"혼자야?"

"아, 응, 지유키가 혼자 가라고 해서."

"지유키가?"

"아, 저기, 지유키가 말해서 온 건 아니고 네가 걱정되어서."

"그런가, 지유키가….."

찰칵.

이번에는 우편함이 아니라 문이 열렸다.

어이없을 만큼 간단히.

어쩐지 지유키를 봐서 열어준 것 같아서 좀 걸렸지만 여자들끼리 뭔가 미묘한 사정이 있겠지. 하여간 문을 열어준 것에 순순히 감사하며 안으로 들어갔다.

린리네 집 현관. 나무문 너머는… 예상대로 꾀죄죄하고 좁은 원룸이었다. 방바닥에는 도시락집 비닐봉지가 널려 있어서 그야말로 쓰레기통 같았고, 개지 않은 채로 둔 이불이 한 채만 있는 것으로 보아 역시 부모님하고 같이 살지 않고 혼자 지내는 듯했다.

"그래서 용건은 뭔데?"

"어, 저기 유인물 갖다 주러….."

"…그건 벌써 받았고."

솔직히 말하면 나는 이 다세대주택을 봤을 때부터 어쩔 줄 모르는 상태였다. 언제나 당당한 린리가 이토록 낡은 집에 살고 있다는 것, 그 방이 쓰레기통 같은 꼴이라는 것, 학교를 계속 쉰 것도 그렇고 또 미유 선배에게 들은 린리의 신상 이야기…. 생소한 정보가 너무 많아서 내 머리가 전혀 쫓아가지 못했다.

무엇보다 린리의 얼굴에 가장 놀랐다.

평소에 린리는 몸 중심에 철사가 들어 있나 싶을 만큼 반듯한 자세에 위엄 있고 자신에 찬 표정을 하고 있었다. 그런데 지금은 볼품없이 부스스한 머리, 여윈 뺨, 생기 없이 창백한 안색에 눈 밑에는 짙은 다크서클이 있고, 등은 구부정하고, 주뼛거리며 자신 없어 보이는 표정을 짓고 있었다. 자칫하면 길에서 스쳐 지나가도 린리를 알아보지 못할 것 같았다. 그 정도로 평소와는 너무 다른 모습이었다.

"몸이 안 좋아 보인다."

"응… 잠을 좀 못 자서…."

"불면증?"

"…."

"가족은?"

"없어…. 오랫동안 혼자 살았어…."

"그랬구나…."

"응… 그래서 남자를 방에 들이는 건 윤리적으로 문제가 있지만… 아무튼 들어와."

그 말에 신발을 벗고 현관 위로 올라갔다.

"꾀병으로 학교를 쉰 나한테는 이미 윤리적으로 이러쿵저러쿵할 자격이 없지만."

린리는 자조적으로 말했다.

"역시 꾀병이었구나."

"잠을 못 자는 건 사실이야."

"다들 걱정하고 있어. 지유키도 미유 선배도. …그리고 선배한테 들었어. 그… 아버지 일."

그 말에 린리는 굳어졌다.

"그렇구나… 그럼 전부 알고 있겠네."

＊ ＊ ＊

미유 선배한테 들은 린리의 개인적인 이야기. 아니, 정확하게는 린리 아버지의 이야기라고 하는 편이 맞을 것 같다.

그것은 10년도 더 전에 린리가 다니던 어린이집에서 화재가 일어난 일이었다. 당시 소방관이었고 우연히 그 시간에 린리를 데리러 왔던 린리 아버지는 홀로 화재 현장에 뛰어들었지만 아이들 서른 명이 있는 방으로 가지 않고 자기 딸만 우선 구하는 사건을 저질렀다.

아니, '사건을 저질렀다'는 표현은 적절하지 않다. 린리 아버지가 소방관이라고는 해도 그날은 비번이어서 장비 하나 없이 불바다에 과감하게 뛰어들었다. 그 상황에서 자기 딸을 구하러 간 선택은 결코 잘못되었다고 할 수 없으며 오히려 피해자 중 한 사람이라고 해야 맞다.

하지만 아버지가 현역 소방관이었다는 점, 그리고 죽은 아이들의 숫자가 너무 많았다는 점이 주목을 끌어서 세간은 그의 선택에 의혹을 품었다. 또한 왠지 모르게 린리 아버지는 언론에게 집요하게 미움을 샀다. 그 바람에 '사실은 구할 여유가 있었다! 가족 구출 뒤에 여유를 보인 소방관'과 같은 제목의, 아마 사실이 아니었을 날조 기사까지 나서 주위에서 따돌림을 당했고 급기야 직장에서도 퇴직해야만 했다. 린리를 포함한 일가는 도망치듯 그 동네에서 사라졌다.

여기까지가 내가 선배에게 들은 이야기였고 그 후의 이야기는 린리가 자기 입으로 설명해주었다.

"사건 후, 우리는 곧바로 이사했어. 꼬리가 잡히지 않도록 여기저기 옮겨다녔지. 나는 그때 어렸기 때문에 사정을 하나도 몰라서 틀림없이 아버지는 계속 소방관으로 일하고 있는 줄 알았어. '소방관인 아버지는 정의의 편이고 히어로니까 전국 여러 곳에서 도움을 요청하고 있어. 그래서 우리는 이사를 많이 다니는 거야'라고 생각했지. 실제로 아버지도 그렇게 말했어. 자기는 소방관이고, 정의의 편이라고. 아버지는 거짓말을 한 거야."

사실과는 다른 말을 했으니 확실히 거짓말이다. 하지만 과연 비난받을 거짓말일까.

"난 아버지를 존경했거든. 어렸을 때부터 정의의 편이 되고 싶다는 꿈을 가지고 있다가 그대로 어른이 된 것 같은 아버지를 정말 좋아했어. 그러나 계속 이사를 다니게 된 뒤로 아버지는 웃음을 잃었고 언제나 뭔가 고민하는 것 같았어. 아버지의 변화를 나는 당연히 수상하게 여겼지. 아버지에게 무슨 일이 일어난 게 아닐까 해서.

그 뒤에 커서 인터넷을 접할 수 있는 정도의 나이가 됐을 때, 나는 아버지에 대해 스스로 조사해보기로 결심했고 당시의 기사를 발견하고 말았어. 물론 어린이집 화재 기사야.

이상한 일이지만 그 기사를 읽은 순간, 나는 그날 사건이 뚜렷하게 떠올랐어. 어째서 그때까지 잊고 있었는지 모를 만큼. 나는 당장 아버지에게 따지면서 소란을 피우기 시작했어. 왜 그런 선택을 한 거야! 어째서 지금까지 거짓말을 했어! …분명 흥분해서 평정심을 잃었겠지. 나는 아버지에게 해서는 안 되는 말을 하고 말았어."

'거짓말쟁이!'

'날 구하지 않았으면 좋았을 텐데!'

'그랬으면 다들 더 행복했을 텐데!'

"…그게 계기였을 거야. 아버지는 마음의 병을 앓기 시작해서 지금은 입원해 있고 어머니하고는 이혼 조정 중이야."

린리는 자신의 과거 얘기를 끝내고 크게 한숨을 쉬었다. 그러고선 매달리는 듯한 얼굴로 나를 보았다.

"너는 어떻게 생각해? 아버지의 행동이 옳았다고 생각해?"

"…"

여태껏 린리에게서 여러 번 옳음에 대해 질문받았지만 지금까지 받은 질문 중에서 가장 무거운 질문이었다.

"역시 나를 구한 건 잘못이 아니었을까? 아버지는 사적인 정에 사로잡히지 말고 서른 명의 아이들을 구해야 했던 게 아닐까? 그리고 거짓말을 하지 말고 나에게 진실을 전했어야 하지 않을까?"

"아니, 그런 건…."

질문을 거듭하는 린리에게 나는 반쯤 반사적으로 대답했다. 그러나 그 이상의 말은 나오지 않았다. 어느 쪽이 옳다, 이렇게 하는 편이 정의였다고 내가 말할 수 있을 리 없다. 그래서 나는 한심스럽게도 침묵하고 말았다.

그때 문득 내 시야에 책장이 들어왔다. 이 작은 방에는 어울리지 않는 커다란 책장인 데다가 쓰레기봉투로 가득한 지저분한 방 안에서 왠지 그 책장 주변만은 깨끗하게 정리되어 있었다. 마치 신성한 제단처럼 보였다. 린리는 내 시선이 어디를 향해 있는지 알아챘다.

"저건 선과 정의에 관한 윤리학 책만 모아둔 책장이야. 지금 네게 질문한 것, 그 답을 찾고 싶어서 내 나름대로 내내 공부했어."

린리는 일어서서 책장 쪽으로 걸어갔다.

책장을 보면 그 사람의 정신 구조를 알 수 있다는 이야기를 들은 적이 있다. 그렇다면 린리의 정신은 틀림없이 정의 한 가지로만 이루어졌다고 해도 과언이 아닐 것이다.

린리는 깔끔하게 진열된 책들의 책등을 확인하듯 한 권 한 권 손가락으로 짚었다. 그 책들에는 접착식 메모지가 빼곡히 붙어 있었다.

"하지만 여기 있는 책을 아무리 읽어도 답은 쓰여 있지 않았어. 아니, 답은 커녕 읽으면 읽을수록 정의가 뭔지 알 수 없어졌어. 그러니까… 진짜 거짓말 쟁이는 나야."

"뭐?"

"양심을 따르면 생각하지 않아도 선한 것을 알 수 있다, 나는 언제나 그렇게 말했지. 하지만 사실은 몰랐어. 계속 알고 있는 척했을 뿐이야. 그런데 난… 부끄러움도 모르고 독선적으로 정의를 내세우고 옳음을 강요했어. 마사요시, 이제껏 불편했지. 진짜 미안해."

약하디약한 소리로 린리가 사과했다. 아니, 그렇지 않다. 나는 이런 모습을 보고 싶었던 게 아니다.

"그렇지 않아. 그야 사람이니까 완전한 선이나 정의는 알 수 없을지 모르지만 그래도 넌 모두의 모범이고 훌륭하고 누구보다도 우등생이잖아."

"우등생? 내가?"

린리는 의외라는 듯한 표정을 지었다. 그리고 갑자기 웃기 시작했다.

"넌, 혹시 나를 우등생이고 착한 사람이라고 생각하니? 아마 우리 학교에서 가장 성격이 나쁜 사람은 나일 거야."

린리는 자조하듯 일그러진 웃음을 띠었다.

"그렇잖아. 내가 날마다 뭘 생각하는지 알아? 미뇨네트호 사건. 1884년 식량도 물도 없이 바다에서 조난당한 네 사람이 쇠약해진 동료 소년을 죽여서 그 피를 마시고 살을 먹은 사건이야. 그 후 구조된 그들은 '살인 행위를 하지 않았다면 전원이 굶어 죽었을 테고 죽은 소년은 이미 쇠약해져서 그냥 뒀어도 죽었을 것이다. 그러니 어쩔 수 없었다'고 주장했다지만 과연 그들의 행위가 옳다고 할 수 있을까?

그럼 이 사건을 바탕으로 해서 다양하게 조건을 바꿔보자. 소년이 쇠약하지 않은 사례라면 어떨까? 또는 소년이 독에 당해서 몇 시간 뒤에 확실하게 죽는다는 걸 알고 있는 사례라면?"

린리는 갑자기 우리의 대화 맥락을 무시하고 어떤 사건에 대해 말하기 시작했다. 물론 평소에 이런 생각을 하고 있다는 것을 내게 이야기하고 싶을 테고, 실제로 린리가 갑자기 어떤 사건에 대해 이야기했던 적은 여러 번 있었지만, 말투가 너무 이상했다. 린리는 눈앞에 내가 있는 것도 잊고 혼자서 토론을 이어갔다.

"이런 종류의 식인형 사건으로는 1972년 안데스산맥에 추락한 비행기 571편 이야기도 잊으면 안 돼. 이 사건이 다른 사건과 달리 특수한 것은⋯."

린리는 즐거운 듯 또 다른 사건을 이야기했다.

아무 자료도 보지 않고 사건 개요를 유창하게 설명하는 것으로 보아 린리의 머릿속에는 역사상의 처참한 사건이 여러 개 새겨져 있을 것이다. 나는 린리가 말하는 다양한 사건을 묵묵히 계속 들었다. 극한 상태로 내몰려서 부자유하고 부조리한 선택을 해야 했던 인간들의 실제 사건들이었다. 그리고 이야기는 어느덧 현실이 아니라 추상적인 정의론에까지 이르렀다.

"그런데 인공 임신 중절은 나쁜 걸까? 태아를 사람으로 친다면 임신 중절은 살인이고 명백한 악이 되지만 한편으로 강간당해서 원치 않게 임신한 사례도 생각해봐야 해.

예를 들어 한 여성이 갑자기 구타당해서 정신을 잃었다가 깨어났는데 튜브가 배에 삽입되어 있고 그 튜브를 통해서 자신의 영양분을 전혀 모르는 혼수상태의 타인에게 계속 보내고 있었다고 생각해봐. 물론 그런 부자유한 상태로는 일도 그만둬야 하고 애인하고의 친밀한 관계도 깨지고 말겠지. 그 여성은 초면인 혼수상태의 타인을 살리기 위해서 자신의 인생을 희생할 이유가 없다고 판단했어. 그리고 혼수상태의 타인이 죽는다는 걸 알면서 튜브를 빼버리고 그 자리에 도망쳤어.

자, 넌 그 선택을 한 여성을 비난할 거야? 만일 비난한다면 너는 그 여자의 인권, 즉 자유롭게 살아갈 권리를 부정한 것이 돼. 만일 비난하지 않는다면 넌 살인, 즉 인공 임신 중절을 허용—."

"이제 그만해, 알았으니까!"

나는 린리의 어깨를 붙잡고 혼잣말을 강제로 멈추게 했다. "잠을 못 자고 있어"라고 린리는 좀 전에 말했는데 어쩌면 밤새 이런 문제를 생각하고 있었던 건 아닐까. 린리의 눈은 텅 비어 있고 초점도 맞지 않아서 지금 제정신인지 미심쩍다.

"난 매일 이런 걸 계속 생각하고 있어."

린리는 멍한 표정으로 이야기를 계속했다.

"하지만 윤리학 책은 대개 이래. 인간을 궁지에 몰아넣고 어떤 길을 선택해도 반드시 불행해지도록 면밀하게 상황을 설정해서…."

얄궂다고 생각했다. 정의를 찾기 위해 윤리학을 공부했을 것이다. 그리고 그 결과, 린리는 차마 듣기 힘든 처참한 사건과 해결이 불가능한 사고 실험을 골똘히 생각하고 끝없이 되새기고 있었다.

내가 잠시 말이 없는 사이에 린리는 다시 뭔가를 중얼거리기 시작했다. 제대로 문장 형태를 갖추지는 못했지만 띄엄띄엄 들려오는 단어는… 화재… 어린이집… 오른쪽인가 왼쪽인가… 아버지…. 분명 그 사건을 떠올리고 무엇이 옳은 행위였는지 생각하고 있었다.

"린리!"

나는 린리의 몸을 흔들면서 다시 한번 이름을 불렀다. 그리고 "됐으니까 이제 생각하지 마!" 하고 강하게 말했다.

린리는 의외로 "그러네, 이제 안 할게"라고 순순히 따르는 대답을 했지만 다음 순간에 몸이 마치 실이 끊어진 듯 힘을 잃었다. 나는 린리의 어깨를 잡고 있다가 황급히 린리를 떠받쳤다. 얼굴을 들여다보니, 린리는 무표정하게 그저 눈을 뜨고 있었다. 살아갈 기력을 잃은 듯이 몸에 힘이 없었다.

"이제 지쳤어…."

린리가 말했다.

그러더니 허무와 체념에 찬 표정으로 누구에게 말하는 것도 아니고 허공을 향해 질문을 던졌다.

"정의란 무엇일까?"

'정의 같은 건 그저 표면상의 원칙이자 이 세상에 존재하지 않는 것.'

일순 그런 답이 내 뇌리를 스쳤다. 혹시 그렇게 대답하면 린리는 편해질지 모른다. 예전의 내가 그랬듯이.

직관주의의 문제점. 그것은 지극히 단순해서 '인간은 정의를 직관할 수 없다', '인간이 완전한 정의를 알 리 없다'고 하는, 잘 생각해보면 당연한 사실이다. 애당초 정의란 무한히 옳은 것이지만 한편으로 인간은 어디까지나 유한한 존재에 지나지 않는다. 그러므로 유한한 컵으로 무한한 물을 뜰 수 있을 리가 없듯이 인간(유한)이 정의(무한)를 헤아린다는 것은 처음부터 가능하지 않다.

그러니… 린리의 말대로 직관주의자는 거짓말쟁이가 되어야 한다. 알 리 없는 것을 안다고 주장해야 하니까.

더군다나 그 허식은 트롤리 딜레마 같은 이율배반적인 선택 문제를 들고 나오면 금방 드러나고 만다. 물론 '사람을 죽이면 안 된다', '곤란한 사람은 도와야 한다' 같은 단순한 문제만 이야기하고 어려운 문제에 대해서는 보고도 못 본 척하는 방법도 있을 것이다. 하지만 린리처럼 정말 진지하고 엄밀하게 정의를 찾으려고 생각한다면… 그리고 찾아야 하는 이유가 있다면… 그 사람은 트롤리 딜레마 – 현실에서 일어날 수 있는 어려운 문제 – 에서 눈을 돌리지 못하고 고민하고 피폐해지고 절망해서 그 결과, 파국을 맞는다. 광기에 빠질 수밖에 없다.

그렇다면 린리 같은 직관주의자, 말하자면 절대적으로 완벽하게 정의된

대로의 정의를 목표하는 사람에게는 오히려 "정의 같은 건 없어"라고 말해주어야 하지 않을까.

아니다…. 예전의 나라면 그렇게 대답했을지 모르지만 지금은 아니다. 윤리 수업을 받고 학생회 멤버들과 토론하며 지난 반년 동안 나도 정의에 대해 나름대로 고민해왔다. 그러니까 나는… 린리에게 대답해주고 싶었다. 정의 따위는 없다는 안이한 대답이 아니라 틀리더라도, 논파당해도 좋으니까 내 나름대로 제대로 생각한 답을 린리에게 말해야 했다. 지유키처럼. 미유 선배처럼.

나는 지금까지의 윤리 수업을 필사적으로 다시 떠올렸다. 공리주의, 자유주의, 직관주의… 인간이 정의라고 판단할 때의 기준이 되는 세 가지 사고방식. 나는 그 설명을 몇 번이고 머릿속에서 반복하며 그 화재 사건에 적용했다.

린리 아버지는 구할 수 있는 사람 수가 많아지도록 평등하게 구조하는 편이 선한 것이 아니었을까. 아니야, 아버지도 자유롭게 살아갈 권리가 있는 인간이니 자유롭게 구조해도 선한 것이었을 거야. 또는 딸을 무엇보다 우선해서 구한 것은 부모로서 정당한 행위며 역시 선한 것이 아니었을까.

나는 다양한 답을 머릿속에 늘어놓았다. 그러나 어떤 답에 대해서든 얼마든지 반론이 성립될 것 같았다.

그때 나는 묘한 위화감을 느끼고 있다는 사실을 깨달았다. 아니, 정확히 말하면 좀 더 전부터…. 그렇다, 윤리 수업을 처음 받았을 때부터 사실은 계속 위화감을 느꼈다.

나는 그 정체를 찾으려고 내 속에서 소용돌이치는 불쾌한 감각에 시선을 돌렸다. 그리고 느닷없이 깨달았다.

"그런가, 알았어! 정의는 답을 내면 안 되는 거야!"

갑작스러운 큰 소리. 그리고 정의에 관한 언명. 힘이 빠져 있던 린리도 여기에는 고개를 돌리고 반응했다.

"…그건 정의에… 답이 없다는… 거야?"

"아니, 그게 아니라, 아니 그거지만, 그게, 뭐라고 하면 좋을까."

방금 전에 뇌리에 처음 떠오른 감각이라 말로 잘 설명할 수가 없었다. 나는 뜻밖에 얻은 이 직관을 잃기 전에 어떻게든 언어화하려고 신중하게 말을 골랐다.

"윤리 선생님의 수업… 여러 가지 정의의 사고방식… 어느 것이나 설득력 있었지만… 나는 뭔가 아닌데… 싫은데 하고 계속 생각했어. 만일 그 사고방식이 정의라고 정해져버리면… 이거야말로 정의라는 대답을 들으면… 그건 이제 정의가 아니게 된다… 그런 느낌이 들었어."

지금 이 순간, 내 머릿속에는 트롤리 딜레마의 풍경이 현실적으로 떠올랐다.

"굉음을 내며 다섯 사람을 향해 폭주하는 트롤리… 대피선 선로 위에는 그들과 관계없는 사람이 한 명 있고 마침 거기 선로전환기 레버 앞에 또 다른 사람이 있다면, 그때 레버 앞에 있는 사람은 무엇을 하면 정의, 옳은 행동을 취했다할 수 있을까. 그건 확실히 말해서 '알 리가 없지!'야. 인간은 신이 아니야. 완벽하지 않고 미래를 예지하지도 못해. 만일 신이 정한 선이 이 세상에 정말 있다고 해도 우리는 그걸 알 수 없으니 어떤 행동을 하면 옳았는지를 절대로 알 리 없다고!"

내 단언에 린리는 눈을 크게 뜨고 무언가 말하려고 입을 열었지만, 나는 상관하지 않고 이야기를 계속했다.

"하지만 그 상황에서 하면 안 되는 것, 이건 정의가 아니라고 생각하는 게

한 가지 있어. 사전에 정의를 일방적으로 단정하는 거야. 어떤 상황에서든 사람이 많은 쪽을 구해야 한다든가 그런 것."

"그건 공리주의를 부정하는 거야?"

"그뿐만이 아냐, 전부야. 자유주의도, 직관주의도, 정의에 관한 이 세상에 있는 모든 사고방식을 난 부정해!"

내 입에서 나온 말에 나는 스스로 놀랐다. 불손하게도 윤리학 그 자체를 부정하고 말았기 때문이다.

하지만 상관없다. 나는 그 기세에 몸을 맡겼다.

"왜냐면, 왜냐면 말야. 혹시 예를 들어 어떤 정의의 공식이나 법칙을 발견했다고 해서… 인간이 그저 그대로 따르기만 한다면 그걸 정말로 정의의 행위라고 할 수 있을까? 운 나쁘게도 트롤리 딜레마에 엮이고 만 사람이 있고, 그 사람이 폭주하는 트롤리와 죽어가는 타인을 눈앞에서 보며 담담하게 공식대로 레버를 조작한다면… 난 그런 풍경 어디에도 정의는 없다고 생각해."

그것이 만일 다수를 구하는 결과가 되었다고 해도, 우주의 보편적인 선의 법칙을 이루었다고 해도, 나는 그런 기계적인 행동이 정의라고 생각하지 않고, 정의라고 생각할 수 없다.

"그럼 트롤리 딜레마처럼 무엇이 옳은지 알 수 없는 상황에서 어떤 사람이 정의로운 사람이라고 할 수 있을까. 그걸 생각해봤더니… 떠올랐어. 분명그 사람은 자신의 옳음에 확신하지 못하고 불안 속에서 최후의 최후까지 고민하고 괴로워하면서도 무언가를 선택한 인간… 그건 역시… 린리 아버지 같은 사람이 아닐까?"

"…!"

트롤리 딜레마라는 상황에서 어떤 '행동'이 정의라고 생각하는지가 아니라 어떤 '인간'이 정의라고 생각하는가. 그것을 상상한 결과, 떠오른 인물의 모습이 있었다.

"뭐가 옳은지는 몰라, 알 리가 없지. 하지만 린리 아버지는 그래도 '옳은 모습으로 있고 싶다'고 생각했어. 그러니까 고민했지. 옳음 같은 건 없다든가 이것이 정의라든가 그런 쉬운 답으로 피하지 않고 괴로워하며 고민했어. 아버지가 그렇게 해서 겨우 딸을 구하겠다는 선택을 했다면, 그리고 딸을 구한 뒤에도 그것이 정말 옳았는지 고민하는 사람이라면 그야 선한 사람인 게 당연하잖아!

그런 사람이 정의가 아니라니 그럴 리 없고 난 절대로 인정 못 해! 그러니까! 그러니까 나는….'

겨우 도달한 내 나름대로의 결론을 이야기했다.

"린리 아버지는 정의였다고 생각해."

엉망진창인 논리였을지 모른다. 그래도 이것밖에 없다고 생각했다.

인간은 완전한 정의를 직관할 수 없고 알 도리도 없다. 어쩔 수 없는 현실이다. 하지만 무엇이 옳은지 모르는 그런 세계 속에서도 '옳은 모습으로 있고 싶다'고 바라고 자신의 옳음에 불안을 느끼면서도 선한 것을 목표하여 살아갈 수 있다.

분명 우리는 그것만으로 충분하고 오히려 그것이야말로 인간이 유일하게 실현 가능한 정의가 아닐까.

나는 어느새 울고 있었다.

나 자신 또한 오래전에 정의 같은 것은 없다고 포기해버렸기 때문이다. 하지만 린리 아버지는 포기하지 않았다. 나는 내 옳음이 기대에 어긋난 것이 부끄러워서, 더 이상 버틸 수 없어서, 상처 입는 것이 싫어서 도망쳤는데, 린리 아버지는 올곧게 '옳은 모습으로 있고 싶다'고 생각하고 계속 고민했다.

그것은 내가 어린 시절부터 줄곧 되고 싶었던 용감하고 고독한 정의의 편, 정의의 히어로의 모습 그 자체로 보였다.

고개를 드니 린리도 눈물을 흘리고 있었다. 그리고 "고마워"라고 말하고 어린아이처럼 큰 소리로 엉엉 울기 시작했다.

린리는 한동안 울고 나더니 퉁퉁 부은 얼굴 그대로 바닥에 깔린 이불로 기어 들어가더니 움직이지 않았다.

나는 밥상 위에 놓인 열쇠를 들고 현관으로 향했다. 밖에서 문을 잠그고 열쇠를 우편함 속에 밀어 넣었다. 얇은 문 너머에서는 열쇠가 바닥에 떨어지는 금속음—

그리고 잠든 린리의 숨소리가 똑똑히 들렸다.

9장

철학사 마지막 챕터의 정의
― 포스트구조주의

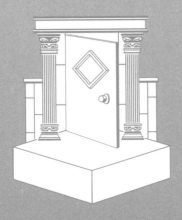

"그럼 윤리 수업을 시작하겠다."

가자마쓰리 선생님은 평소와 똑같은 말로 마지막 수업을 시작했다.

이번 학기 윤리 수업은 오늘로 끝이다. 어쩐지 무척 감개무량했다. 적어도 나에게는 앞으로의 삶의 방식이 달라질 정도로 특별한 수업이었다.

"자, 오늘이 마지막 수업이니 잠깐 복습을 해볼까."

선생님은 지금까지 수업에서 나왔던 키워드를 칠판에 나란히 적으며 각각 간단한 설명을 덧붙였다.

- 평등의 정의, 공리주의, 최대 다수의 최대 행복, 벤담, 쾌락 계산
- 자유의 정의, 자유주의, 약한 자유주의와 강한 자유주의, 우행권
- 종교의 정의, 직관주의, 테두리 바깥쪽, 이데아론, 소크라테스와 니체

아마 수업을 받기 전이었다면 무슨 말인지도 모르고 흥미도 없었을 용어지만 지금은 반가울 정도였다. 그러고 보면 벤담의 시체가 공리주의의 상징으로 대학에 전시되어 있다는 일화 역시 강렬했다.

문득 옆을 보니 지유키, 그리고 린리가 평소대로 내 좌우에 앉아 있었다. 마치 유령 같았던 린리는 완전히 회복했고 이제는 그때의 모습을 떠올리기가 더 어려웠다.

유인물을 갖다주러 린리의 집까지 간 날로부터 하루 뒤 린리는 아무 일도 없다는 듯 학교에 나왔다. 그리고 학생회 멤버들에게 "걱정 끼쳐서 미안해"라고 성실하게 고개를 숙였고 다들 아무 말 하지 않고 묵묵히 사과를 받아주었다. 아니 정확하게는 딴판으로 변한 린리의 모습에 아무 말도 할 수 없었을지 모른다…. 지유키조차 "아, 그래"란 말만 하고 말았다.

결국 린리는 구토 증세가 있는 심한 감기에 걸려서 한동안 학교를 쉬었다…고 주위에서 멋대로 해석하는 것으로 결론이 났다. 그로부터 한 달, 린리도 완전히 컨디션이 회복되고 우리는 원래처럼 아무 일 없는 평소 일상으로 돌아왔다.

단 한 가지를 제외하고.

왼쪽 옆자리를 보았다. 그 자리에는 이전과 마찬가지로 린리가 앉아 있었다.

…그러나 그 거리가 부자연스러웠다. 뭐랄까, 멀다. 전보다 나와 떨어져 앉아 있다.

무슨 일이지? 미움받고 있나? 아니, 사생활에 너무 깊숙이 들어갔나? 낡은 집이라든지 쓰레기장 같은 방이라든지, 보면 안 되는 것을 이것저것 보고 만 것 등 짚이는 데가 없지는 않다.

한참 무슨 일인지 생각하고 있다가 문득 린리와 눈이 마주쳤다.

곁눈질로 훔쳐보던 사람은 내 쪽인데 왠지 린리가 얼굴이 새빨개져서 황급히 얼굴을 돌렸다.

"복습은 이 정도로 하고 그럼 오늘은 철학사의 가장 마지막 부분, 구조주의와 포스트구조주의에 대해서 얘기하겠다. 이 두 가지는 실존주의 다음에 나타난 철학 사상인데 구조주의도 포스트구조주의도 대체로 비슷한 말을 하고 있어. '인간은 얼마간 사회 구조에 지배되기에 결코 자유롭게 사물을 판단하는 것이 아니다'라는 이야기지."

지배되어서 자유롭게 판단하지 못한다?

뭔가 또 불온한 이야기다. 그것이 철학사의 가장 마지막 부분이라는 건 현재 최신 철학이 그렇게 이야기하고 있다는 소리겠지.

"혹시 죄수와 교도관 실험을 알고 있니? 스탠퍼드 감옥 실험이라고 하는 유명한 심리 실험인데, 이것은 일반인들을 모아서 제비뽑기로 죄수 역과 교도관 역을 결정하고 진짜 교도소 같은 환경에서 살게 하는 실험이다. 그러면 신기하게도 사람들 각자의 성격과 관계없이 죄수는 죄수답게, 교도관은 교도관답게 그 처지에 맞는 행동을 하고 표정을 짓는다는 거지."

흠, 점점 죄수나 교도관처럼 되었다는 이야기인가. 나도 학생회장을 맡은 뒤로 행동거지가 학생회장다워졌다는 말을 주위에서 자주 들었으니 인간이란 예상외로 그런 존재일지 모른다.

"결국 이 실험은 학대가 일어나거나 미치는 사람이 나오는 등 생각지 못한 문제가 발생해서 할 수 없이 도중에 중지했는데…."

뭐, 정말? 참가자들, 너무 역할에 빠져든 건가.

"이 심리 실험에서 파악할 수 있는 것은 이렇다. 인간은 자기 의지로 생각하고 행동하는 것처럼 보이지만, 실은 주위 환경이나 역할이나 처지에 따라 무의식적으로 생각과 행동이 부여되고 있다는 것이다. 다만 이 실험은 전개가 지나치게 극적이어서 최근에는 미리 짜고 했다는 의심을 받고 있기도 하지만.

그러나 실험의 정당성은 둘째 치고 감각적으로는 있을 법한 이야기가 아닐까? 실제로 왜 특정 직업이 특정한 유니폼을 입고 일을 할까. 왜 너희가 일부러 특정한 교복을 입고 학교를 다니고 있을까. 그건 물론 유니폼을 입음으로써 당사자가 '처지의 자각'과 '집단에 대한 귀속 의식'을 촉구할 것을 기대하기 때문이지. 즉 개인으로서가 아니라 집단 속의 일원으로서 의사는 의사답게, 학생은 학생답게, 죄수는 죄수답게 있기 위해서다. 그런 의식의 변화가 그저 옷의 색깔이나 모양 정도로도 발생한다는 사실을 우리는 좀 더 무겁게 받아들여야 하겠지."

듣고 보니 맞는 말이다. 나만 해도 나와 같은 교복을 입은 학생이 업신여김당하는 광경을 본다면 분명 필요 이상으로 안 좋은 기분이 들 것이다.

그렇다면 나 역시 그저 옷의 색깔이나 모양 정도로 사고방식이 조작당한다는 이야기가 된다.

"이처럼 인간은 스스로 생각하는 만큼 매사를 자유롭게 생각하고 있는 것이 아니라 주위 환경이나 사회적 규칙, 달리 말하면 구조에 의해 실은 '무의식적으로 그렇게 생각하고 있다'고 할 수 있어.

참고로 여기에서 말하는 구조는 오히려 시스템이라고 바꿔 말하는 편이 너희가 이해하기 쉽겠구나. 물론 정해진 교복을 입고 학교에 다니는 것도 하나의 사회적 시스템이라 할 수 있고.

자, 만일 어떤 말로 구조주의를 표현한다면 이런 식으로 표현할 수 있을 거야. '인간이 어떻게 생각할지는 그 사람이 살아가는 사회 시스템에 의해 무의식적으로 형성되고 있다.'

예를 들어서 마사요시."

"네."

"너는 '일하다' 또는 '일하지 않는다'는 말을 들었을 때 어떤 이미지가 떠오르지?"

"음, 그러니까 '일하다'는 '장하다'든가 '사는 보람'이라든가…. '일하지 않는다'는 '변변치 않다'든가 '부럽다'든가 그런 이미지가 떠오르네요."

'일하지 않는다'에서 '부럽다'를 연상했다는 내 말에 교실에 작은 웃음들이 일어났다.

"그래, 고맙다. 지금 그 대답은 그야말로 우리나라의 자본주의 사회라는 시스템 특유의 것이라고 할 수 있겠구나. 즉 자본주의, 화폐 경제라는 시스템 안에서 살아가는 인간이기에 떠올릴 수 있는 대답이지. 실제로 경제라는 구조나 시스템이 없는 나라에 네가 태어났다면 똑같이 대답했을까?"

나는 맛있는 먹을거리가 1년 내내 여기저기 널린 따스한 남쪽 나라에서 느긋하게 살고 있는 내 모습을 떠올렸다.

"아뇨, 안 했을 거예요. 적어도 일하는 게 장하다든가 일하지 않는 게 부럽다든가 그런 발상 자체가 없었을 거라고 생각합니다… 하지만."

"할 말이 더 있니?"

"그러니까… 경제 시스템이 없는, 즉 일할 필요가 없는 나라에서 태어났다면 일하다는 것에 대해 의식이 바뀐다… 그건 어떤 의미로는 당연하다고 할까요….”

“아, 그렇겠지. ‘경제 시스템’과 ‘일하다’는 서로 너무나 밀접하게 연결되어 있어서 확실히 그렇게 되고 마는구나. 즉 한쪽이 달라지면 다른 한쪽도 달라지는 것은 당연하고. 그럼 인사라면 어떨까. ‘안녕히 주무셨어요’나 ‘안녕하세요’ 같은 인사 말이다.”

인사라면 경제라든가 자본주의하고는 직접 관계가 없겠지.

“만일 너한테 동생이 있는데 남의 인사를 받아주지 않는 아이라고 하자. 자, 너는 뭐라고 하며 동생을 타이를까?”

“그러니까 제대로 인사도 못 하면 사회에 나간 뒤에 곤란… 아.”

“아무래도 깨달은 것 같구나. 지금 무심코 한 말은 일해서 돈을 벌어서 살아가는 자본주의 시스템에서 통용되지 않으니 안 된다고 한 거야.”

“그러게요…. 스스로는 평소에 나쁜 건 나쁘다고 말했다고 생각했는데 저도 모르는 사이에 제가 살고 있는 사회 시스템의 가치관으로 대답했네요.”

참고로 나는 그 답변 이외에도 ‘인사를 받아주지 않으면 남들한테 비상식적이라고 미움을 산다’라고 단순하게 타이르는 것도 생각했다. 하지만 마찬가지로 ‘그럼 왜 미움을 받으면 안 되는데?’라고 질문을 받으면 ‘이득을 못 보잖아’라고 답했을 것이다. 이 역시 자본주의 시스템에서 받은 영향을 받아 무의식적으로 나온 답변임이 분명했다.

“인사를 받아주지 않으면 왜 안 되는가? 원래는 다양한 답변의 가능성이 있었을 거야. 예컨대 ‘인사란 오늘이라는 소중한 하루에 서로 만날 수 있었던 것을 기뻐하는 행위다. 그러니까 인생을 감동적으로 즐기고 싶다면 자신을 위해서도 적극적으로 인사를 해야 한다. 그러나 혹시 네가 그럴 기분이 아니라면 오히려 인사를 해서는 안 된다. 자발적으로 타자와 오늘이라는 기적을 서로 나눠 가지고 싶을 때 하면 된다. 그것이 진짜 인사다'라고 해도 좋겠지. 아니, 오히려 '인사란 무엇인가'를 제대로 생각하려면 그렇게 대답해야 했겠구나. 그러나 많은 사람은 본래의 의미를 돌이켜보지도 않고 자신이 살아가는 사회 시스템의 가치관으로 무의식적으로 답을 하지."

그러더니 선생님은 갑자기 교탁 위에 컵을 탁 놓았다.

아니, 실제로 컵은 없었다. 팬터마임처럼 손으로 컵을 쥐고 있는 흉내를 냈을 뿐이다. 선생님은 그 가공의 컵에 이번에는 물을 붓는 제스처를 취했다.

"만일 여기에 컵이 있고 물을 부었다고 하자. 그러면 물은 이 컵의 모양이 될 텐데… 어쩌면 물은 이렇게 말할지 몰라. '나는 자신의 의지로 이 모양이 된 거야'라고. 하지만 그건 환상이고, 사실은 '우연히 컵이 그런 구조를 하고 있었으니까' 그렇게 됐을 뿐이지.

실제로 꽃병을 가져와서 물을 옮겨 담으면 물은 간단히 꽃병 모양이 될 거야. 즉 물의 의지 같은 건 처음부터 관계없었다는 말이다. 자, 여기까지 말하면 구조주의가 어떤 주의고 인간을 어떻게 파악하고 있는지 알겠지?"

그래, 지금 설명으로 잘 알았다.

한마디로 노골적이기 짝이 없는 인간관이다. 지금 이야기에서 컵은 사회구조고 물은 우리의 사고인데, 바로 그 예시대로 인간은 그저 구조에 맞추어 생각하는 것이다.

확실히 오른쪽 계보, 이상이고 뭐고 없는 현실적인 철학 사상이다. 그래서 '구조'주의라고 부르는 건가.

"그럼 이어서 포스트구조주의를 설명하겠는데, 여기에서 '포스트post'는 '무엇무엇 이후'라는 의미를 나타내는 말이다. 그러니까 '포스트구조주의'라는 용어 자체는 단순히 '구조주의 이후'라는 정도의 의미밖에 없어. 그럼 어째서 좀 더 알기 쉬운 이름을 붙이지 않았을까? 그것은 구조주의의 다음 시대 철학자들이 '구조주의를 뛰어넘으려 하면서도 결국은 구조주의에서 벗어나지 못한 데다가 비판만 할 뿐 스스로는 새로운 철학 체계를 전혀 만들어내지 못했기 때문'이라고 할 수 있다."

조금 악의가 담긴 표현으로도 들리지만, 아무튼 역사상 최후의 철학은 비판만 하고 대안을 제시하지 않아서 구체적인 이름이 붙지 않았다는 이야기인가 보다.

"자, 이 이야기에서 간과하지 말았으면 하는 중요한 포인트는 포스트구조주의가 구조주의에서 벗어나지 못했다는 거야. 즉 인간이 구조(시스템)에 지배되고 있다고 하는 부분은 포스트구조주의도 변함없이 동의했어."

어, 그렇구나. 구조주의의 노골적인 인간관은 다음 시대에 부정당한 것이 아니라 현재까지 계속되는 중이다.

"그럼 포스트구조주의는 구조주의와 무엇이 다를까? 구조주의가 겨우 가지고 있던 희망을 때려 부순 것이라고 해도 좋을지 모르겠다."

구조주의가 가지고 있던 희망?

"구조주의는 얼핏 인간의 주체적 의지를 경시한 비인간적인 사상으로 보이지만 실은 이런 희망을 발견할 수 있어.

'자신들이 살아가고 있는 사회 구조를 제대로 파악하자. 그리고 그 구조상의 결함을 찾아내어 고쳐서 더 풍족하고 행복한 미래를 만들어내자.'"

그렇다.

인간은 언제까지나 구조의 노예가 아니라 오히려 자신들에게 알맞은 구조를 디자인하자는 이야기인가. 확실히 그렇다면 건설적이고 희망이 있다.

"그러나 포스트구조주의 철학자들은 그 희망을 이런 식으로 때려 부쉈지.

'그런 건 불가능하다! 인간이 자기 의지로 구조를 다르게 만드는 건 절대 불가능해! 왜냐하면 다르게 만들려고 하는 그 의지 자체가 자신들이 사로잡혀 있는 구조에서 만들어진 것에 지나지 않고, 원래 구조를 넘어선 것을 만들어내는 건 가능하지 않기 때문이다!'"

와, 나왔다. 인간의 이상이나 희망을 때려 부순 그 패턴 말이다. 정의가 있다고 하면 '그런 건 없어. 인간 따위는 그저 원자가 모인 덩어리다'라 하고 신이 있다고 하면 '그런 건 벌써 죽었다'고 내뱉는 늘 노골적인 오른쪽의 철학 사상이다.

게다가 실존주의에서부터 보자면 세 번 연속 오른쪽 사상이 계속되었기 때문에 마침내 갈 데까지 갔다는 느낌이 든다.

"컵의 물은 일단 컵에 들어갔으면 마지막이고 컵의 범위 안에서밖에 움직이지 못하니 어떻게 하든 그 컵에서 빠져나가지 못한다는 이야기라고 생각하면 될까. 물론 이 포스트구조주의의 주장을 진심으로 받아들일 필요는 없을지 몰라.

그러나 당시 천재라고 했던 사람들이 주장한 내용에 우리는 귀를 기울일 의무가 있을 거다. 왜냐하면 그렇게 하지 않으면 지금이라는 가장 새로운 시대를 살아가는 우리는 포스트구조주의를 넘어선 새로운 철학, 새로운 삶의 방식을 만들어낼 수 없기 때문이야.

그럼 여기에서 좀 더 깊게 포스트구조주의를 이해하기 위해 대표적인 철학자를 한 명 소개하려고 한다.

미셸 푸코Michel Foucault(1926~1984), 프랑스 철학자다."

최후의 철학자 푸코

"처음에 푸코라는 사람의 됨됨이부터 설명할까 한다. 그러려면 먼저 푸코의 모국 프랑스의 특수한 문화에 대해 설명해야겠지.

프랑스와 일본을 비교했을 때 문화로서 명확하게 다른 점. 그건 지식인에 대한 존경하는 마음의 깊이야.

일본에서는 지식인이라는 사람은 기본적으로 그다지 존경받지 않아. 실제로 방송 프로그램 등에서 지식인이나 학자가 나와서 어떤 시사 주제에 대해 이야기를 하면 제대로 듣는 사람은 거의 없을 거다. 그보다 그 옆에 앉은 개그맨이나 탤런트의 서민적이거나 자극적인 코멘트를 듣고 싶어 하지. 즉 일본에서는 '학문을 제대로 익힌 지식인의 의견' 같은 건 전혀 사람들의 관심의 대상이 아니야."

확실히 그럴지 모르겠다. 나도 방송에 소위 학자가 나왔을 때는 어디까지나 전문적인 지식의 정보원으로서 이야기를 듣고 싶을 뿐이지 그 사람 개인의 의견을 듣고 싶다는 생각은 전혀 하지 않는다.

아니, 그건 고사하고 '학자는 사회 경험도 없고 어차피 서민적인 감각하고는 동떨어져 있겠지' 하고 약간 삐딱하게 보기도 한 것 같다.

"반면 프랑스는 다르다. 프랑스에는 지식인을 존경하는 문화가 있어. 이렇게 말하는 이유는 프랑스에는 그랑제콜Grandes Écoles이라고 하는, 대학과는 별도의 엘리트 양성 기관이 있어서 진짜 엘리트를 양성하고 있기 때문이야.

프랑스의 역대 대통령이나 총리, 대기업 경영자의 대다수는 그랑제콜 출신이고 게다가 그랑제콜을 졸업하기만 해도 나라의 보배로 대우받으며 일생 돈을 지원받으며 좋아하는 연구를 계속할 수 있어. 노벨상이나 필즈상(수학 분야의 노벨상)을 받을 수 있는 수준의 천재만 모은 소수 정예의 일류 명문 엘리트 학교가 프랑스에는 있다는 거다. 푸코는 그랑제콜 출신이자 최종적으로는 그 명문교의 교수까지 지냈어.

참고로 프랑스 철학계의 정상인 푸코급이 되면 이미 일본 교수하고는 대우가 전혀 달라. 예를 들어 푸코는 학생을 지도하는 등 연구자에게는 잡무가 될 만한 일은 모두 면제받았다. 대신 푸코가 해야 할 일은 자신의 최신 연구 성과를 시민 대상으로 발표하는 것이었지. 푸코의 의무는 그뿐이고 이외의 시간은 무얼 주제로 해서 어떻게 연구할지를 포함하여 완전히 자유재량에 맡겨졌지. 물론 교수로서의 보수도 고액이었고."

말하자면 나라에서 제일가는 천재에게 명예와 시간과 돈, 더 나아가서는 발표 자리까지 주고 좋아하는 연구에 몰두하게 한 것이다. 솔직히 그 정도 대우를 받는 선발된 지식인이 있다면 조금 어려워도 진지하게 이야기를 들어 보고 싶다.

"자, 그런 사람인 푸코는 구조주의 이후의 철학자 중 한 명으로서 인간이 어떠한 구조(시스템)에 지배되고 있는지에 대해 연구를 계속했지. 그 성과 중 하나로 발표된 것이 유명한 철학서《감시와 처벌: 감옥의 탄생Surveiller et Punir:

Naissance de la prison》이다.

여기에서 감옥이란 비유가 아니라 말 그대로 교도소를 가리킨다. 이 책에서 푸코는 교도소라는 시스템이 역사적으로 어떻게 탄생했고 인류에게 어떤 영향을 주었는지에 대해 분석한 결과를 이야기했어.

먼저 푸코에 따르면 18세기 무렵까지 인류에게는 범죄자를 공개 처형하는 문화가 있었어. 게다가 범죄자를 거열형에 처하거나 화형에 처하는 등 신체적으로 잔인한 방법으로 처형했다고 하지. 왜 가혹한 처형 방식을 택했을까? 그건 물론 본보기야. 권력자에게 거스르는 것이 얼마나 무거운 죄인지 민중에게 널리 알리기 위해서였지."

무심코 상상했다가 오싹해졌다. 그래, 사극을 보면 "시중에 조리돌린 뒤 목을 쳐서 성문에 효수하라"는 대사가 종종 나온다.

"그러나 19세기 이후, 이런 잔혹한 공개 처형은 사라지지. 대신 감옥, 즉 교도소라는 시스템이 탄생한다. 왜 교도소가 태어났을까?

표면상으로는 '인도적으로 배려'한 것이라고 할까, 또는 '범죄자에게도 인권을, 갱생의 기회를 주었다'고 할까."

그래, 이게 맞지. 아무리 나쁜 짓을 했다고 해도 본보기를 위해 일부러 고통스럽게 죽이는 건 너무 야만적이다.

"물론 인도적으로 배려한다는 건 좋은 일이지. 이제 와서 공개 처형하던 시대로 돌아가야 한다는 말은 아무도 하지 않을 거다. 그러나 이처럼 인도적으로 배려한 교도소를 설치하며 우리 사회 시스템은 틀림없이 달라졌고 그 결과, 우리의 사고 형식은 어쩔 수 없이 확실하게 변하게 된다."

그런 다음 선생님은 교탁 위에 물건을 놓는, 좀 전의 제스처를 다시 취했다.

"즉 컵이 달라진 거다."

컵이 달라지면 그 속의 물 – 우리의 사고 – 도 강제적으로 달라지고 만다.

"먼저 주목해야 할 것은 교도소라는 존재가 우리에게 어떤 의식의 변화를 가져왔는가다. 푸코는 교도소가 '정상과 비정상'의 경계선을 확실하게 그었다고 주장했어."

선생님은 분필을 가로로 잡고 칠판에 여러 번 문질러서 그러데이션이 들어간 도형을 그렸다. 왼쪽이 짙고 오른쪽이 연해지는 사각형이었다.

"정상과 비정상, 이성과 광기…. 예로부터 이런 것에 명확한 경계는 없었다. 그러나 교도소가 생긴 이후, 어느새 또렷하게 경계선이 생긴 거야."

선생님은 그러데이션이 있는 사각형의 한가운데에 세로로 선을 그었다.

"선량한 시민과 범죄자. 평범한 인간과 평범하지 않은 인간. 경계선이 확실해지면 우리는 아무래도 이쪽, 즉 정상 쪽이어야 한다는 확신에 사로잡히게 되지. 원래 경계선 같은 건 없었는데도 불구하고 말이다.

애당초 교도소는 누군가를 악인, 즉 사회적으로 이상한 인간으로 단정하고 그 생활을 감시하여 정상적인 인간으로 교정하는 장치라고 할 수 있다.

자, 이 미묘한 역사적 변화를 알겠니?

예전에는 권력자에게 거스른 악인은 단순하게 죽임을 당하고 끝났지만, 교도소가 생기면서 악인은 인류라는 이름 아래에서 살게 되고 정상적인 인간이 되도록 훈련받게 되었어. 즉 '권력에 거스르는 인간은 배제해야 한다'에서 '인간은 누구나 정상적으로 살아가야 한다'는 의식의 변화가 일어난 거다. 이 변화는 인류사에서 극히 최근의 일이지."

옛날에는 지금처럼 범죄자를 장기간에 걸쳐서 재교육할 경제적 여유가 없었을 테니 확실히 최근 일일 것이다.

"교도소라는 시스템의 요점을 정리해보자. 그것은 다음 두 가지다."

1. '비정상인(죄수)'를 보호하여 '정상인(일반인)'으로 교정한다.
2. 그러기 위해서는 죄수를 일정한 규율에 복종하도록 하고 그 행동을 감시한다.

"자, 여기에서 특징적인 것은 감시라는 교정 방법이다. 교도소에서는 결코 체벌 등으로 죄수를 혼내서 정상적인 인간으로 교정하려고 하지 않아. 그 대신 죄수를 규칙적으로 깨우고 먹이고 일을 시키고 재우면서 그 일상을 교도관이 감시하여 정상적인 인간으로 교정하려고 하지. 어째서 감시로 교정이 될까?

예컨대 숙제를 안 하는 아이를 떠올려보자. 그 아이를 교정하는 방법으로는 손쉽게 체벌하는 방법이 있겠지. 하지만 진정한 교정은 체벌로 실현할 수 없어. 왜냐하면 만일 그 아이가 숙제를 하게 됐다고 해도 그건 어디까지나 아픔과 거래한 타산적인 선택일 뿐이니까. 그 증거로 혹시 혼나지 않는 환경으로 돌아가면 분명 그 아이는 다시 게으름을 피울 거다.

그러니까 아이를 정말 교정하고 싶다면 이렇게 하면 돼.

먼저 처음에 '숙제는 모두 당연히 하고 있다. 그렇게 할 수 없는 사람은 이상한 인간이다'라는 특정 가치관을 믿게 해. 굳게 믿도록 한 뒤, 뒤에서 계속 보고 있으면 되는 거다. 그러다 그 아이가 '와, 다른 사람이 나를 보고 있네. 날 이상한 사람이라고 여기지 말았으면' 하고 생각하면 된 거야. 한동안 정기적으로 보고 있으면 그러는 사이에 아이는 아무도 보지 않을 때도 타자의 시선을 의식하게 되어 자신을 다스려서 스스로 숙제를 하겠지."

그래. 혼자서 알아서 하게 되니 확실히 완벽한 교정 방법이라 할 수 있다. 하지만 그건 정말 선한 일일까? 어쩐지 양육자가 자신에게 편하도록 아이의 사고를 조작하고 있는 것으로밖에 생각되지 않는다. 정작 그 아이는 "내가 잘 생각해서 행동하고 있어"라고 할지 모르지만.

"자, 지금 든 예시에서 교도소의 감시라는 시스템이 어떻게 인간을 교정하는 데 효과적인지 알았을 거라고 본다. 그러나 잘 생각해보면 이 이야기는 교도소에만 국한되지 않아. 타자의 시선을 신경 쓰게 하여 자신을 규제하도록 작용하는 이 방식은 사회 곳곳에 있지. 아니, 사회 전체가 그렇다고 해도 좋을 거야.

그래, 우리가 사는 사회(컵)는 실은 '감시에 의한 교정'이라는, 교도소와 같은 구조로 이루어져 있다. 그걸 가리켜서 푸코는 이렇게 주장했어.

'우리는 벤담이 설계한 교도소 파놉티콘 안에서 살고 있다'고."

파놉티콘?!

예상치 못한 말에 나는 얼어붙었다. 옆자리의 린리와 지유키도 마찬가지였다. 우리는 굳어진 표정으로 서로의 얼굴을 보았다.

현대 철학자 푸코⋯ 그 입에서 벤담이라는 낯익은 이름이 갑자기 나온 것에는 그저 놀랐지만, 그 이상으로 충격적이었던 것이 '파놉티콘'이라는 단어다. 그것은 교과서적에서 그저 벤담이 설계한 교도소의 이름일지 모르지만 우리 학생회에서는 특별한 것을 의미한다.

물론 '파놉티콘 시스템'이다.

학생회 최대의 문제이자 학교 지킴이라는 사람 형태의 감시 카메라 설치

프로젝트의 정식 명칭. 애당초 학생회 이외의 학생들은 학교 지킴이라는 이름은 알아도 정식 명칭에는 그다지 친숙하지 않다. 그래서 교실 전체가 술렁이지는 않았다.

선생님은 그대로 파놉티콘에 대해 설명을 계속했다. 예전에 린리에게 들었던 것과 같은 내용이었다.

교도소 한가운데에 높은 탑이 서 있고 그곳을 중심으로 빙 둘러서 옥사가 있는 것. 그리고 탑에 있는 교도관 쪽에서는 죄수가 훤히 보이지만 죄수 쪽에서는 교도관의 모습이 보이지 않도록 설계되었다는 것.

선생님은 칠판에 그림을 그리며 파놉티콘의 특징을 설명했다.

"벤담이 고안해낸 이 파놉티콘이 획기적인 것은 경제적으로 아주 뛰어나다는 점에 있다. 죄수 쪽에서는 교도관의 모습이 보이지 않기 때문에 실은 교도관이 없어도 상관없어. 죄수들이 알아서 '누가 보고 있을지 모른다'고 굳게 믿어주면 되고 감시에 의한 교정은 그것만으로 충분히 효과가 있다고 할 수 있지. 너희도 누가 보고 있을지 모르는 감시 카메라 앞에서 물건을 훔칠 생각은 하지 않겠지? 그러니까 우직하게 매일 24시간분의 교도관 인건비를 지불할 필요가 없다는 거지."

감시 카메라라는 단어가 나온 순간부터 다른 학생들도 술렁거리기 시작했다. 이제야 겨우 선생님이 말하는 교도소 시스템이 학교 지킴이와 흡사하다는 사실을 알아차린 것이다.

실제로 학교에는 이런 소문이 있었다.

학교 건물에 여기저기 놓인 학교 지킴이 중 태반은 가짜라고. 인터넷의 감시 사이트에서 중계되고 있는 동영상 수보다 학교 지킴이 수가 압도적으로 많기 때문이다. 그러니까 학교 지킴이 중 대부분은 그냥 인형이라는 것이다. 하지만 언제 진짜와 자리를 바꿔놓을지 모르고 어쩌면 타이머로 갑자기 전원이 켜지는 식으로 작동될 수도 있다.

어쨌든 그 '~일지도 모른다'가 있는 이상, 학교 지킴이의 모습이 거기에 있는 한, 그게 진짜든 가짜든, 그 감시 카메라 너머에 사람이 있든 없든 우리는 그곳에서 타자의 시선을 느껴야 한다. 싸구려 봉제 인형을 근처에 놔두기만 해도 우리의 의식이 조작되고 학교 측에서는 우리를 정상인으로 교정할 수 있으니 확실히 잘 만들어진 시스템이다.

"파놉티콘, 즉 '누가 보고 있을지도 모른다'는 허구를 연출하는 벤담의 교도소는 당시의 인간이 생각해낼 수 있는 한에서 가장 경제적이고 합리적인 교도소라고 해도 좋겠지. 푸코는 현대 사회의 구조가 바로 이 파놉티콘과 같다고 날카롭게 통찰했지만, 여기서 시대를 생각해봐야 한다. 푸코가 《감시와 처벌》을 발표한 것은 어디까지나 1970년대의 일이야. 이건 내 생각이지만, 그로부터 몇십 년이 지나고 정보 기술이 진보한 지금, 파놉티콘은 푸코의 예상을 넘어서 한층 더 진화하지 않았을까?"

1970년대… 내가 아직 태어나기 전의 이야기다. 확실히 인터넷은커녕 휴대전화나 디지털카메라도 없던 시대였을 터. 지금은 상상조차 할 수 없는 일이지만.

"예를 들어 스마트폰의 보급. 지금은 길을 걷는 사람들 대부분이 스마트폰이라는 정보 기기를 들고 있지. 만일 사회가 푸코의 말대로 교도소라고 하면 이 스마트폰의 보급은 대체 무얼 의미할까? 아마도 죄수 전원이 감시 카메라를 일상적으로 들고 다니며 서로를 감시하는 상황이 분명할 거다.

아, 듣고 보니 확실히 그렇다. 내가 갑자기 길에서 낙서를 했다고 하자. 그러면 곧바로 누군가 "이상한 녀석이 있네" 하고 그 광경을 스마트폰으로 찍어서 SNS에 올린다. 이렇게 될지 안 될지는 모르지만 적어도 가능성이 있고 그 일로 단번에 인생이 끝나는 시대가 된 것은 틀림없다.

"내가 학생이었을 때 물론 아직 인터넷도 없었던 시대의 이야기지만, 그 당시에는 난폭한 행동을 하는 인간들이 많았어. 숙제를 깜빡했을 뿐인데 학생의 뺨을 부을 정도로 세게 때리는 교사. 속도위반으로 체포된 시민에게 욕설을 퍼붓는 경찰관. 후배 물건을 자기 마음대로 쓰고 돌려주지 않는 선배. 옛날에는 그런 불합리한 사람들이 당연하게 있었다.

그러나 지금은 그런 일은 없어. 권력이나 처지를 믿고 뻐기며 난폭한 짓을 하는 인간이 아예 없어졌다고는 할 수 없지만 전체적으로는 상당한 비율로 줄어든 것처럼 보인다. 왜일까? 요즘 사람이 옛날 사람보다 도덕적이 되었기 때문일까? 아니야, 그렇지 않아. 누구나 감시 카메라와 도청기를 주머니에 숨겨서 정보를 얻고 그것을 언제든 공적인 자리에 공개할 수 있는 시대가 되었기 때문이다."

선한 사람이 늘어난 것이 아니라 기술이 발달함에 따라 감시받을 기회가 늘어나서 교정이 더욱 철저해진 사회 구조가 되었을 뿐이라는 건가.

" '감시 사회'에서 '상호감시 사회'로. 그리고 이 변화에는 실은 또 한 가지 다른 의미가 있다. 우리가 살고 있는 이 거대한 교도소 파놉티콘은 진작부터 '파괴하기가 불가능해졌다'는 사실이다. 종래의 파놉티콘이라면 중앙의 감시탑을 폭파하면 시스템을 멈출 수 있었을지 몰라. 그러나 현대의 파놉티콘에는 중추가 없다. 죄수 자신이 감시 역할도 맡게 되어, 말하자면 감시탑이

네트워크 형태로 교도소 전체에 퍼지고 말았기 때문이지. 이래서는 죄수 전원을 동시에 폭파라도 하지 않는 한, 이 시스템을 파괴할 수 없어. 그리고 이 파괴 불가능이라는 결론은 앞서 말한 포스트구조주의의 결론하고도 완전히 일치한다.

즉 인간은 자신을 지배하는 구조(사회 시스템)를 자신의 의지로 바꾸는 것도, 빠져나가는 것도 절대 불가능하다는 것이다.

그러니까 분명 앞으로도 파놉티콘, 감시 사회는 계속되겠지. 감시받는 쪽이, 죄수 쪽이 어떤 의지를 가지든 상관없이 사회는 자신의 발전을 위해 정상인 인간을 원하고 감시 시스템을 스스로 강화해갈 거야. 그리고 그 사회를 위해 태어난 인간은 사회가 규정하는 정상에서 벗어나기를 두려워하여 죽을 때까지 타자의 시선을 신경 쓰며 살아가는 거다.

알겠니? 이미 인간이 '인간에게 옳은 사회'를 만들고 있는 게 아니야. 사회가 '사회에 옳은 인간'을 만드는 거다. 주종관계는 오래전에 역전되고 말았어.

그럼 이상으로 윤리 수업을 마치겠다."

어…?!

교실에 수업 종료 벨이 울리고, 선생님은 급작스럽게 수업을 중단했다. 종료 시간이 됐으니 어쩔 수 없지만 정말 이런 식으로 끝내도 괜찮을까? 아니, 아무리 그래도 지나치다. 하지만 다른 학생들은 곧장 물건을 챙기기 시작하더니 하품을 하며 차례로 교실을 빠져나갔다. 방금 전 선생님의 이야기를 듣고도 아무 생각도 하지 않는 사람이 태반이었던 것 같다. 하지만 나는 기묘한 허탈감에 사로잡혀 한동안 자리에서 일어나지 못했다.

＊ ＊ ＊

나는 마지막 수업을 방금 마친 윤리 선생님을 쫓아서 달려갔다.

그리고 복도에서 불러 세웠다.

"선생님, 질문 있는데요."

"무슨 질문이지?"

"우리가 파놉티콘에서 빠져나가려면 어떻게 하면 될까요? 그에 대해 푸코는 뭐라고 말했나요?"

숨을 고를 새도 없이 나는 단도직입적으로 물었다. 그러나 선생님은 유감스럽다는 듯이 고개를 저었다.

"아니, 푸코는 거기에 대해서 아무 언급도 하지 않았다."

"그런가" 하고 나는 한숨을 쉬었다.

선생님은 고개를 숙인 내 어깨에 손을 올리면서 "그렇다고는 해도"라며 말을 이었다.

"푸코는 감옥 이외에도 다양한 연구를 했어. 그리고 연구 주제는 일관되게 인간을 지배하는 '눈에 보이지 않는 무엇'에 대한 것이었는데⋯ 어째서 푸코는 그런 것만 연구했을까? 이건 내 상상이지만 푸코가 인생의 마지막에 한 연구 속에 그 답의 열쇠가 있을 것 같구나. 하지만 안타깝게도 그 연구가 철학 체계로 제대로 정리되기 전에 푸코는 병으로 사망하고 말았지."

"푸코는 마지막에 어떤 연구를 했죠?"

"윤리학이다."

그 답은 의외였다.

"윤리학이란 말은… 푸코는 인생의 마지막에 정의나 도덕에 대해 연구했다는 건가요?"

"그래. 푸코는 만년에 돌연 윤리학, 그것도 고대 그리스의 도덕관에 대해 연구를 시작했어. 왜 갑자기 연구 주제를 그쪽에 두었는지는 수수께끼지만, 일설에 의하면 고대 그리스에서는 동성애를 예삿일로 보았기 때문에 흥미를 갖고 연구한 것이 아니냐는 말이 있지."

"동성애에 흥미…?"

"아, 수업에서는 말하지 않았구나. 푸코는 동성애자, 즉 게이였어."

게이… 남자끼리 서로 사랑하는 사람 말이지.

"참고로 푸코가 동성애자임을 자각한 것은 대학에 입학할 무렵, 딱 마사요시 정도의 나이였을 때였던 것 같아. 원래 프랑스는 가톨릭 국가라서 동성애는 종교적으로 금지되어 있었고 당시는 지금과 달라서 성에 관용적인 시대가 아니었기에 동성애자는 박해 수준의 엄청난 차별을 받았지. 그러니 사춘기인 푸코는 무척이나 고민했겠지…. 사실 그는 수없이 자살 시도를 되풀이했어. 즉 푸코는 당시 사회에서는 정상인 인간이 아니었다."

정상이라는 눈에 보이지 않는 무엇, 사회가 강요하는 상식, 타자의 시선. 그런 것 때문에 괴로워했던 사람은 다름 아닌 푸코 자신이었나.

"최종적으로 푸코는 프랑스 철학계의 정상에 섰지. 그리고 동성애자라는 사실이 공식적으로 알려졌는데 인터뷰에서 이런 말을 했어.

'동성의 결혼이 인정되지 않는 동안에는 문명은 존재하지 않는다.'

'인간은 적극적으로 동성애자가 되어야 한다.'"

상당히 공격적인 발언이다. 지금이라면 몰라도 당시에는 꽤 충격적인 발언이었을 것이다.

"단, 여기에서 푸코가 말하는 동성애는 이른바 우리가 인식하고 있는 동성애가 아니야. 그랬다면 푸코가 단순히 자신이 동성애자여서 동성애를 옹호하고 있을 뿐인 이야기가 되니까. 그게 아니라 푸코가 말하고 싶었던 것은 사회에서 강요하여 정상으로 여기는 삶의 방식만이 아니라 '지금의 사회에 존재하지 않는 새로운 삶의 방식, 타자를 사랑하는 방법'을 스스로 적극적으로 창조하여 살아가야 한다는 것… 그런 생각을 전하고 싶어서 이 말을 했다고 파악해야 할 거야."

"그 새로운 삶의 방식이 고대 그리스에 있었단 말인가요? 하지만 그 시대는 소크라테스나 플라톤이 있던 시대잖아요. 아무리 그래도 너무 오래되지 않았나요?"

"고대 그리스의 지혜를 절대로 만만하게 보면 안 돼. 데모크리토스Democritos (B.C. 460?~B.C. 370?)가 현미경도 없는 시대에 사색만으로 원자론에 도달했던 것처럼 그 시대에는 정말 기적과도 같은 통찰이 몇 가지나 나왔어. 또 장소는 다르지만 불교의 개조인 석가도 같은 시대 사람이고. 만일 네가 불교, 깨달음의 본질을 알고 싶다는 생각이 들었다면 누구 얘기를 가장 듣고 싶을까?"

"그건… 역시 불교를 창시한 석가겠지요."

"그렇지. 기원전 사람이라고는 하지만 석가의 이야기를 듣는 게 가장 적절하다고 생각하겠지. 그럼 철학이나 윤리학, 또는 사람이 어떻게 살아가야 할지 알고 싶다고 생각했다면?"

"아, 그렇다면 소크라테스요."

나는 '선하게 살라'는 소크라테스의 말을 떠올렸다.

"그래, 소크라테스. 혹은 소크라테스의 직제자로 스승의 말을 남긴 플라톤, 이 두 명이 윤리학의 개조니까 그들의 통찰에 먼저 귀를 기울여야 하겠지. 예컨대 소크라테스의 '인간은 선이나 정의가 이런 것이라고 아는 체할 것이 아니라 모른다는 입장에서부터 시작해야 한다'는 '무지의 지'. 그리고 '선이나 정의는 고정된 문장으로 표현할 수 없으며 대화 속에서 본인이 그 순간에 발견하는 것이다'라는 대화술. 소크라테스의 이런 통찰에는 최신 윤리학에서도 결코 놓칠 수 없는 것이 포함되어 있지 않을까? 플라톤 또한 흥미진진한 말을 했어. 너는 이데아론을 기억하니?"

이데아론. 이데아란 아이디어, 즉 개념을 말하며 이데아론이란 그 개념이 인간이 태어나기 전부터 세계에 존재하고 있었다는 이론이다.

나는 고개를 끄덕였다.

"플라톤은 최상의 이데아, 이데아 중의 이데아, 즉 '개념(이데아) 그 자체를 성립시키는 가장 기본적인 개념(이데아)은 무엇인가'라는 물음에 대해 '선善' 이라고 대답했어."

"선이요?"

"그래. 생각해보면 이상하지 않아? 사랑이라든가 신이라든가 얼마든지 다르게 답할 방법이 있었을 텐데."

"그러게요. 확실히 당시라면 신이라고 말할 것 같은데. 혹은 최상의 이데아는 사랑이라고 해도 이미지가 좋아 보일 것 같고요."

"그래. 하지만 플라톤은 신도 사랑도 아니고 선이라고 단언했어. 그러나 잘 생각해보면 그 말대로가 아닐까. 실제로 우리가 무언가 개념화할 때는 그 개념화를 '선하다'고 생각하기 때문에 그것을 개념으로 인정하는 거야."

…??

순간 머릿속이 물음표로 꽉 찼다.

그때 나는 윤리 수업 첫 시간에 선생님이 한 말을 떠올렸다. 결국 무엇을 어떻게 생각하든 그 생각을 '옳다'고 생각하기에 그렇게 생각하는 거라는 말.

"선생님이 첫 수업에서 말씀하신 내용이네요."

호오, 하고 선생님은 활짝 웃었다.

"그래. 가령 전혀 사고방식이 다른 인간이 있다고 해도, 그야말로 외계인이라 해도 지적 생명체라면 거기에는 반드시 '참이다', '옳다'는 개념의 기반이 존재하지. 왜냐하면 생각하다, 사고하다라는 건 결국 어떤 이론을 '참이다', '옳다'고 주장하는 것이고 그러한 형태로밖에 일어날 수 없기 때문이야. 수학이든 윤리학이든 그렇잖아? 참이라는 개념이 전제되지 않으면 어떤 수식도 어떤 명제도 성립할 수 없지."

확실히 그럴지 모른다. 참이라는 개념이 없다면 학문 자체를 하는 의미가 없어지고 말 것 같다.

"즉 모든 지적인 활동은 '참이다', '옳다'는 개념 위에 성립한다고 할 수 있는데 그럼 이 '옳다'는 개념을 옳게 만드는 상위 개념은 무엇일까? 나는 그 개념이야말로 '선하다'라고 생각한다."

"'선하다'가 '옳다'보다 상위인가요?"

잘 와닿지 않는다.

"그럼 네게 있어서 옳다는 건 어떤 것일까?"

"그건… 현실과 일치하는 것이라든가… 모순되지 않는 것일까요. 혹시 이런 조건을 만족하는 수식이나 이론이 있다면 저는 '옳다'고 판단할 거예요."

"그렇구나. 그럼 왜 그 조건을 골랐지?"

"그건 그러니까… 아."

"현실과 일치하는 것, 모순되지 않는 것이 선하다고 여겨서가 아닐까?"

"맞아요, 그렇습니다."

정곡을 찔린 나는 나도 모르게 몇 번이나 고개를 끄덕였다.

듣고 보니 그 말이 맞았다. 그런 옳음의 조건을 가져온 것은 그것이 '선하다'고 생각해서다.

"그래. 그러니까 '옳다'는 개념은 실은 '선하다'는 개념이 기반이 되어 있는 거야. 그렇다면 모든 인간의 사고는 '선하다'를 전제로 하여 성립한다는 말이 되지.

즉 '나는 생각한다, 고로 선은 존재한다.'*

무엇을 어떻게 생각하든, 만일 그 내용이 의심스럽다 해도 그 생각을 '선하다'고 가치판단하고 있는 사실 자체는 결코 의심할 수 없어. 우리가 무엇을 생각하고 무엇을 의심하고 무엇을 고민하고 있을 때, 거기에는 선, 그리고 선을 지향하는 의지가 반드시 존재하는 거다. 그 원리를 믿고 출발점으로 삼지 않는 한, 어떤 윤리학도, 어떤 문명도 시작되지 않는 게 아닐까?"

그때 다시 다음 수업의 예비종이 울렸다.

"내가 말하고 싶은 건 이런 건데…. 질문에 답해주지 못해서 미안하구나."

선생님은 아쉬운 표정을 지었지만 나는 만족감에 싸였다. 직접적인 대답은 못 들었을지 몰라도 선생님 이야기는 내 안에서 어떤 결의를 다지게 하기

---

* 데카르트의 명언 '나는 생각한다, 고로 존재한다'를 응용한 말.

에 충분했다.

"아뇨! 감사합니다!"

나는 큰 소리로 인사하며 고개를 숙이고 그 자리를 뒤로했다.

이렇게 해서 내 인생에 큰 영향을 준 윤리 수업은 정말로 끝이 났다.

＊ ＊ ＊

그리고 약속한 날이 왔다.

전교 집회가 열려 체육관에 전교생들이 모였다. 그들의 호기심 어린 시선을 받으며 나는 단상으로 올라갔다. 학생회 대표로서, 아니 여기 있는 학생 전원의 대표로서 나는 이제부터 학교 지킴이의 옳고 그름에 대해 의견을 밝혀야 한다.

일의 경위는 딱 1년 전, 당시 학생회장이 전교 집회 중에 갑자기 단상에 올라가 마이크를 잡고 학교 지킴이 철폐를 요구한 일에서 시작되었다.

학생회가 주도한 혁명운동이자 일반 학생의 강한 희망에 응했던 그 일의 결과는 참패. 학생회장의 주장은 그 자리에서 학교 측에 모조리 논파당하고 말았다.

결국 이 혁명은 "학교 측의 반론을 검증하여 다시 한번 더 결론을 내겠습니다"라고 학생회장이 말하고 단상에서 물러나며 싱겁게 끝났지만 문제는 그다음이었다.

분명 진짜 혁명에서도 마찬가지일 것이다. 혁명 전야까지는 영웅 대접을 받던 혁명가라도 일단 실패하면 민중은 쉽사리 손바닥을 뒤집는다. 학생들도 마찬가지였다.

그것은 어쩌면 감시당하고 있는 데서 오는 스트레스를 풀 희생양을 원하는 군중 심리 같은 행동이었을지 모른다. 얄궂게도 학교 지킴이가 있었던 덕분에 물리적인 폭력 행위는 없었지만 학생회장은 눈에 보이지 않는 음험한 따돌림과 같은 정신적 폭력을 당했다. 급기야 등교 거부에 이르면서 이는 결국 학생회 기능이 정지되는 전대미문의 사태로까지 발전했다.

이렇게 되니 당연히 '학교 지킴이의 옳고 그름을 재검토한다'고 한 그 약속은 공중에 떴고 이듬해에 우리 대 학생회에게 인계되었지만…, 솔직히 나로서는 취임 전에 벌어진 일이라서(좀 더 말하자면 본의 아니게 학생회장이 되었고) 끝까지 모르는 척하며 버티고 싶었다. 그러나 여느 때와 마찬가지로 성실의 끝판왕인 부회장이 그러도록 허용할 리 없고, 또 주위에서 들어온 무언의 압력도 있었기에 그 혁명으로부터 만 1년이 된 오늘, 현 학생회장인 내가 모든 학생 앞에서 재검토 결과를 발표하게 되었다.

얼마 전까지는 이날을 떠올리기만 해도 속이 메슥거릴 만큼 나에게는 우울한 이벤트였지만 지금은 신기하게도 그렇지 않다. 오히려 모두에게 확실하게 하고 싶은 이야기가 있었다.

나는 전교생 앞에서 깊숙이 고개 숙여 인사했다. 그런 다음 크게 숨을 들이쉰 뒤 입을 열었다.

"전교생 여러분, 학생회장 야마시타 마사요시입니다. 지금부터 학생회 정기 보고를 하겠습니다.

오늘 여러분에게 말씀드릴 내용은 예전부터 의제에 올라와 있던 학교 지킴이의 옳고 그름에 대한 것입니다. 우리 학생회에서는 여러분 학생 대표로서 오랫동안 논의를 거듭했습니다…, 그 결과, '학교 지킴이 시스템의 존속을 승인한다'는 결론에 이른 것을 보고합니다."

내 발언에 다들 노골적으로 실망한 얼굴을 하고 "뭐?!" 하고 과장되게 소리를 질렀다. 건물 안에서는 웅성거림이 커지고 어디에선가 야유가 날아오기 시작했다. 점점 소리가 커지더니 결국 내 능력과 인격을 부정하는 성난 고함이 되어 체육관을 가득 메웠다.

"여러분, 조용히 해주세요!"

일단 진정을 시키려 했으나 조용해지지 않았다.

나는 천천히 천장을 가리키고 말했다.

"여러분, 조심하시기 바랍니다. 지금 그 얼굴이 인터넷상에 전송되고 있습니다. 전교 집회라는 공적인 자리에서 험한 욕을 퍼붓고 있는 여러분의 얼굴이 장래 진학처나 취업처에 발송될지 모릅니다."

그 순간 야유가 멈추었다. 그 대신 이번에는 다들 어디야, 어디야, 하고 작게 웅성거리며 천장을 올려다보았다.

애초에 학교 지킴이 시스템에서는 자동적으로 얼굴이 모자이크되기 때문에 얼굴이 들통날 일은 없지만 그래도 그 말의 효과는 절대적이었다.

조용해지자 나는 이야기를 계속했다.

"여러분은 전 학생회장의 일을 기억하는지요? 1학년은 모를 수도 있지만 2학년 이상은 기억하고 있을 겁니다. 바로 1년 전, 선배는 여러분의 기대에 응하기 위해 학교 지킴이 철폐를 목표로 여러 활동을 했습니다. 결과는 유감스럽게도 철폐에 이르지 못했지만… 그건 누가 학생회장이었어도 같은 결과였을 거라고 생각합니다. 학교 측에 대항할 수 있는 더 좋은 반론이 있다면 오래전에 학생회 의견함에 들어 있었을 테니까요. 그러나 그런 반론은 현재까지도 없습니다. 의견함에 효과적인 반론이 들어온 적은 한 번도 없습니다. 이 이야기는 다시 말해 우리 학교 학생 누구 한 사람에게도 이 상황을 뒤집을 수 있을 만한 아이디어가 없다는 소리입니다.

그럼에도 불구하고 여러분은 자신들의 일은 모른 체하고 전 학생회장을 무능하다고 비판하고 더 나아가서는 인격까지 부정하고 학교에 오지 못하게 될 때까지 정신적으로 몰아붙였습니다. 방금 여러분이 저를 향해 야유한 것과 마찬가지로요.

하지만…. 지금 '감시 카메라에 여러분 얼굴이 찍히고 있다'고 했더니 그 한마디에 그런 행동을 딱 멈췄습니다. 신나서 거친 욕설을 퍼부으며 웃던 사람, 이때다 싶어서 짜증 내는 사람, 그런 사람들이 인터넷상의 제삼자가 얼굴을 보고 있다고 생각한 순간, 태도를 바꿨습니다.

이건 어떻게 된 일일까요?

그건 물론 여러분이 마스크를 써서 자기 얼굴이 드러나지 않으면 태연하게 남에게 돌을 던지지만, 얼굴이 드러나면 갑자기 하지 않게 되는 그런 인간이라는 거지요. 여러분은 방금 전 자신들이 그런 비열한 인간이라는 것을 스스로 증명한 겁니다. 따라서 여러분을 정상적인 인간으로 교정하기 위해서는 역시 학교 지킴이라는 감시 시스템이 필요하지 않을까요?"

이 발언에 반론이 일어났다. "그렇지 않습니다", "일반적으로 단정 짓지 말아요" 등등 인터넷에 중계되더라도 문제없다는 태도로 이의를 외치는 학생들이 나타났다. 그 눈빛에는 적의와 증오가 서려 있었다.

"그럼 다음에는 어떻게 할 건가요?!"

나는 겁먹지 않고 마이크가 놓인 연단을 탁 하고 친 뒤 더욱 강하고 도발적인 태도로 말했다.

"비공식 익명 게시판, 익명 사이트. 여러분 중에 드나드는 사람이 있겠지요? 특히 우리 학교는 이용자가 많지 않나요? 학생회실에 설치된 의견함에는 학교 지킴이 건 이외에도 상당한 비율로 익명 사이트에 관한 고민 상담이 들어 있습니다. 즉 현실 세계에서 감시당하고 있으니까 인터넷 세계에서 기분 전환을 한다, 집단 따돌림을 위해 말을 맞춘다… 그런 사람들이 많이 있다고 합니다.

물론 그 기분을 모르지는 않습니다. 학교생활은 감시당해서 누가 어디에서 무엇을 보고 있는지 모릅니다. 대화도 어쩌면 녹음되고 있을지 모르고요. 그러니까 익명 사이트로 간다. 감시당하는 장소에서 감시당하지 않는 장소로 이동한다. 지극히 당연한 발상이라고 봅니다.

그러나 안타깝게 그 비밀 아지트에도 조만간 감시의 눈길이 미치겠죠. 학교의 비공식 익명 사이트나 폐쇄적인 커뮤니티. 이런 것은 모두 눈에 보이지 않는 새로운 종류의 집단 괴롭힘을 만들어내는 장소로 사회에서 인지되고 있습니다. 그러므로 가까운 장래에 거기에도 학교 지킴이와 마찬가지로 감시 시스템이 도입될 가능성이 무척 큽니다.

아, 혹시 사생활 침해니까 거기까지 감시가 미칠 리 없다고 생각하나요? 제삼자가 자신들의 개인적인 대화를 훔쳐 읽는 일이 있을 리 없다고요…. 하지만 AI 같은 지적인 기계라면 어떨까요?

예컨대 화장실이나 에어컨에는 사람이 있는지 없는지 감지하는 기계가 달려 있지요. 그걸 보고 사생활 침해라고 화내는 사람은 없습니다. 그 외에 포털 사이트에 입력한 검색어를 시스템이 알아서 분석하여 관심을 끌 만한 광고를 표시하는 기술도 지금은 당연하게 사용되고 있습니다. 즉 기계가 판정하는 거라면 사생활 침해 문제는 피할 수 있습니다.

인간보다도 객관적이고 지적인 판단 능력을 갖춘 AI. 그런 기계가 미성년자인 우리의 발언을 하나하나 자세히 확인하고 범죄나 집단 괴롭힘으로 이어지는 내용을 발견하면 학교나 공공기관에 신속히 통보한다. 만일 사생활 문제를 피해서 이런 시스템이 도입된다면 매일 같이 익명 사이트에서 누군가의 험담을 올리고 웃음거리로 삼는 여러분은 똑같은 발언을 올릴 수 있을까요? 아뇨, 분명히 하지 않을 겁니다. 아까 저에 대한 야유를 멈춘 것처럼 제삼자에게 감시당하고 있을지 모르는 상황에서는 그런 행위를 하지 않을 겁니다.

물론 지금 한 AI 이야기는 어디까지나 상상이고 그런 시스템이 금방 생길 거라고는 생각하지 않습니다. 하지만 제가 말하고 싶은 건 실현 가능성 이야기가 아니라 '아무튼 우리가 감시당하는 자리는 앞으로 점점 늘어갈 것이다'라는 점입니다. 왜냐하면 우리가 살고 있는 사회는 '감시에 의해 인간을 훈련하는 것'을 처음부터 의도하고 설계한 사회기 때문입니다.

학교 지킴이 시스템, 그 정식 명칭은 파놉티콘 시스템인데 이 명칭이 실은 교도소 이름이라는 걸 여러분은 아는지요?

즉 본래 학교 지킴이 감시 시스템은 교도소를 위해 만들어졌습니다. 18세기 후반 철학자 벤담은 '자신의 일상을 누군가 보고 있을지도 모른다'고 죄수들이 굳게 믿도록 하여 규칙을 지키는 인간으로 그들을 훈련시키는 감시 시스템을 갖춘 교도소를 설계했습니다. 이것은 타자의 시선을 의식하게 하여 인간의 삶의 방식을 교정하려는 아이디어로 바로 학교 지킴이와 같은 구조입니다.

그리고 벤담은 이 시스템을 공장, 병원, 학교 등 사회의 온갖 장소에 도입해야 한다고 제안했지만…, 여러분, 어떤가요. 여러분은 학교 지킴이의 존재에 의해 삶의 방식이 바뀌었나요? 사회적인 규칙을 지키게 되었습니까? 혹시 바뀌었다면 벤담의 제안은 옳았던 것이 됩니다."

아까까지 불만을 쏟아내던 학생들이 하나같이 조용해졌다. 분명 짚이는 데가 있겠지. 많은 학생이 거북한 표정을 지었다.

"만일 여러분이 타자의 시선에 의해 삶의 방식이 바뀌었다고 하면 사회는 앞으로도 감시를 강화하겠지요. 그 편이 사회에 알맞은 인간, 즉 '규칙을 지키고 상식에서 벗어나기를 두려워하는 순종적인 인간'을 많이 만들어낼 수 있으니까요. 그리고 분명 우리가 성인이 될 때쯤에는 인터넷을 포함한 모든 장소에 감시의 불빛이 비추어져서… 집단 괴롭힘도 불륜도 성희롱도 권력형 괴롭힘도 모두 없앤, 벤담이 설계한 이상적인 사회가 완성되겠지요. 하지만…."

나는 눈을 감고 잠시 뜸을 들였다.

겨우 여기까지 왔다. 이제부터 나는 정말 하고 싶은 이야기를 한다.

"하지만 그런 사회에서 사는 게…, 우리에게 정말 행복한 일일까요? 확실히 그 사회에서는 누구나 규칙을 지키고 상식적이고 예의 바르게 살아갑니다. 겉보기에는 아무 문제도 없습니다. 하지만 그래도 저는 그런 사회에서 사는 것은 오히려 부자유하고 불행한 일이라고 생각합니다. 그렇지 않나요? 집에서 나가서 감시의 눈에 노출된 순간, 갑자기 스위치가 켜진 로봇처럼 예의 바른 인간을 연기하며 살아가는… 그런 훈련된 인생이 자유롭고 행복할 리 없습니다. 타자의 시선이라는 '눈에 보이지 않는 무엇'에 조종되며 지내는 일상이 본래 우리가 살고 싶었던 인생일 리 없습니다.

그렇기 때문에 우리는 벤담이 설계한 이 교도소, 그러니까 감시 사회에서 빠져나가야 합니다.

그럼 어떻게 하면 될까요?

어떻게 하면 우리는 타자의 시선에 조종되지 않고 자유롭고 행복한 인생을 보낼 수 있을까요?

그것은 당연하게도 선하게 살아가는 것, 즉 자신이 '선하다'고 생각한 대로 살아가는 것입니다. 물론 여기에서 말하는 '선하다'란 '사회적으로 선하다'는 것이 아니라 '자기 기준으로 선하다'는 겁니다. 자기가 생각하는 가치 기준으로 행동하기 때문에 거기에 타자의 시선, 타자의 평가는 관계없습니다. 아니, 오히려 타자의 시선이나 평가에 신경 쓰지 않고 자신이 해야 한다고 생각한 일이야말로 선하다의 정의라고 해도 좋겠지요. 즉 이렇게 정리할 수 있습니다.

'모든 사람이 보고 있지 않더라도, 혹은 보고 있더라도 그와 상관없이 자신이 해야 한다고 생각한 것이 자신에게 선한 것이다.'

그러니까 여러분, 자기 자신에게 물어봅시다.

자신이 무엇을 선하다고 생각하는 인간인가?

무엇을 옳다고 생각하는 인간인가?

타자의 시선이 없을 때 어떻게 살아가야 한다고 생각하는 인간인가?

물론 인간은 완벽하지 않습니다. '선하다'고 생각한 행동이 기대하는 결과를 낳지 못할 때도 있겠지요. 나중에 틀렸다며 생각을 바꿀지 모릅니다. 하지만 그렇다 해도 역시 우리는 지금 이 순간에 '선하다', '옳다'고 생각한 것을 행하며 살아갈 수밖에 없습니다. 왜냐하면 자신이 '선하다'고 생각하는 방식으로 살지 않는 한, 우리에게 자유롭고 행복한 인생은 오지 않기 때문입니다.

그리고 그렇게 살아간다면 학교 지킴이 따위는 ―

관계없습니다!

감시가 있건 학교 지킴이가 있건 누가 보건 상관없다!

타자의 시선에 관계없이 옳은 모습으로 있고 싶다고 원하고, 주저하면서도 자기 나름대로의 '선하다'를, '정의'를 목표로 하여 살아간다!

그렇게 해서 살아가는 것이야말로 감시 사회라는 이 거대한 교도소에서 빠져나가는 방법이자 우리가 자유롭고 행복하게 살아가는 유일한 방법이 아닐까요!"

나는 숨을 들이쉬고 마지막 말을 했다.

"이상이 학교 지킴이 문제에 대해 학생회가 이끌어낸 결론입니다."

전교생 앞에서 나는 고개 숙여 인사했다.

박수나 찬성의 목소리는 나오지 않았다. 그래도 나는 자신이 선하다고 생각되는 행동을 했기에 이후 어떤 처분이 기다리고 있든지 받아들일 수 있을 것 같았다.

린리, 지유키, 미유 선배. 그 얼굴을 학생들 속에서 발견했다. 내가 줄곧 눈을 돌리고 있던 정의에 대한 마음을 되찾을 수 있었던 것은 모두 그들 덕분이다. 나는 마음속으로 감사 인사를 했다.

그리고 또 한 사람, 윤리 선생님. 교직원석 쪽에 있는 선생님을 가만히 바

라보았다. 나는 선생님을 향해 깊이 고개를 숙였다. 그리고 상쾌한 기분으로
단상에서 내려왔다.

정의의 결단

전교 집회가 끝나고 며칠 뒤. 아침에 평소대로 등교하여 신발장을 열자 안쪽에 분홍색 편지가 들어 있었다.

신발장 속에 분홍색 편지…?

사춘기인 나로서는 물론 연애편지라는 생각을 가장 먼저 떠올렸지만 곧 장난일 가능성을 의심했다. 요전에 열린 전교 집회에서 선동 분위기의 연설을 한 지 얼마 안 됐기 때문이다.

나는 조심스레 손을 뻗어서 편지를 꺼내어 봉투를 열었다. 거기에는 시간과 장소, 그리고 '할 말이 있어요'라는 용건만 짧게 적혀 있었다.

보낸 사람 이름은 없었다. 확인을 위해 샅샅이 봤지만 역시 아무 데도 쓰여 있지 않았다. 그래도 편지를 보낸 사람이 누구인지 왠지 모르게 짐작이 갔다. 아무튼 익명의 누가 보낸, 질 나쁜 장난 종류는 아닌 듯하다. 나는 안심하고 그 편지를 가방에 집어넣었다.

결국 그 전교 집회 이후, 우리 학생회 일상에는 아무 변화도 일어나지 않았다.

교내에는 변함없이 학교 지킴이가 계속 설치되어 있고 언제 학생들이 학생회에 책임을 물어도 이상하지 않지만 학생회 멤버들에게는 별일이 없었다. 즉 최대 미션인 학교 지킴이 문제에 대해 답변한 뒤에도 우리 학생회는 만사 순조롭게 학교생활을 보내고 있었다.

그렇다면 이대로 임기를 마칠 때까지 이상 없이 일을 해내면 되지만…, 나로서는 또 하나 해결해야 할 문제, 변화를 일으켜야 할 문제가 남아 있었다.

그것은 그때 복도에서 있었던 일. 슬슬 분명히 해야겠지. 그러니까 이 편지는 그 일을 결말짓는 좋은 계기일 수 있다. 나는 편지가 든 가방을 바라보며 결의를 다졌다.

방과 후. 나는 편지에 적힌 장소인 체육관 뒤편으로 향했다. 그곳에서 기다리던 사람은 예상대로 지유키였다.

"전부터 계속 좋아했어! 나랑 사귀어줄래?"

얼굴을 보자마자 지유키는 고백을 해왔다.

"…!"

각오는 하고 있었지만 이토록 갑작스러우리라고는 생각하지 못해서 나는 당황한 나머지 순간 굳었다. 그러나 "미안해!" 하고 준비했던 대답을 했다.

사실은 "고마워, 넌 나에게는 가장 마음이 잘 맞는 소중한 친구야"라고 긍정적인 말을 먼저 하고 나서 "하지만" 하고 거절해야 마땅하다. 그러나 기대를 품게 하면 미안하다. 그렇게 생각한 나는 결론을 그 자리에서 답했다. 그리고 이어서 말했다.

"실은 나, 따로 좋아하는 사람이 있어서."

"아, 됐어, 됐어! 알고 있으니까!"

"뭐?"

고개를 들자, 지유키는 의외로 웃는 얼굴이었다. 지유키의 시원스러운 반응에 절교까지 각오했던 나는 맥이 빠졌다.

"어, 알고 있어?"

"몇 년이나 알고 지낸 소꿉친구잖아. 훤히 다 보인다고. 아, 지금 내 고백은 과거 청산 같은 거니까 신경 쓰지 마."

지유키는 그렇게 말하더니 위로 묶어 올린 갈래머리의 머리끈을 풀었다. 다음 순간, 정리되지 않은 곱슬머리가 해방되어 온통 삐죽삐죽 튀어나온, 이제껏 본 적 없는 기묘한 머리 모양이 눈앞에 나타났다.

"과거에 묶이는 건 이제 그만둘래. 아, 물론 지금까지처럼 소꿉친구로 대해주면 고맙겠어."

신기한 머리 모양을 그대로 드러낸 지유키는 환한 얼굴로 말했다.

"그래서 어떡할 거야? 그런 마음이 든 사람에게 고백은 안 해?"

"아, 실은 그게, 지금부터 고백하러 갈 생각이라서."

"어! 그렇구나! 나처럼 2초 만에 차이지 않으면 좋겠네!"

정중한 말투로 농담하며 지유키는 웃고 있었다. 그러고 보니 이런 녀석이었지.

"하지만 정말 딱 잘됐어. 이걸로 그 사람도 나한테 신경 쓰지 않고 네 마음에 응할 수 있을 거야."

"무슨 말이야?"

"아냐, 여자들 사이의 미묘한 이야기니까 신경 쓰지 마. 정작 넌 왜 우리가 자주 말다툼을 했는지도 전혀 몰랐던 것 같고. 아무튼… 그래! 그럼 이걸로 얘기는 끝났어! 얼른 가!"

지유키는 양손으로 내 어깨를 잡고 억지로 뒤로 돌게 한 뒤 세게 등을 밀었다. 나는 비틀거리면서 앞으로 몇 발짝 나아갔다.

"고백 힘내!"

지유키 나름대로 등을 밀어준 거겠지. 돌아보고 감사 인사를 하려고 했지만 그때 갑자기 전부터 지유키에게 하고 싶었던 말이 생각났다.

"벤담 말이야."

"응?"

"벤담에 대해 내가 나름대로 좀 조사해봤거든. 옛날 사람은 동물의 권리 같은 건 아무도 생각하지 않아서… 아리스토텔레스Aristoteles(B. C. 384~B. C. 322)라든가 데카르트 같은 위대한 철학자들조차 '동물은 이성이 없으니까 잔혹하게 취급해도 된다'고 태연하게 말했고 옛날에는 그런 사고방식이 상식이었지만… 그래도 벤담은 당시에 상식에 반해서 이렇게 말했어. '털의 밀도나 꼬리 유무는 관계없고 지적 능력도 관계없다. 만일 지적인 능력을 기준으로 삼는다면 생후 한 달 된 아기는 개나 말보다 똑똑하지 않다는 이유로 잔혹하게 취급해도 좋다는 말이 된다. 그것은 잘못이다. 중요한 것은 거기에 괴로움이 있는가 없는가의 여부이다. 법률은 인간뿐 아니라 괴로움을 느끼는 모든 것을 대상으로 해야 하지 않을까. 언젠가 분명 인류는 모든 생물을 지키기 위해 비호의 날개를 펼칠 때가 올 것이라고 생각한다'고 말이야."

"…."

"나는 벤담을 계속 괴물 같은 사람이라고 생각했어. 하지만 조사해보니 실은 누구보다도 앞서서 동물의 권리를 호소한 사람이었어. 즉 누구든, 피부색이 다르든, 태어날 때부터의 능력에 핸디캡을 안고 있든, 인간 이외의 동물이든 '고통을 주는 것을 절대로 선하다고 하지 않는다'는 것. 확실히 벤담은 도가 지나친 사람이었을지 모르지만 사실은 역시 선한 사람이고 그저 누구보다도 지나치게 상냥했을 뿐인 것 같아. 분명 너처럼 말이야. 그러니까, 그 뭐랄까… 지유키, 언제나 고마워."

"…!"

나는 말하고 싶던 것을 다 말해서 만족했다. 그러나 또 한 가지 말하고 싶은 것이 방금 전에 생겼다는 사실이 떠올랐다.

"너, 갈래머리가 더 어울린다고."

"바, 바보 아냐! 그런 식으로 위로해주지 않아도 되니까 얼른 가!"

지유키에게 등을 돌리고 달려서 모퉁이를 돈 지점에 미유 선배가 있었다.

"아아, 모처럼 단호하게 결단을 내리고 보내줬는데 다시 반할 것 같은 말을 하면 어쩌자는 거야."

선배는 싱글거리면서 말했다. 분명히 지금까지 지유키와 한 대화를 전부 들었다는 태도였다.

"그래서 고백하는 거야?"

"네."

"그런가. 결심했구나. 졸업 전에 결말을 낼 수 있어서 잘됐네."

선배는 감개무량하다는 듯 말했다.

"오른쪽인가 왼쪽인가, 넌 어느 쪽 길을 고를까. 일단 이래 봬도 선배로서 네 선택을 따스하게 지켜봐줄 셈이었는데, 흠."

"그거라면 저는 곧장 가는 길을 고를 건데요."

무슨 뜻인지 알 수 없었으나, 솔직히 내 생각을 말했다.

"아하하, 그렇구나. 그런 선택도 있구나. 응, 너답다."

선배는 웃으면서 자, 얼른 가, 하고 나를 배웅했다. 이야기가 제대로 통했는지 잘 모르겠지만 아무튼 인사를 하고 다시 달리기 시작했다.

그리고 학생회실 앞 복도.

서두르던 나는 학생회실에서 뭔가 큰 상자를 안고 나온 여학생과 부딪쳤다. 나는 그 아이와 뒤얽히듯 함께 복도로 쓰러졌고, 그 애가 안고 있던 나무상자가 바닥에 쿵 떨어졌다.

"아야야야, 미안, 괜찮ㅡ."

말을 맺기 전에 이상 사태를 깨닫고 입을 다물었다. 내 눈앞 10센티미터도 안 되는 거리에 린리 얼굴이 있었다. 게다가 곤란한 것은 나와 린리의 자세였다. 위를 보고 넘어진 린리의 위에 내 몸이 덮인 꼴로 어떻게 생각해도 내가 린리를 밀어 넘어뜨리고 덮친 듯한 자세였다. 게다가 일부러 그런 것은 아니지만 양손이 딱 린리의 가슴 부근에 있고 양쪽 모두 있는 힘껏 누르고 있었다.

나는 핏기가 가시는 것을 느꼈다. 이건 틀림없이 따귀를 얻어맞고 한 시간 정도 설교를 들을 만한 일이다. 나는 고백 전에 무슨 짓을 하고 있는 걸까.

"미, 미안해!"

나는 사과의 말을 먼저 건넸다. 한편 린리 쪽은 이 상황을 제대로 파악했는지 얼굴이 새빨개져서 창피해하는 표정으로 나를 가만히 보고 있었다. 그리고 사과를 들은 린리는 말했다.

"괜찮아. 윤리적으로 문제없어."

뭐?! 아니지! 옆에서 보면 학생회장이 한낮에 당당하게 부회장을 밀어서 쓰러뜨리고 가슴을 누르고 있는 그림으로밖에 안 보이는데 어떻게 생각해도 윤리적으로 문제 있지!

어라? 이 경우의 윤리는 어느 쪽 윤리지?

"저기, 아버지랑."

"아버지랑?"

"응, 덕분에 아버지와 만나고 왔어. 오랜만에 정말 이야기를 많이 나눴어. 고마워."

린리는 이 상황에서 왠지 감사 인사를 했다.

린리가 화나지 않았다는 것을 알고 겨우 진정한 나는 양손을 떼고 린리 위에서 비켰다. 이때 손바닥 크기의 작은 종이가 바닥에 잔뜩 흩어져 있는 것을 알아차렸다. 넘어지기 전에 린리가 안고 있던 나무 상자는 학생들 의견을 받는 의견함이었던 것 같다.

나는 상자에서 튀어나와 바닥에 떨어진 종이를 한 장 집었다. 거기에는 이름도 없이 그냥 "고마워"라는 짤막한 한마디만 적혀 있었다.

"깜짝 놀랐어. 어느새 의견함이 가득 차 있었어."

린리도 흩어진 종이를 집어 들었다. 우리는 낙엽처럼 바닥에 흩어진 종이들을 주웠다. 주우면서 종이의 내용을 확인하니 "개운치 않았던 기분이 사라졌어", "마음이 후련해졌다", "뭔가 고마워" 등의 말들이 적혀 있었다.

"네 연설, 아이들에게 제대로 전해졌네."

"…"

나야말로 고맙다. 고백 전에 용기를 얻었다. 고백, 그렇다, 나는 지금부터 고백해야 했다.

"마사요시!"

그때 갑자기 린리가 큰 소리로 내 이름을 불렀다. 그리고 지금까지 본 적 없을 만큼 뺨을 붉게 물들이고 떨리는 소리로 말했다.

"우, 우리 아버지와 만나줄 수 있어?!"

거절할 이유가 없었다. 나는 고개를 끄덕였다. 그리고 말했다.

"린리."

"응."

"실은 지금부터 꼭 가야 할 데가 있어, 미안!"

그렇게 말하고 나는 달리기 시작했다. 저 멀리 뒤에서 린리가 뭐라고 소리치는 것 같았지만 지금은 신경 쓸 마음의 여유가 없었다.

✳ ✳ ✳

나는 숨을 헐떡이며 문을 열고 교실로 뛰어들었다. 그곳은 며칠 전까지 윤리 수업을 한 교실이었다.

마지막 윤리 수업. 그때 깨달은 내 진심. 그 마음을 나는 솔직하게 전했다. 상대는 놀랐는지 눈을 휘둥그레 뜨고 시간이 멈춘 것처럼 한동안 굳어 있었다.

나는 내 등에 몇 만이나 되는 '타자의 시선'을 느꼈다. 돌아보니 그곳에는 역시 바보처럼 입을 벌리고 이쪽을 지그시 보고 있는 학교 지킴이가 있었다.

이제부터 나는 어떻게 될까.

아니, 그게 아니다. 어떻게 될지는 알고 있다. 내가 느끼는 불안은 단 한 가지. 다른 사람들이 나를 어떻게 생각할까, 그것이다.

하지만 적어도 나는 이렇게 생각한다.

만일 가자마쓰리 선생님의 윤리 수업을 받고 이 결말을 받아들이지 않는 사람이 있다면 그 사람은 결국 그 수업을, 윤리를, 정의를, 하나도 이해하지 못했다고 할 수 있다.

정의란 무엇일까?

선하다는 것은 무엇일까?

역시 나는 모르겠다.

하지만 그 말은 고정화된, 언제든 어디에서든 누구에게나 통하는 보편적인 선이나 정의를 모른다는 이야기고, '지금 이 순간, 내가 옳다고 생각하는 것, 선하다고 생각하는 것'은 확실히 존재한다.

나는 '옳은 모습으로 있고 싶다'고 원하며, 망설이면서도 내가 '선하다'고 생각하는 일을 하며 살아갈 수밖에 없다.

왜냐하면 우리는 '선하게 사는' 것으로밖에 태어난 의미를 이 세계에서 찾아낼 수 없기 때문이다. 만일 내가 '옳다', '선하다', '아름답다'고 스스로 생각한 것을 타인의 눈치를 보느라 추구하지 않는다면… 나는 대체 무엇을 위해 태어난 것일까.

과연 나는 정말로 정의의 길을 따르고 있는 것일까. 어쩌면 많은 사람이 보는 앞에서 말도 안 되는 잘못을 저지르려 하는 것은 아닐까. 그런 공포에 떨면서 그래도 나는 ─

여러 사람이 지켜보는 가운데, 정의의 한 걸음을 똑바로 내딛기 시작했다.

정의의 교실

초판 1쇄　　발행일　2022년　7월　1일
초판 2쇄　　발행일　2022년　7월　11일

지은이　　　야무차
옮긴이　　　남궁가윤
펴낸이　　　유성권

편집장　　　양선우
책임편집　　임용옥　　　　　　편집　　신혜진 윤경선　　　외주 스태프　눈씨
해외저작권　정지현　　　　　　홍보　　최예름 정가량　　　디자인　　　박정실
마케팅　　　김선우 강성 최성환 박혜민 김단희
제작　　　　장재균　　　　　　물류　　김성훈 강동훈

펴낸곳　　　㈜이퍼블릭
출판등록　　1970년 7월 28일, 제1-170호
주소　　　　서울시 양천구 목동서로 211 범문빌딩 (07995)
대표전화　　02-2653-5131 | 팩스 02-2653-2455
전자우편　　milestone@epublic.co.kr
포스트　　　post.naver.com/milestone
홈페이지　　www.milestone.com

마일스톤은 ㈜이퍼블릭의 경제경영 · 자기계발 · 인문교양 브랜드입니다.